BELEGE

Gedichte aus der
deutschsprachigen
Schweiz seit 1900

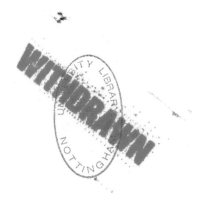

Gedichte aus der
deutschsprachigen
Schweiz seit 1900
***
Ausgewählt vom
Zürcher Seminar
für Literaturkritik
mit Werner Weber
Artemis Verlag

Die Drucklegung dieses Bandes wurde
gefördert durch Beiträge der Stadt Zürich
und der Steo-Stiftung, Zürich

© 1978 Artemis Verlag Zürich und München
Gestaltung: Peter Rüfenacht, Artemis
Printed in Switzerland
ISBN 3 7608 0490 X

Hugo Ball, 1916: „ ... Diese vermaledeite Sprache, an der Schmutz klebt wie von Maklerhänden, die die Münzen abgegriffen haben ... ". — Der Schrecken darüber, durch Dada zur Zeit des Ersten Weltkriegs radikal formuliert, war lang schon da. Die Leute, die in diesem Jahrhundert Literatur machen oder mit Literatur zu tun haben, sind von ihm betroffen. Und der nationalsozialistische Terror, dessen korrupte Propagandisten die Sprache verdreckten, hat ihnen dazu den verschärften Anlass gegeben. Sind alle betroffen? — Da ist von Schrecken nichts zu sehen, die Redeweise bleibt unbehelligt, gemütlich, privat; dort wird der Schrecken selber Sprache, die Redeweise bis ins kleinste Element ein Zeugnis des Schocks. Wie sieht das Feld zwischen solchen Marken aus? Ein Beitrag zur Antwort — die deutschsprachige Schweiz im Zeitalter der beiden Weltkriege betreffend — ist aus den Gedichten dieser Sammlung zu lesen. Ihnen voran, als ein mehrteiliges Motto: Texte aus dem kritischen Stoss, der Dada heisst.

Hugo Ball

Manifest zum 1. Dada-Abend; Zürich, Zunfthaus zur Waag, 14. Juli 1916

Dada ist eine neue Kunstrichtung. Das kann man daran erkennen, daß bisher niemand etwas davon wußte und morgen ganz Zürich davon reden wird. Dada stammt aus dem Lexikon. Es ist furchtbar einfach. Im Französischen bedeutet es Steckenpferd. Im Deutschen: Addio, steigt mir bitte den Rücken runter, auf Wiedersehen, ein ander Mal! Im Rumänischen: "Ja, wahrhaftig, Sie haben Recht, so ist es. Jawohl, wirklich. Machen wir." Und so weiter.
Ein internationales Wort. Nur ein Wort und das Wort als Bewegung. Es ist einfach furchtbar. Wenn man eine Kunstrichtung daraus macht, muß das bedeuten, man will Komplikationen vorwegnehmen. Dada Psychologie, Dada Literatur, Dada Bourgeoisie und ihr, verehrteste Dichter, die ihr immer mit Worten, nie aber das Wort selber gedichtet habt. Dada Weltkrieg und kein Ende, Dada Revolution und kein Anfang. Dada ihr Freunde und Auchdichter, allerwerteste Evangelisten. Dada Tzara, Dada Huelsenbeck, Dada m' dada, Dada mhm' dada, Dada Hue, Dada Tza.
Wie erlangt man die ewige Seligkeit? Indem man Dada sagt. Wie wird man berühmt? Indem man Dada sagt. Mit edlem Gestus und mit feinem Anstand. Bis zum Irrsinn, bis zur Bewußtlosigkeit. Wie kann man alles Aalige und Journalige, alles Nette und Adrette, alles Vermoralisierte, Vertierte, Gezierte, abtun? Indem man Dada sagt. Dada ist die Weltseele, Dada ist der Clou, Dada ist die beste Lilienmilchseife der Welt. Dada Herr Rubiner, Dada Herr Korrodi, Dada Herr Anastasius Lilienstein. Das heißt auf Deutsch: die Gastfreundschaft der Schweiz ist über alles zu schätzen, und im Aesthetischen kommt's auf die Norm an. Ich lese Verse, die nichts weniger vorhaben als: auf die Sprache zu verzichten. Dada Johann Fuchsgang Goethe. Dada Stendhal. Dada Buddha, Dalai Lama, Dada m' dada, Dada m' dada, Dada mhm' dada.
Auf die Verbindung kommt es an, und daß sie vorher ein bißchen unterbrochen wird. Ich will keine Worte, die andere erfunden haben. Alle Worte haben andere erfunden. Ich will meinen eigenen Unfug, und Vokale und Konsonanten dazu, die ihm entsprechen. Wenn eine Schwingung sieben Ellen lang ist, will ich füglich Worte dazu, die sieben Ellen lang sind. Die Worte des Herrn Schulze haben nur zweieinhalb Zentimeter.
Da kann man nun so recht sehen, wie die artikulierte Sprache entsteht. Ich lasse die Laute ganz einfach fallen. Worte tauchen auf, Schultern von Worten; Beine, Arme, Hände von Worten Au, oi, u. Man soll nicht zuviel Worte aufkommen lassen. Ein Vers ist die Gelegenheit, möglichst ohne Worte und ohne die Sprache auszukommen. Diese vermaledeite Sprache, an der Schmutz klebt wie von Maklerhänden, die die Münzen abgegriffen haben. Das Wort will ich haben, wo es aufhört und wo es anfängt.
Jede Sache hat ihr Wort; da ist das Wort selber zur Sache geworden. Warum kann der Baum nicht Pluplusch heißen, und Pluplubasch, wenn es geregnet hat? Und warum muß er überhaupt etwas heißen? Müssen wir denn überall unseren Mund dran hängen? Das Wort, das Wort, das Weh gerade an diesem Ort, das Wort, meine Herren, ist eine öffentliche Angelegenheit ersten Ranges.

Hugo Ball

Ich habe eine neue Gattung von Versen erfunden, "Verse ohne Worte" oder
Lautgedichte, in denen das Balancement der Vokale nur nach dem Werte der
Ansatzreihe erwogen und ausgeteilt wird.

Karawane

jolifanto bambla o falli bambla
großgiga m'pfa habla horem
egiga goramen
higo bloiko russula huju
hollaka hollala
anlogo bung
blago bung blago bung
bosso fataka
ü üü ü
schampa wulla wussa olobo
hej tatta gorem
eschige zunbada
wulubu ssubudu uluwu ssubudu
tumba ba-umf
kusa gauma
ba - umf

Hans Arp

Tzara, Serner und ich haben im Café de la Terrasse in Zürich einen Gedichtzyklus
geschrieben: "Die Hyperbel vom Krokodilcoiffeur und dem Spazierstock". Diese
Art Dichtung wurde später von den Surrealisten "Automatische Dichtung"
getauft. Die automatische Dichtung entspringt unmittelbar den Gedärmen oder
anderen Organen des Dichters, welche dienliche Reserven aufgespeichert haben.
Weder der Postillon von Lonjumeau noch der Hexameter, weder Grammatik, noch
Aesthetik, weder Buddha noch das sechste Gebot sollten ihn hindern. Der Dichter
kräht, flucht, seufzt, stottert, jodelt, wie es ihm paßt. Seine Gedichte gleichen
der Natur: sie lachen, reimen, stinken wie die Natur. Nichtigkeiten, was die
Menschen so nichtig nennen, sind ihm so kostbar wie eine erhabene Rhetorik;
denn in der Natur ist ein Teilchen so schön und wichtig wie ein Stern, und die
Menschen erst massen sich an, zu bestimmen, was schön und was häßlich sei.

8

Hans Arp   Walter Serner   Tristan Tzara

Die Hyperbel vom Krokodilcoiffeur und dem Spazierstock

das elmsfeuer rast um die bärte der wiedertäufer
sie holen aus ihren warzen die zechenlampen
und stecken ihre steiße in die pfützen
er sang ein nagelknödel auf treibeis
und pfiff sie so hold um die ecke das lotterliche
daß ein gußgitter glitschte
4 eugens auf tour skandinavien millowitsch blaue kiste
ist bombenerfolg
zwischen dem haarrahm des kanaltrotters
erstiefelte der saumseligste zeisig den breipfahl
eines buttersackes im zinngefieder
schreckensfahr an steiler wand
der gute vater seket
ins haupt den tomahawk
die mutter ruft vollendet
zum letzten mal ihr quak
die kinder ziehen reigend
hinein in abendrot
der vater steigt verneigend
in ein kanonenboot
auf dem marmeladengürtel turnen
hinein ins abendbrot
glitzerblöde affenbolde
wiener hintere zollamtsvokabeln voll grauslichkeit
der zirkusfeindliche kiel
hänge das profil
im internationalen kanäle
abendmahlmarschäl(l)e
quartettmephistophele
skandieskandäle

Richard Huelsenbeck

Chorus sanctus

a a o	a e i	i i i	o i i
u u o	u u e	u i e	a a i
ha dzk	drrr bn	obn br	buß bum
ha haha	hihihi	lilili	leiomen

9

Robert Faesi

Prüfung

Warum denn ich? Und du, die mir vermählt,
Ihr Nachbarn, Waffenbrüder, Blutsgenossen:
Sind wir verschont? warum, mein Volk, denn du?
Die blutige Sintflut hat uns hoch umschlossen,
Du aber wohnst beschirmt von Firn und Fluh
Wie in der Arche. — Ja, du bist erwählt!
Jedoch warum? in welchem Sinn? wozu?

Hältst du in Erz gegossen und gestählt
Dem Beben stand, das Ton und Mörtel bricht?
Bist du gerecht? nur du? Hat das Gericht
Um dessentwillen sich von dir gewendet? —
Weh, wenn dich solcher Hochmut bläht und blendet!

Hat nicht vielmehr der Geist dich weggesiebt,
Der jene Völker züchtigt, die er liebt?
Hast du dich so aus seinem Sinn verflüchtigt,
Daß er der Nachbarn Erz im Feuer siedet,
Und, wenn der Hammer kracht, zum Stahle schmiedet,
Dich aber harscher Hand und ohne Acht
Vom Amboß nieder zu den Schlacken schiebt?
Nein, Kleinmut, weiche, der noch kleiner macht!

Vielleicht, daß du vom Netze schon umgarnt
Und nur gespart für spätre Stunde bist?
Vielleicht von Marterbildern rings gewarnt?
Ward dir gleich jener Stadt noch eine Frist,
Auf die der Feuerregen niederflammte
Und die sich träge zögernd selbst verdammte?

Bist du, mein Volk, so groß wie deine Berge?
Oft bist du klein wie deiner Marken Kreis
Und stolperst über Halme wie die Zwerge.

Ward dir zum Spiegel deiner Seen Fläche?
Durchpulst dich kühne Sturzkraft deiner Bäche?
Und ragst du lauter wie dein ewiges Eis?
Oft bist du trüb und träg und sinkst in Schwäche.

Noch steht um dich des Friedens große Stille
Wie eine Pause auf des Schicksals Frage.
Füll sie mit Selbstschau, Selbstgericht, o fülle
Hoch bis zum Rand die kostbar kurzen Läufe,
Und speichere Kraft, und mehre, türme, häufe!
Und dunkeln drohend deine lichten Tage,
Mein Volk, steh Antwort: Schicksal, ist's dein Wille:
Ich bin bereit und reif, daß ich es trage!

Trotz und Demut

Ausgestossen in die Wüstenei
Dieser Welt, die du nicht schufst noch wähltest,
Ein Verbannter, nackt und vogelfrei,
Wissend nicht womit du ehe fehltest:
Hast du längst dich, krumm und wie ein schlechter
Sklave, hingebeugt zum kargen Sand,
Nächster Not mit Dach und Brot zu wehren.

Nur bisweilen flammt mit ungeschwächter
Lohe deines Trotzes steiler Brand
Hadernd hoch und schleudert sein "Warum?"
Weltgewölb und Wüste bleiben stumm;
Rauh Gelächter
Flattert höhnisch nach und irrt im Leeren.

Doch geschieht es, daß ein Lüftefächeln,
Daß ein Blick ins Blau ob grauem Land
Wie ein Kind dich überwand;
Doch ein Amselschlag, ein Lippenlächeln
Wirft dich hin, du blutender Verächter,
Löst den Krampf zusammgepreßter Zähne;
Dankesträne
Rinnt — du weißt nicht wem? — in deine Hand.

Albert Steffen

Wie lang geh ich
die Gasse schon.
Es dröhnt um mich
ihr dumpfer Ton.
O Stadt, wer traf
mit Dunkel dich!
Ist's Gottesstraf?
Sinkt sie in mich?
Was wartet in
der finstern Flur?
Ich spähe hin.
Nur eine Hur'.
Sie rief mich an.
Sich selber flieht,
wer fliehen kann
und sie nicht sieht.
Sein Schritt verliert
in Wüsten sich
und bleibt verirrt.
Sie suchte mich.
Ich fliehe sie.
Mein Sinn versinkt,
weiß nicht mehr, wie
der Himmel winkt,
schwarz oder licht,
Tod oder Traum,
was auch geschieht,
ich geb ihm Raum,
Erlösung, Fluch,
Senke den Saum,
du dunkles Tuch . . .

.

Wie ich in einer Nacht in mich versank,
ein Bild, das, mehr als Traum, aus mir entsprang:
Ich schrie: Ich bin verirrt!
und wußt es doch:
in mir sprach Gott,
der zwang mich auf und rief mich fort.
— Wie ich dann durch die Gasse ging,
sah ich um manches Auge Schmerzensring.
Ich sprach:
Wie spinnt sich doch von der zu dieser Stirn,
zu meiner dann ein Faden hin,
zur Tief und Höh,
wie ist die Welt verwebt,
und wo sichs knüpft, da ist ein Aug in Leid
verbunden mit der Ewigkeit.
Du schaust mich an: wo endet dir der Blick?
Er prallt zurück
und sucht und irrt.
Wo weilt denn Gott?
Er rief mich in die Gasse fort.
Ich giftige Spinne doch,
die sich verzehrt,
ihn will für sich,
bis daß er geht.
Wohin? wohin?
Ich such und irr . . .

        .

Finster, ferne, ohne Trost vorüber,
Wolke, schwarz, Gespenst dahinter trüber.
Dämmerung und Tag? — Nur Abgrundgrauen!
Tröstung vor dem Drohen? — Nimmer trauen!
Himmel, bringst du jemals Sinn und Segen?
Schleierschrift des Schmerzes! Tränenregen!

Aber aus der dunklen Wetterwand
tritt ein Sämann und erhebt die Hand.
Lichte Körner streut der Gottesknecht
aus des Korbes güldenem Geflecht.

Salomon D. Steinberg

Der Untergang

O Brüder höret mich: ich sah ein Bild im Traum;
Entflohn den Kammern im getürmten Raum,
In wunderbarer Wandlung vom Gesetz der Zeit
Entbunden — wesenlos — befreit
Durft ich in aufgelöster Demut der Propheten
Vor das Gesicht des Allerletzten treten.

Ich wanderte mit müdem, wunden Knie
Durch tausend Straßen, einsam, wie noch nie.
Lauwarm und milchig lag die Nacht
Auf Häusern, die sich — seltsam abgeflacht —
Mit toten Fenstern in das Dunkel bogen.
An einer Ecke saßen schwarze Menschen; sie zogen
Mit greisenhaften Händen, wie im Spielen,
Sich Haare aus den Bärten, lachten blöde und fielen
Wie betrunken in die Gosse. Die Köpfe hingen
Ihnen schlaff im Kot. — Ich rief sie an.
Sie hoben die entstellten Angesichter — Mann nach Mann,
Mein Herz blieb jählings — wie getötet — stehn:
Dreimal in drei Gesichtern hab ich mich gesehn.
Von tiefstem Ekel und von Furcht gebannt
Starrt ich mich selber an — dann bin ich weggerannt
Bis helle Häuser ferne ich erblickt
Und junge Menschen im Gebet verzückt. —
Doch, wie ich nahe war erloschen alle Flammen,
Ach — und die Jünglinge sanken zusammen
In stumpfe Greise, die gehässig sprachen.
Die Häuser zitterten, gespaltet brachen
Sie auseinander. Tonlos zerfielen
Wände, Dächer, Dielen
In faules Dunkel.
Gell stieg ein furchtbares Geschrei

Von Menschen, die mein Auge nirgends sah
Aufkreischend in die Nacht. Und in der Dunkelheit geschah
Entsetzliches, wie ich im Innersten durchgewühlt
Mit nie gekannten Sinnen es erfühlt.
Aufpfeifend riß
Ein gelber Riß die Finsternis
Entzwei.
Ein breiter Lavastrom quoll zäh heran
Und zündete die Dunkelheiten an,
Und wälzte leuchtend Flut und Flut
In ein gewaltig Meer von dunkelrotem Blut.
Millionen Menschen trieben in dem Fluß.
Dem einen riß ein schlanker Flintenschuß
Die Augen aus. Dem andern stak ein halbes Bajonett
Im Hals. Und Tausende triebs aufgebläht und fett
Vorbei, mit trübverquollnen Augen, riesenhaften Nasen –
Ach, die erstickten in den giftgen Gasen.
Und mitten in dem Strom des Todes stand
Ein Riese. Mit entweihter Hand
Riß er von der zerstörten Himmelswand
Die Sterne weg und warf sie in die Flut.
Dann schwang er, wie durchrast von letzter Wut
Ein mächtig Beil. Er schwang – und schwang – und öffnete die Faust
Die Waffe flog und flog – und braust – und braust
Tief in den Himmel –
Der Riese sah dem Wurfe nach.
Er taumelte – ward klein – und brach
Kraftlos im Strom zusammen.
Aus dem zerrißnen Himmel aber schlugen Flammen.
Dann ward er wie ein Vorhang weggerissen,
Und aus den letzten Finsternissen
Schwankte ein Greis –
Aus der zerbrochnen Stirne rann ihm leuchtend weiß
Ein Strom zum Bart –
Der Alte sang
Sein Lied klang
Schwer ins Herz, wie Steine die ins Wasser fallen;
Und alle Nähe ward gedämpftes Hallen,
Und alle Ferne ward gewaltger Ton –
Die ganze Welt, dem Bindenden entflohn
Zerfiel, ward Flamme, Farbe, Klang.

Und mitten im Zerfall und Untergang
Stand der zerbrochne Gott
Und sang.

Wende

Nun rollt die letzte Kugel von der Schnur.
Der Rosenkranz der Tage und der Stunden
Liegt ganz entweiht und unsrer Hand entwunden.

Wir stehen müde zwischen heut und gestern,
Erschlag'ne Brüder, stumm geword'ne Schwestern,
Was will der Gott, daß er uns überfuhr?

Bald öffnet weit sich uns das neue Tor.
Ein junger Weg verspricht ein neu Beginnen,
Uns aber lähmt ein schmerzliches Besinnen.

Sind wir verworfen wie die ewig Blinden,
Oder nur Kinder, die den Weg nicht finden,
Weil uns die gute Mutterhand verlor?

Max Pulver

Aufruf

Zermalmt zu Staub die glitzernden Fassaden!
Aus Fensterhöhlen grinst die grelle Not.
Staubmeere überflackt von Feuerschwaden,
Schloßbresche drüber rotes Banner loht.
Reißt ein, zerstampft die fahlen Säulendächer,
Aus deren Horst zerspellt der Adler sank.
Wir sind der jähe Blitz, die späten Rächer,
Mit Feuer heilend, denn die Zeit ist krank.
Morsch jedes Haus, morsch Schloß und Kathedrale,
Und morsch die Herzen feil in Gier verbohrt.
Ein Moderstrom wälzt sich durch unsre Tale,
Von euren Schlächterhänden trieft der Mord.
Ihr liegt verwesend unter stumpfen Waffen,
Aus eurem Schutte springe neues Grün!
Und neue Menschheit liebesbunderschaffen
Darf strahlend aus vergeßnen Trümmern blühn.
Mit lichten Leibern, Herzen voll Vertrauen,
So stürmen wir im Jubel durch den Graus.
Und Brüder, Schwestern bücken sich und bauen
Das junge Land, das junge helle Haus.

Konrad Bänninger

Gesang

Stämmig ertrag ich zumeist
deiner Traumgebärden
rankenden Kreis,
und spielend taumle
hin an schwindligen Stürzen
friedlich entlang.
Vermessen werf ich heiterdrohende Arme
jubelnd empor vor dir, vor dir!
Dann glänzend zuweilen
bersten größere Tore herauf,
glühend entrollt die Erde
am strauchelnden Fuße mir,
und schmerzlich schaukeln
zitternde Därme.
Sanfter Schlummer, wo bist du?
Nun schnellen entfesselt
Hügel und Wälder vorbei, und brüllend
bäumt sich das Land,
stampfend sausende Wellen dahin —
hoch umdrohn mich
Feuerberge zackig gerafft
zu Häupten mir.
Ströme dampfen
schreiend heran um meine
starrenden feigen Glieder —
knirschende Qualen,
reißende Wut ins dunkle Mark.
Lanzen bohren hohl,
Leib wimmert zuckend herab.
Müde gebrochen
walle ich nieder vor allen,
brand-glutüberschäumt,

und weine entgegen
tief in Furchen gekrümmt
euch ewig gestillten
gelassenen Blicken zu mir
und suche der funkelnden
heiter gespitzten Zähne
ruhige Schar.

Karl Stamm

Tote Stunde

Will kein Wort aufkommen? Starb die Welt?
Ist durchlebt des Daseins letzte Möglichkeit?
Droht hier die Grenze? schwankt schon der letzte Punkt?
Laß die Mühe, Freund! Was hilft Verbergen!
Spielen wir Versteckenspiel voreinander,
große Kinder, die nie Kinder gewesen?

Und du fühlst es: Kaum begonnen,
versiegt des Gespräches Fluß.
Sitzen uns gegenüber,
verwölken rauchend das Haus,
sitzen sinnlos, befehligt
von des Daseins verekelndem Muß.
Reichen zum Abschied uns fremde Hände,
irren Gassen entlang,
blutrot stürzt Sonne in Wolkenschluchten ab —
die kalte Straße vor mir entflieht —
ich stehe vor mir als meinem offenen Grab —
Welt, komm zurück! . . .
Findet heute keiner ein Abendlied?

O all mein Sehnen nach Nacht ist lichtdurchzuckt,
all mein Hingegebensein an Finsternisse und Nichtsein
ist von der Seele erkauft.
Meine Seele habe ich dreifach verleugnet.
Denn ich liebe das Licht, das mich gekreuzigt,
ich liebe die Frau, die mich verstieß,
ich liebe die Welt, die ich verachte.
Und wenn ich spielte mit Höllen und Untergang,
anstimmte das Lied der Nacht, verfluchte den Tag,

wenn ich im Schmerze mich wand,
bis er zur Lust mir geworden,
wenn der Spötter in mir dreifach sich Sieger gefühlt:
Dreifach habe ich meine Seele verleugnet!
O all mein Sehnen zur Nacht ist lichtdurchzuckt,
all meine Inbrunst zum Tod ist Hunger nach Leben.
Feind, den ich hasse, du könntest mein Freund sein.
Freund, den ich liebe und doch verschmähe,
Hand, die mich retten will, der ich die meine entziehe,
o geistliches Brot, das ich hinwerfe den Hunden,
Geliebte, die ich entheilige in zahllosen Schlafen,
Gott, dessen ich spotte: all mein Spott ist
ein unendlicher Kniefall vor dir,
unendlicher Kniefall vor der Geliebten, dem Freund,
ist grenzenloser Hunger nach Dasein,
ist Durst nach Reinheit.
All mein Sehnen nach Nacht ist lichtdurchzuckt,
all mein Hingegebensein an Finsternisse und Tod
ist von der Seele erkauft.
Meine Seele habe ich dreifach verleugnet!

Soldat vor dem Gekreuzigten (IV)

Golgatha überall. Aus Millionen
bin ich ein einzeln Kreuz, von Blut beschmutzt.
Ich kann nicht mehr, ich breche dumpf zusammen.
Es findet sich kein Simon, der es trägt.
Ich bin nur Mensch, du warst des Menschen Sohn.
Ich höre weit im Land, durch alle Mitternacht
hoch überbraust von Blut und Schuld und Not
Unzählige in immer neu gefüllten Schüsseln ihre Hände waschen:
Wir sind nicht schuld. Wir schwören euch vor Gott.
Ich groll euch nicht. Ich groll euch allen nicht.
Nur e i n e n Fluch hab ich mir aufgespart.
O stirb, du Fluch, daß ich nicht schuldig werde.
Du ferne Frau im hellbesonnten Hause,
was soll das Weinen, das du für mich weintest?
Was ließest du mich ziehn in dieses Morden!

Du wußtest tief um meine Kreuzigung.
Du schluchztest weh, doch hießest du mich gehen.
Du küßtest mich. Ich starb an diesem Kuß.
Des Vaterlandes Henker klatschten Beifall:
Der ist's! . . . Ich ging. Du schwenktest lange mit dem Tuche. . . .
Ich aber habe dreimal mich verleugnet!
Ich lachte, als der Schmerz mich überwand,
ich glaubte deiner gotterfüllten Liebe,
und ich verwarf mich dumpf und heiß vor dir.
Du sandtest mir ins Feld die wundervollsten Briefe,
vom Mut und Heldentod der Kameraden
und vom Triumphgefühl der Heimat, all den klingenden Morgenblättern.
Dann ward'st du reuig, rissest auf in Not:
Vergib! Vergib! Ich habe dich verraten. . . .
Nimm deine dreißig Silberlinge!
Ich fluche nicht, mein ferner, armer Judas.
Heiß brennt dein Kuß —
Daß einer Judas sein muß!
Und jede Scholle Erde Golgatha!

Soldat vor dem Gekreuzigten (V)

Gekreuzigter, zeuge für mich,
denn meine letzte Stunde ist da,
niemand höret mich,
und meine Seele ist in Not.
Worte der Güte lehrte mich meine Mutter,
ich habe die Menschen geliebt, die mir Gutes getan,
ich habe ein Weib begehrt, es zu besitzen,
meines Hauses habe ich mich gefreut,
in Arbeit sanken meine Tage dahin.
Nicht immer wollte mir das Glück. Es lag ein Schatten
irgendwo, der täglich finstrer sich auf meine Schultern legte.
Da fuhr ein ungeheures Wort durchs Land.
Ein Feind erstand. Ich glaubte an den Feind!
Ich hatt' ein Vaterland. Ich tat wie mir befohlen.
Ich schwur den Eid in deines Vaters Namen.
Ich war ergriffen, ich marschierte,

Musik beschwingte meinen Fuß, groß standen Abende
am Horizont. Die Seele ahnte Wunder naher Morgen.
Da schritt der Feind heran, wir schritten ihm entgegen.
Und wieder tat ich, wie man mir befohlen:
Ich tötete. — Und wehrte mich meines Lebens,
wir schrieen alle, Freund und Feind,
wir schrieen in deines Vaters Namen,
wir überbrüllten uns und unsere Not.
Das war mein Feind, wie ich voll Haß und Tod,
das war der Böse, den ich treffen mußte,
um dessetwillen ich mich opfern wollte,
das der Verfluchte, der mir gegenüberstand . . .
Ich war nicht mehr ich selbst, ich war wie er nur Sprung,
dann weiß ich nicht mehr, was ich tat, ich war aus mir versperrt
und fühlte plötzlich, daß ein Unerhörtes sich begab:
In diesem Feindesantlitz schrie ein andrer, schrie
mir entgegen, meinem andern Ich: Besinne dich!
Es war nicht dies, nicht Bitte, Klage, war viel mehr als Not,
nenn aller Worte Worte, und du nennst es nicht,
ich weiß nur, daß ich fürchterlich zerriß,
in ungeheuren Donnern stürzte jedes hergebrachte Recht —
Nenn es Erkenntnis, Wahrheit, Wesenheit, was ich erfuhr:
Ich sah! O ich empfing! Ich stand in Klarheit
unendlich aufgetan von mir zu ihm. . . .
Schon wollte meine tieferlöste Seele heisses Danklied stimmen —
da schluckte Finsternis das Licht aus meinem Auge.
Und niederheulten alle Nachtgewölbe, alles war wieder da,
ertränkte mich in einem Meere von Erkennung:
Mord! Mord!
In meines Feindes Antlitz starrt es eingekratzt.
Ich stürzte mich auf ihn, ich preßte ihn an meine Brust: Erwach! —
Er blieb der stumme Schrei,
darin ich Tag und Nacht mich betten muß.
Wo flieh ich hin vor ihm? Wo flieh ich hin vor mir?
O schweige doch!
Ich blute, Bruder, blute!
Verlaß mich doch, auf daß ich sterben kann!

Zeuge für mich, Gekreuzigter!
Meine letzte Stunde ist da.

Spital

Hier wird gestorben. Stumm halten diese Wände letztes Geschehn.
Wir liegen still in unsern fiebermüden Betten.
Und ist ein jedes Bett ein tiefverschneiter Garten.
Wir Herbst-Zeitlosen frieren drin und warten . . .
Vielleicht winkt doch ein gütig Auferstehn.
Vielleicht . . . Wie manchmal rollt im Hofe schon
der schwarze Wagen vor. Wir kennen seinen Ton.
Der Arzt ist fort. Wir sind so grenzenlos mit uns allein.
Durchs offne Fenster bricht ein heller Jubel ein. . . .
Indes die Erde ungehemmt um unsere Körper steigt
und näher wogt und immer dunkler sich verschweigt:
O Menschenblumen sprießen auf von Stein und harten Straßen.
Sie wurzeln leis sich los, sie wandeln hin und schreiten —
Wir stürzen ganz zurück in unsere Einsamkeiten.
Und eine Hand will blühn, ein Auge sich entsternen,
wir flüchten uns vor euch in unsere nahen Fernen,
alles ist Flucht in uns auf schmalem Gleise,
und immer schneller schlingt die Zeit die engen Kreise,
wir jagen hundertmal dieselbe Strecke,
daß diese namenlose Not doch einen Ausgang sich entdecke.
Doch ärmer pocht die Brust, Beklemmung hemmt. . . .
Nun sind wir bald vom Acker eingedämmt,
nun sind wir bald ein einziger, weißer Garten.
Wir Herbst-Zeitlosen frieren drin und warten . . .
Ein Weinen regnet leis den Abend ein: Wir dunkeln schwer.
Die Schwestern singen: "Schön ist die Jugendzeit,
      sie kommt nicht mehr."

Adrien Turel

Vorstadt im Nebel

Die Farben sind im Nebel wie verlöscht.
Die ersten Lichter wehren sich im Rauch.
Es ist nicht Tag, es ist nicht Nacht, es ist
Nur Schattenspiel und Müdigkeit und Gram.

Es riecht nach Kohlen, riecht nach Nebel, riecht
Nach altem Holz und Pferdemist und Jauche.
Der Straßendamm ist fett und klamm und widrig
Wie Krötenhaut. Fabriken steh'n im Grau
Großfenstrig hell gleich flammenden Gerüsten
Kreissägen schrillen fernher mir ins Ohr,
Wie grelle Todesnot zerriß'ner Leiber.
Vorüber stapft's von krummen Knechtsgestalten.

Vorüber stapft's von krummen Knechtsgestalten.
Was geh'n mich diese Menschen an? Was schleicht,
Beschleicht mich nun ihr grauer Jammer so?
Sie leben, um zu schuften, schuften,
Sich Schnaps und Schnaps zu kaufen, saufen,
Das Leben zu ertragen; leben . . .
Verfluchter Trott im Kreis!
Mir wird im Stieren
Die Seele schrumpf
Und klamm
Und kläglich
Gleich einer Bettlerhand im Regenwind.

Heimweh ins Mittelmaß

Und wär ich aufgereckte Speiche
Und Zeiger zwölfter Stunde, großer Mittag,
So werd ich dennoch rollend häufig sein
Im Jahr der Zeiten.

Dies ist mein Abschied
Von Heraklit,
Von den verschütteten Titanen allen!
All diese fernen, großen Brüder hielt ich mir
Für nah verwandt im einsamen Gefühl . . .
Doch plötzlich reißt uns eine Kluft entzwei,
Denn jene panzern ihren Adel,
Ich aber wurde meiner Einsamkeit
Schon so gewiß,
Und aber — sicher des Alleineseins,
Daß ich zurück will in das Mittelmaß
Der Menschen und der Götter.

Und würd' ich Stern . . .
Der Sterne sind viele!
Und würd' ich Gott und Krüppel,
Ein Zwerg oder Teufel,
Trüg' ich die letzte, zwölfte Stunde meines Volks . . .
Der zwölften Stunden sind viele . . .
Der Götter, der Teufel, der Krüppel, der Riesen,
Der Zwerge, der Weisen, der Narren sind viele!
Nie bist du einsam, was du auch seist in Not und in Fülle.
Stets bist du ein Viel und grüßest
Im rollenden Spiegel der Zeiten
Die Schar deiner Gleichen,
Die Mengen, die Ketten des Selbst,
Die Reihen des Vielfachen Einen.

Gern wär ich menschenblind

So wie das Auge blind ist für die Brandung
Des trägen Schalls,
Der Geist erblindet dem Erinnern
Ans traubenrote Blutmeer mütterlicher Zeit,
Wär gern ich blind der Gegenwart
Und menschenblind . . .

So wie das Ohr taub ist dem Lichterfluten,
Wär gern ich taub dem Schalle dieser Zeit,
Und hörte noch um mich dein ozeanisch Branden,
O Mutter Aphrodite des Silur.
Gern wär ich menschentaub und menschenblind,
Ja menschenblind! und könnt ihn nicht gewahren
Dies Anderselbst im Schatten neben mir.
Dies Bruderwesen zwischen Tier und Geist,
Dies Zwitterwesen zwischen Schlamm und Strahl,
Dies arge Zwielicht zwischen Gut und Böse . . .

Gern seh ich Teufel und auch Engel gern,
Doch nicht den Menschen, diese Sphinx
Sich aus des Raubtiers schwärendem Gedärm
Emporverwandelnd in ein leuchtend Haupt.

Gern schaut ich mit Medusenaugen alter Kraken
Das alte Leben in der alten Flut . . .
Das Morgen auch, das herrschend böse Morgen
In kommender Gestalt,
Nur nicht das Heute zwischen Fisch und Stern.
Gern wär ich taub gleich einem Kesselschmied,
Blind wie ein Schöpfer
Die Stunde überspringend, die wir leben.

Doch geht's nicht an!
Der Pfeiler steht im schmutz'gen Strudel,
Der doch die blüh'nden Ufer meint . . .
Wir waten schluchzend riesenhaft im Heute,
Die wir das Gestern an die Zukunft binden.

Weltsaite Mensch

Es ist uns eine Saite ausgespannt
Vom Sonnenkern zum Kern der Erde.
Weltsaite Mensch.
Sie klingt wie Gold und Blitz, als ob sie risse.
Weltsaite Mensch.
Du spannst und leidest, reißen darfst du nicht.

Treibriemen bin ich ausgespannt
Vom Sonnenkern zum Kern der Erde.
Geflickt aus Leib und Seele,
Grob vernäht,
Versteppt, verschustert,
Aus Gold und Feuer,
Aus Augenblick und Ewigkeit
Kentaurisch nur zum Seil gedreht,
So spann ich weltenweit und groß gekreuzigt
Vom Sonnenkern zum Kern der Erde.
Ich spann und leide, reißen darf ich nicht.

Weltsaite Mensch,
Treibriemen hältst du spannend,
Vom Sonnenkern zum Kern der Erde rollend,
Diesseits und Jenseits, wie im Uhrwerk
Zahnräder regelnd um einander kreisen.
Du spannst und leidest, reißen darfst du nicht.

Adolf Wölfli

Allgebrah.

1.   Allgebra Du bist, Wonne! Allgebra Du bist, Haß!
Und ob ich Dihr, entronne! Zu sinken in das, Faß!
Wollt' ich dich noch, umschlingen! Zu finden meine, Ruh.
Doch sollst Du mich nicht, schwingen! Den Schweizerbergen, zuh.

2.   Allgebra Du bist, Liebe! Allgebra Du bist, Glük!
Du offerierst die, Hiebe! Dem Der an Dihr v'r,-rük!
Wenn Deine Kind'r, lallen! Dort oben auf der, Fluh.
Mach nicht zufiel Schne,-ballen! Und lege dich zu'r, Ruh.

3.   Allgebra Du bist, Musik! Allgebra Du bist, Gott!
Und geht Es Heute, lusik! So mach' mich nicht zu, Spott!
Wenn alle Hunde, rennen! In tiefe Nacht hi,-nein.
Fühlst Du doch nicht das, brennenn! Im Graabe ruht, d'r Hein'.

4.   Allgebra gix, Allgebra! Allgebra Du bist, Licht!
Und itza sind scho, Zweh dah! Doch Du verstehst Sie, nicht!
Leb wohl in Deinen, Gauen! Bei Tantz und kühlem, Wein.
Den Toot sollst Du be,-schauen! Ich bleibe doch d'r, Hein.

5.   Allgebra wix den, Vatter! Er ist ja doch ver,-irrtt!
Durch zerren und Ge,-schnatter! Wenn Gott beständig, Chirrt!
Laß Deine Hohrn er,-schallen! Im Schneebedekten, Wald.
Und zupf mihr nicht am, Challen! Denn Frühling wirt es, bald.

6.   Allgebra nun ist, Somm'r! Allgebra Du bist, Krank!
Ich heiße Hintt'r,-Pomm'r! Drum sende ich den, Schwank!
Voll Wunden Schmerz und, Hiebe! Auf hartem Kranken,-Bett.
Ist Gott ja voll'r, Triebe! Drumm wirt Er Heut' nicht, fett.

Allgebra Donn'r,-rollen! Durch Gottes weitte, Wellt!
7.   Dein Schatz in Auß'r,-Nollen! Hat Heute gar kein, Gelt!

Reit Du auf einem, Esel! Das Füllen ist ja mein.
Wihr haben's keine Schesel! Für liebe Kinderlein.

Wiigen-Lied.

G'ganggali ging g'gang, g'gung g'gung! Giigara-Lina
    Wiig 'R a sina.
G'ganggali ging g'gang, g'gung g'gung! Rittara-Gritta,
    d'Zittara witta.
G'ganggali ging g'gang, g'gung g'gung! Giigaralina,
    siig 'R a Fina.
G'ganggali ging g'gang, g'gung g gung! Fung z'Jung,
    gung d'Stung. Chehr. Ist 32 Schleg Marsch. Adolf Wölfli.

Nonnen-Walzer. Von Adolf Wölfli. Patient.

? Wit itz mit, ritta Stritt! ? Wit itz nit, Schmitta Zitt!
D'Ruth rugg lutt, huttat d'r! Chritz'r Chli, z'lang1
Chrutt z'rugg Brutt, luttat d'r! Hitz'r i, Zang!
Schutt z'lugg futt, Dutat d'r! Schlitz'r i, d'Wang!
? Wit itz mit, ritta Stritt! Git itz nit, Gritta z'witt!
Lutt g'gugg d'Hutt, guttat d'r! Sitz'r itz, Schang!
? Witt itz nit, Schnitta gitt! Rit itz nit, Chitta Zitt!
? Lit itz Britt, Itta z'witt! ? Chunt'R d'r, Zang.

Ist 32 Schläg Walzer. Gezeichnet, Adolf Wölfli, Madrid. 1867.

Der Jäger.

Im Wald, und auf, der Hai,-de! Da such, ich mei,-ne Freu,-de!
Ich bin, ein Jä-ägers,-Maa,-ann! Ich bin, ein Jä-ägers,-Mann.
Halli, hallo, halli, halloo-oh!
Bei Uns, gehts imm'r, die längersi, schlimm'r!
Halli, hallo, halli, halloo-oh! Bei Uns geht's imm'r, a sooh.

Das Huhn, im schnel,-len Fluu-ge! Die Schnepf, im Zik,-zak-zuu-ge!
Treff ich, in Si-icher,-hee-eit! Treff ich, in Si-icher,-heit.
Halli, hallo, halli, halloo-oh.

Die Schwei,-ne Reh, und Hiir,-sche! Erleg, ich mit, der Büü,-üchse!
Der Fuchs, läßt mi-ihr, sein Kee-eid! Der Fuchs, läßt mi-ihr, sein Kleid!!
Halli, hallo, halli.

Den treu,-en Hund, zu'r Seeit,-te! Wenn ich, den Wald, durchstreeif,-fe!
Dann hatt, es kee-eine, Noo-oht! Dann hatt, es kee-eine, Noht!!
Halli, hallo, halli, halloo-oh.

Kein Hel,-ler in, der Taa,-asche! Ein Schlük,-lein aus, der Flaa,-asche!
Ein Stük,-lein schwaa-artzes, Broo,-oht! Ein Stük,-lein schwaa-artzes
Halli, hallo, halli, hallo! Bei Uns, geht's imm'r die läng   Broot!!
Gez. Adolf Wölfli, Bern. 1,908.

Die Engel-Stimmen, im Eichen-Hain! Von Gott gesanntt, zum
Oron-Rain. Halleluija. 1,867.

Wer niemals glaubt, an Gott den Herrn! Schwebt all'zeit in der Irre!
Und gläntzt der helle, Abend-Steern! Ist Alles lautter, Schmirre!
Das Kindlein dort, weint über Bern! Und fällt ja an, die Schwirre!
Lebt Alle wohl, von Hühr u. Feern! Behaltet auch, die Schmirre.
        Gez. Engel Assir.

2. Am hohen Rain, des Oron-See! Dort ruhen meine, Kinder.
Im tieffen Grund, doch nicht im Schnee! Und alle sind, Verwinder!
Sie klagen nicht mehr, üb'rs Weh! Sie sind auch keine, Schinder!
Sie trinken's keinen, tropfen Thee! Drumm lebet wohl, Ihr Rind'r!
        Getz. Gott, Vatter, Herr der Wellten.
        MDCCCLXVII 1867. Fort.

3. Wehr reittet so späht, durch's Eichen-Hain. Vohr Gottes holden,
        Engel!
Ich glaube gewiss, Es ist der Kain! Drumm leg' ich mich zu'r Ruh.
Den Saamen v'rsäht, man sih't den Rain! Und Duh bist doch,
        ein Bengel!

37

Die Haube zerriß, in großer Pain! Leb' wohl du alte, Kuh.
 Gez. Engel, Beritteritanderitang.

4. Ach Gott mein liebes, Bübchen! ? Was hab' ich Dihr, gethan!
Duh hast ja keine, Rübchen! Und schwebst im Größen,-Wahn!
Komm Duh mit in, das Stübchen! Es fehlt mir auf, dem Zahn!
Die holden Wangen,-Grübchen! Fang lieber nicht mehr, an.
 Gez. Engel Gabriel. Ha, ha, ha, ha, ha, ha, ha.

5. A dumma donn'rs, Es'l Lisa! Cha n i wid'r, wii-iga!
Bi Bi Bi Bi, Bii-ih flii-ih! Bi Bi Bi Bi, flii-ih Witt!
A chrumma Nonn'r, Sches'l-Chrisa! La n i sid'r, Zii-iga!
Raaba n a da, Schaba cha d'r! Bimm bamm, bumm.
 Gez. Engel, Lidawisa,-! Alidia,-hooh.

6. ? Ist Das mis liaba, Schwiz'r-Chind! Wo dert am Bode, steit!
Das ist ja doch nit, wie n as Rind! We's scho i Graba, g'heit!
D'rwila wil i, d'Schuah no bind! Im Wald d'r G'gugg'r schreit!
Itz flügt 'R ufa, uf a Grind! ? Wie ist doch däh, so breit.
 Gez. Engel, Halialunka! Reganoff sitzt, i d'r Tschunka.

7. Währ git mim Chindli, Fleisch we'S griint! Lua d'Stuba isch
 nit g'wüscht!
Ach, min'r Auga, si v'rwiint! Wär hat sich doch, so tüscht!
Die Avant-Gaarda, ist v'riint! As fählt üs i da Brüst!
Wenn Gott im Himmel, oba schiint! So macht 'R Alles, süst.
 Gez. Engel, Alialanttorak. I ha ja Doch, Tubak.

8. Jasoh! Däh g'heit, a Boda! M-hm! Das cha n i, o-oh!
Itz tuats Im weh am, Hoda! Und iig ha Dah 'na, Floh!
Dir chönttet ach de, rode! Sie brüalat Mordi,-ooh!
I traga min'r Loda. Und Ähr het ja scho, Zwoh.
 Gez. Engel, Obioh! Komm flugs, kom flugs, i lo di jooh.

9. Schiiß Doch a Boda! Du dumma Chaib. Üüüüh! Luagat itz dert!
Wie däh n a Säu-Gring het. Ha, ha, ha, ha, ha.

10. Schehr dich zum Teufel, du alte Hexe. Gib hehr das Kind.
Höhrt, wie es blitzt und donnert. Herr Zebaoht,
Erzürnt. Ruiang. Walloon! Walloon.
 Gez. die beiden Engel, Hellan und Truiide. Fort! Fort.

11. Lebt wohl Ihr lieben, Kind'r! Wihr müssen schleunigst, Fort.
Im Stalle sind, die Rind'r! Das Laub ist gantz, verdorrt.
Gott ist kein Über-wind'r! Den Bösen jagt Er, forrt.
Jah, lebe wohl, Herr Lind r! Entfehrnt vom Heimath-Ohrt.
    Gez. Gala-Engel, Lian, Ena, Lips, Rek, Roll, und Poll. Fort.

Ja! ? Woh sind Wihr jetzt. (Ahaah! Auf Engels,-Schwingen! Steigt
    man zu Gott, empohr!
Woh frohe Jodler, klingen! Und auch zum Hartzer,-Chohr.
Gemeinsam Wihr noch, singen! ? Woh ist denn auch, der Moor!
Man köntte Ihn, verdingen! Drumm spitzet mihr, das Ohr.

(Auch ein Engel. Ebjä!! Gegenseittig, adee! Adee! Adee! Adee! A See.

Das Lied der Automatik.

Komm't mit mihr, Ihr lieben Kind'r! Dort in jene, E-ke!
Hohle mich doch, bald d'r Schind'r! Ich bin doch kein, Besen-Bind'r!
Komm't mit mihr, Ihr lieben Rind'r! Wenn ich einst, vere-ke!
Sind Wihr ja doch, Alle Kind'r! D'Ruth ist füdla,-blutt.
    Ist 16 Schläge-Marsch. Gez. Adolf Wölfli. 1,869.

Ebjä!! Mathilde füehrtte die Kinder in der Nähe des eintten Geiger-
stuhls, (Genanntter Saal hat nämlich zwei) inn die Eke, auf eine 15 Fuß
Quadraatdurchmesser haltende Mettall-Platte, legte Ihnen Die Hände
Tantz-Kunst-gerecht ineinannder und, sofort schwangen sich Beide im
entzükendsten Reigen. Sie mußten, ob Sie wollten oder nicht. Auto-
maatische, Aktion. Ha-ha-ha-ha-ha-ha.

Rit-ti-tii, rit-ti-tii! ? Grittali witt i, d'Sit-ta!
Ittali witt i, d'Mitta! Schittali witt i, d'Kritta.
Rit-ti-tii, rit-ti-tii! Brittali gritt i, d'Schmitta.
Fahr a ra Fina, Chahr a ra Schina! Hahr a 'ra Grihna, bu-umm bu-umm.
Rit-ti-tii, rit-ti-tii! Trittali bitt witt, rit-ta!
Chittali witt i d'Grit-ta! Mittali schitt, i pit-ta.
Rit-ti-tii, rit-ti-tii! Gittali witt nit, Tit-ta!
Wahr a ra Chlina, gahr a ra Grina! Schiab a ra Zina, Rutt.
    Ist 32 Schläg' Marsch. Ad. Wölfli.

39

D's wiißa, Vöögali, Karlina! Das hat, a Glog,-ga uff! Laht,
    a Rap,-pa Muff!
Braht a Mappa druff! Schiißa, Chöögali, hahr Dina! ? Das hatt
    a Schlappa Huff!

Grittali i, griina, ziina! Schittali i Fiina, witt.
    Ist 16 Schläg Walzer. — — —

Au-toma,-tiiih! I ha ja doch d'r Chliiih! I li-ga n a ra, Sit-ta!
I schwiga n a ra, Witta. Hau Tona, ziiih! I laja doch, d'r Wiiih!
I biga n a ra, Witta! I chriga n a r a, Gritta. Au-toma,-tiiih!
I ma ja doch, d'r Riiih! I triga n a ra Schmitta! Oi, oi, fliiih Gida!
Ha die Chrida, ma di Brida! Oi oi, miiih Ida! Wadi lida, bru-umm.
Zaahla, d'Summ. 1,869. Ist 32 Schläg Marsch. Gez. Adolf Wölfli, Bern.

Ich liibe, mein Lii-ibchen! Wenn's lustig ist, Margritt!!

Gib a Lad'r, Chu-umm Chu-umm! Ida had'r, tu-umm dru-umm.
Riibbe, dein Wii-ibchen! Wenn's chrustig ist, gahr nitt!!
Siba ha d'r, Stu-umm bru-umm! Iih liga, iih triga.
Ziibe, fein Hii-ibchen! Wenn's Trustig ist, fahr Witt!!
Schiba Ma-d'r, su-umm su-umm! Wida ha d'r, Chru-umm Chru-umm.
Hiibe mein Trii-ibchen! Nenn's justig Christ, hahr d'Gritt!!
Ha ja dah n a, Liiba! A Giiba, wahr nitt.
    Ist 32 Schläge Marsch. Gez. Adolf Wölfli. Bern.

Ach, mein Gott, kann nicht mehr dienen! An der hartten, Felsen-Wand.
Reit nur stehts, auf deinen Schienen! ? Hörst Du nicht, dein Kindlein
    grihnen.
Ach mein Gott, kann nicht mehr zihnen! 'S ist doch eine, wahre Schanc
Sterbend zu den, tootten Biinen! Glük und Heil, dem Vatterland.
Land, Land, Land. 1,908. Ist 20 Schläge Marsch. Gez. Adolf Wölfli, Be

Fortsetzung, der Nattuhrkunde! Folgt im nächsten, Heft mein Herr.
Reitte nicht, auf einem Hunde! Sonst wirt Dihr, d'r Mag'n schwerr.
Feern' in meinen, hoohen Hallen! Kanst ein wenig, weitt'r wallen!
Wirt Dihr das, Gewissen schwerr!! Nun, so sände, ich den Theer.

Ist 16 Schläge Marsch. Adolf Wölfli, von Schangnau. Gebohren den
29. Februar 1,864, auf der Nüchtern zu Bowyl, Kirchhöhre Grooß-
Höch-Stetten, Amt Konolfingen, Kanton Bern, Schweiz, Europpa.

40

Seines Berufes Landarbeitter, Melker, Handlanger, Gäärtner, Tootten-
gräber, Zemenntter, Gipser, Bahnarbeitter, Nattuhrvorscher, Zeichner,
Componist und, Soldat, Bataillon 40, 3te Kommp.

Grangstown, Greenstown, Föhnstown, Viigali,
I bi i da Sit-ta! Gib a Vida, Grit-ta.
Langstown, Veenstown, Höhnstown-Ziigali!
Karalina, nara Dina! Rummpumm-pumm. Ist 16 Schläg Polka.

Wanderlust.

1. Krach-Brüd'r find't ma Überall! U. b'sund'rbahr no uf'm Ball!
Soh seit e junge Chüiers-Bueb! Si Wohnort ab'r heißt nit Trueb.

2. D'Schangnauer-Flintta n i d'r Hand! Soh chunt 'R ab d'r Felsewand!
Im schnälle Schritt nach Rüfenacht! U. fragt Du dert f'r Üb'rnacht.

3. Am Morga früeh wo d'Sunna schihnt! Im Hus inn no n as Chindli
   grihnt!
Dah nimmt'R d'Sägassa zu'r Hand! U. suecht sis Glük im feerna Land.

4. Ebjä!! 'R ist i d's Wältscha choh! 'R cha n Bitz, Französisch schoh!
Si's Portmanee isch grad nit g'spikt! U. d'Hosa scho n a Bitzli gflikt.

5. Bi Neueburg, dah chehrt 'R ii! U. trinkt es Tröpfli guata Wiih!
Du seit 'R zu d'r Chällnerin! Gäht mir doch guata Raht i Sinn.

6. He nu, seit du die Zimm'r-Magt! I weis a Meist'r wo nit jagt!
So gangat itz nach Schönaweh! Dert het a Frau as großas Weh.

7. D'r Wölfli nimmt d'r Stok i d'Hand! U. tiplat wid'r üb'rs Land.
Bi Schönaweh geit Ähr v'rbii! U. Sie V'rdienst ist numa chlii.

8. Itz isch 'R uf a Desalp choh! Dert sticht 'Na du a großi Floh!
Het uf d'r Straß a Humpa g'hah! U. lauft nach Schodfo wie n a Mah.

9. I Schodfo uf'm Mäd'r-Platz! Dert find't 'R du a n andri Chatz!
'R nimtt Sa mit nach Grossepung! U. het Sa g'vöglat wie n a Hung.

10. Das Chätzli ab'r wot si Lohn! D'r Wölfli seit Ihm Spott u. Hohn!
Är geit pressanntt nach Labrewin! Am sälba n Ort sig de d'r G'winn.

11. Im Rössli, won'R ina sitzt! Dert het 'R ab'r grüsli g'schwitzt!
Är stellt d'r Stäka näba d'Wang! Im Härza n ab'r, wirt's Ihm bang.

12. Itz söt 'R no nach Werie-Swiss! Doch chönnt ihm das de gäh'na
    Riß!
'R dänkt, he nu, will tipla, doch! Deßtwäga chunnt ma nit i d'Loch.

13. I Zitt vo anderthalb'r Stund! Dah füehlt 'R sich a Füessa wund!
Die Straaße, die ist voll'r Staub! Är·sitzt d'rnäba und ist Taub.

14. Aer leit sich i Gedanka z'rächt! ? Wo ist dä Meist'r, wo n a
    Chnächt!
Bi schönem Lohn u. guet'r Chost! Täht angaschiara ohni Frost.

15. Ahah! Dert äna ist es Huus! D'r Meist'r chunt dahähr im Schnuus!
U. parlat uf Französisch flott! Ga foosche! Mussiö! Bigott.

16. I zala döh-Frang itz im Tag! Mi Tocht'r isch d'r o ke Plag!
U. wen d'Di bim m'r haltist gueht! So muest de hah, a neue Huath.

17. D'r Wölfli seit, das ist mihr Wurst! Doch git's im Heuet grüsli
    Durst!
? Was gäht D'r z'trinka, bi der Hitz! Franzoosawiih, vo Üs'm Fritz.

18. D'r Wölfli seit, He nu so de! ? Ist Sie de schön, di Tochter, he!
Für d's vögla isch Si sich'r gueht! Sie het es Gsicht wie Milch u. Blueht.

19. Dä Meist'r ist a Gärb'r gsii! D'r Heuer steit 3 Wucha n iih!
Är het sich g'rodat alli Tag! U. gschissa het'r a m a Haag.

20. Itz kriegt'R zweh Napoleon! Das ist für d's Heua grad d'r Lohn!
'R tiplat üb'r d'Gräntza furt! Doch het du d'Tocht'r, drüb'r g'murrt.

21. Itz geit'R nach Pontarlie! U. d'Tochter dänkt, Sie find 'Na de!
Nattürlich sind Sie zäma pluntzt! Doch hei Sie Beidizäma g'gruntzt.

22. Die Tocht'r Unttr'schlagung macht! Nach sälb'm Tag no, i d'r Nac
Mit 18,000 Fr.Scheks! Sind Sie nach Lion Unttr'wegg's.

23. I Lion faht es G'wimm'r ah! Sie hei im "Chrütz" es Zimm'r g'hah!
Entbunda wirt Du dert Si Schatz! Grad vo'ra junga Wien'r-Chatz.

24. Lua Schatz, i cha Di nit v'rlah! Du hest itz doch a guata Mah!
Und lua, d'r Bahnhof ist nit witt! Mihr fahra doch no i d'r Zitt.

25. Nach Breema nä Sie itz d'r Kurs! U. d'Madam seit, im Maga suhrs!
Sie trätta i d's Hottäl zu'r Post! U. trinka dert a Fläscha Most.

26. Hei d's Tramm bestige Alli Beid! Sie füehlt im Härtza großes Leid!
Är seit, Mihr wei zum Tokt'r, Gritt! Wenn Ach und Weh, im Maga litt.

27. D'r Mah het no 'rbarma g'hah! U. d'Madammm het 'Na scho v'rlah!
Itz si Sie g'ganga! Jah Bigott! Am Morga sind Sie, wie n a Schlott.

28. Schwarz wie d'r Tüf'l sind Sie gsii! U. g'soffa hei Sie gahr ke Wiih!
Du seit d'r Grettiäng zu'r Frau! Du tuast m'r doch itz wia n a Sau.

29. Los Grettiäng, mih trükt d'r Schuah! I gseh ke Jotah vo d'r Chuah!
Seit Du d'r Wölfli a d'r Wand! U. füelt im Härtza doch die Schand.

30. V'rschmissa heit D'r itz Anand! Dir ligat Beidi a d'r Wand!
U. we D'r Schmärtza heit im Blueht! So ist es Magabitt'r guat.

31. Z'rbrocha ist es jedes Gliid! Und die Begleitung ist d'r Niid!
? Ist Das nit Ehebruch Ihr Lütt! Das Wäsa ist ja wid'r nütt.

32. Das Läba ist wie d's Gugg'rsuhr! Itz luagt d'r Brütigamm a d'Uhr!
I 14 Taga glaub i doch! Sig de das Wäsa wied'r troch.

33. Und einist, früeh bim Morgaroht! Dah find't ma Du das Trio Toot!
Sie sind im frönda Bluaht 'rstikt! Das het Sa tief i Graba zwikt.

34. I Surong usa wei M'r gah! Und wei Sa liisli aba lah!
Die Zälla-Thühra chlepfa z'lutt! Sie füehla gahr nüt a d'r Hutt.

35. Soh geit's, wenn Gott v'rläugnet ist! D'r heilig Geist no d'rüb'r
    zischt!
Itz ist die Truhrigkeit zu Änd! Mihr gäba Doch Anand'r d'Händ.

Und nochmals muß ich, reisen! Durch Gottes schöne, Wällt!
Weil Rost und altes, Eisen! Doch Alle-Zeit, zerfällt!
Im Walde singen, Meisen! Wihr wohnen in dem Zällt!
Wihr sind ja bei den, Leisen! Wenn alle Wellt, zerschällt.
?Was wollen denn die, Greisen! Die haben doch kein, Gällt!
Und tragen Alle, Schleisen! Ein Blitz zu'r Eerde, fällt!
Wenn Sieh doch Einen, weisen! Der nie und nimm'r gällt!
Trotzdem will Alles, reisen! Wenn schon der Haus-Hund, bällt.
Ist 32 Schläge Marsch.

Aeonen-Wende. Gedicht, zu Ehren des wunderschönen, Nord-Lichts.
Skt. Adolf.

1. Mit steilen Schroffen, ein Felsgrat ragt hinaus, in's Meer. Wild fegt
der Wind, um's Riff und peitscht, die Wellen. Sie werfen weißen, Gisch
in Schwarze, Schlünde. Doch oben auf, des Grates Höhe, schlank und
blank und hoch und hehr, in königlicher, Ruh, ein Himmels-Hüne, hält
die Wacht, Eine Silber-Posaune, ruh't in seiner, Rechten. Er ragt: nicht
regt er sich . . . Nur hehrwärts in, der Tiefe wild, Gewirr! Ich nahe
mich, und herber hebt sich's, her aus Rauch und, Qualm, ein weites
Blach-Feld. Völker-Heere, wie tolle Hunde, sich aufbäumend und
schäumend, in einander verbissen.

2. In schweiffenden Schwärmen, anschwirrend wie Bienen, zorngereitzte, mit weitausgreiffend, umfassenden Fronten, engt es, hängt es,
drängt es hinein, in einer türmenden Babel, hohl hergähnende, lang sich
dehnende Prunk-Gibel-Gassen, mit Massen von Mauern, wie Klötze
ruhend, doch tükischer Bestien-Bosheit voll, plötzlich Schwefel,-Blitze
sprühend, tausend Firsten, im Feuer glühend, und über Türme, Tore,
Dämme, Dächer, über tastende, hastende Stürmer-Reihen, und Feuer
schleudernde, Batterien, über wühlende Wogen, Aufsteigend in Bogen,
Der Flug-Maschinen, Riesengreife, Drachenschweife, Der Lenk-Ballone
Luft-Ungeheuer, wolkenbrausend und Pfeil-Schuß-sausend. – – –

3. Und Spreng-Stoff-Hagel, prasselt nieder, und sprüh't und spritzt, u
spotet der Dome, der Schul-Paläste, der Krankengelasse! Ein Lachen
von Fratzen, ein Krachen, ein Platzen! zerschellt zerspellt, der prahler
den Mäler, prunkende Pracht! Zersplittert, zerwittert, der Altäre, der
trutzenden Throne Macht! In Scherben, was Menschen-Weisheit gebau

Rache-Dämonen, in wirrender Wuht, schütten Schalen, zischenden Zorns
... Durch die Schluchten eilen, Dampfgehetzte, in den Bruchten
weilen, Kampfzerfetzte, schwehlt verstümmelter, Ääser Moder! Lava-
Geloder! Die Erde brüllt, aus Riesen-Kratern! Vom Meere her, aus
Schwimm-Kolossen, zischen Granaten. Und Erd und Meer, und Höh'
und Himmel, ein Gewimmel, ein Getümmel, ein Kampf, ein Krampf,
ein schnappender Rachen, ein schlingender Schlund, ein würgendes
Wehe, – und, Eine Nacht. – – –

4. Doch dort, abseits im Dämmer, wer ist's? Ein Häuflein, sih', zu
Füßen eines friedlichen Kirchleins, – noch ragt das Kreutz, jetzt fliegt's
in Splitter, – Männer, Frauen, Kinder, Greise mit wallenden, weißen
Bärten, sanft ergeben, Demütig zusammengedrängt, still geneigt, Wunde
hertragend, sie mit Trank erquikend, Bächlein springenden, roten Blutes
stillend, Frauen im Gebete, mit den Händen ringend an der Erde,
Kindlein schlummernd, an die Mütter hingeschmiegt, ... Und dort,
vom Hügelhang her, eine wirbelnde Winds-Braut, unt'r sie wuchtend,
weiße, naktverzerrte Leiber, Taumel-Weiber, Schaum-Wein-gießende,
reigenstampfende, wahnsinnstrampfende, über fetzenden Wunden,
fuchtelnde Fäuste, krampfhaft gekrallte, Larven grinsen, Flüche lodern,
Himmelzerreißende Lästerungen, wie wilde Wölfe, zähnefletschend,
losgelassen! – – –
Keulen-Schläge sausen, auf die Betenden, nieder ... Ein Qualm ver-
schlang, der Sonne Gesicht ... Unsagbar Graun ... Frrrrrrrrrrrt.

5. Doch über dem Grate, – sieh, – Der helle Streifen, das goldene
Licht! Ich seh', – was seh' ich? – Engel-Glorien, Haupt an Haupt, und
leuchtende Krohnen, – – – – und es erscheinen, strahlende Helme,
flammende Schwerter, ruhig gehoben! Sichtbar geworden, das Unsicht-
bare! Helden des Himmels, gestaute Wogen, unzählbare Heer-Schahren,
auf der Wacht, Eine wartende Wehr! Es weht, es wallt, kristallen hell,
leiser Harmonien, lichthehr ein Meer! ... Und sieh, – der Hüne hebt in
der Hand, die Silber-Posaune.

6. Er harrt, Er späh't, – die Wutgebanntten, am Grunde des Grates,
wittern es nicht. – Ein Wink, – – und plötzlich erdröhnt, ein Hall, ein
himmlischer, heller, ein herber Hall, und her über die Wände, der
Felsen-Warten, der finstern, schroffen, wie Riesen-Katarakte, mit leuchtend weißen, Wellen-Rossen, maijestätische Ströhme, wallenden Licht's,
ergiesen sich die Schahren, der neuen Aeonen, in die Nacht, in die
Schlacht, und die Erden-Kämpfer, stehen erstarrt, die Söldner der

Sünde, genarrt, gebanntt, ihr Sehnen entspanntt, ihre Macht zerkrach
in Staub blind und taub, ein Raub.

7. Und verklärten Blik's, die verfolgten Better, heben Die Häupter, u
schauen empor, — in den süßen, in den regenbogen,-lichtgluht queller
den, Raum. — In den Wolken, — das Zeichen des Menschen,-Sohn's!
Lösung, Erlösung! Die Liebe! Triumpf! Der Drache ligt, in die Lache
geschmiegt! Gefangen die Schlacht, zergangen die Nacht! Eine Hütte
Gottes, bei den Menschen! O Erde, Erde! Nicht Leid noch Geschrei!
Licht, . . . Luft! Ende! Wende. Der heilige Skt. Adolf, Groß-Groß-Go
Bern, 1,915.

Bilder-Rähtsel, No. 79, Auflöhsung.

Raasend rennen, Hier Zwei Auto! In die weite, Feerne hihn!
Ab'r Daas, het mihr nit wouh toh! Denn Sie hei mih, töht am Rhün!
Einer het mih, zua ra Sau toh! Ab'r Das ist, doch nit fihn!
Hei mih no i, d'Gäärbi-Lou toh! Und am Himm'l gläntzt d'r Schihn.
Jst zugleich, 16 Schläge, Marsch. Skt. Adolf II., Bern.

Ode an Gott.

? Woh soll ich Hihn fliehen, vohr Deinem Geist!? Und woh soll ich Hihn fliehen, vohr Deinem Ahngesicht! Fahre ich ge'n Himmel, so bist Duh Dah! Bette ich mich in die Hölle, so bist Duh auch Dah: Nähme ich Flügel der Morgen-Röhte, so würde Deine Linke mich füeren und Deine Rächte mich halten: Spräche ich, Finsterniß möge mich deken! So muß die Nacht auch Licht umm mich sein! Denn Finsterniß ist nicht finster bei mihr! Und die Nacht leuchtet wie der Tag! Finsterniß, ist wie das Licht. Skt. Adolf II., Bern, Schweiz.

Skt. Adolf II., Allgebratohr und Musikdiräktohr, Bern.
Seite, 2,832. Und, 590, Lied 171, Und, 16 + 471, Und, Skt. Adolfina, 15. Tenohr.

1. As Schatzali und, no na Ring im Pri-intz! Chumm mit d'Wiiga, Britt!! Brumm nit? Die Ziiga witt!! Stumm litt i triiga, nitt!! Chehr: (I zittara ja doch, nit a Chriiga! Kukuk het ja, g'schraua. 16. Chehr: 1. D'Wiiiga, 16. Chehr: 1. D'Giiiga. 16. Chehr: 1. D'Stiiiga, 16. Chehr: 1. D'Schiiiga, 16. Chehr: 1. D'Ziiiga, 16. Chehr: 1. D'Fliiiga, 16. Chehr: 1. D'Fiiiga. 16. Chehr: D'Gritt Sie litt. 16. Chehr: 1. D'Fiiiga, 16. Chehr: 1. D'Riiiga, 16. Chehr: 1. D'Biiiga, 16. Chehr: 1. D'Liiiga, 16. Chehr: 1. D'Opf'r-Stök, 16. Chehr: 1. D'Chriiiga, 16. Chehr: 1. d'Siiiga. 16. Chehr: 1. d'Triiiga, 16. Chehr: 1. D'Hopptiquax. 16. Chehr: 1. D'Waaahra, 16. Chehr: 1. D'Anna, 16. Chehr: 1. D'Saaahra, 16. Chehr: 1. D'Hannna, 16. Chehr: 1. D'Zaaahra, 16. Chehr: 1. D'Mannna, 16. Chehr: 1. D'Aaahra, 16. Chehr: 1. D'Mamma, 16. Chehr: 1. D'Naaahra, 16. Chehr: 1. D'Bamma, 16. Chehr: 1. D'Staaahra, 16. Chehr: 1. D'Tannna, 16. Chehr: 1. D'Tonnara Iff. 16. Chehr: 1. Rukschuk flügt a, d'Waang. 16. Chehr: Ist, etzakt: 17, 179, 869, 184, Schläg. Skt. Adolf II., Bern.

Robert Walser

Der Frühling

Wer möchte mit Gedichtemacheleien
Frühlings entzückendes Gedeihn entweihen?
Kinderchen üben sich im Ringelreihen,
man hört den Kuckuck kuckuckartig schreien
und Bub' und Mägd' aus Frühlingslust juchheien.
Als wenn es lauter Zierlichkeiten schneien
wollt', wachsen Blümelein zu Zwei'n und Dreien
üb'rall hervor; ihn hübsch zu konterfeien,
Worte dem Wundervollen zu verleihen,
spaziert das Dichterlein im frischen Freien.

Das Karussell

Das Karussell mit seinem Flitter
macht mich in keinem Falle bitter;
bei seinem Anblick wird's mir schnell
im engen Herzen wieder hell.
Hat sich dasselbe zugezogen,
so öffnet es sich türengleich.
Du blickst hinein wie in ein Reich,
wo alles sauber abgewogen
ist und aufs beste umgebogen.
Das Karussell versteht zu lügen,
mit schönem Antlitz, hübschen Zügen
auf art'ge Art dich zu betrügen,
du konstatierst es mit Vergnügen
und gänzlich du bezaubert bist
von seiner Kunst, die sich auf List
stützt, wie dies mit dergleichen Sachen,
die glücklich uns und heiter machen,

von jeher war. Es fährt herum,
man wird davon ein bißchen dumm,
doch grade das ist das Gescheite;
indem ich sehe, daß sich's drehe,
mein' ich, es führe mich ins Weite,
Meinung ist stets die schwache Seite,
meist bildet sie nur eine Zier.
Das Karussell spricht: "Ich bin hier,
auf einem Punkt ich täuschend stehe
als Ferne und zugleich als Nähe."

Reisen

Wie reizend ist das Reisen,
man setzt sich in die Eisenbahn,
hat angenehme Kleider an,
vorüber fliegen Häuser, Bäume,
als wären es nur duft'ge Träume.
Die Räder knattern leise.
Auf irgendwelche Art und Weise
kommt man in Konversation
und ist beinah befreundet schon,
Reisen hat einen ganz bestimmten Ton,
besteh'nd aus Freundlichkeit und Leichtsinn,
aus ein klein wenig Achtung vor dem Leben,
zu wenig nicht und nicht zu viel.
Natürlich setzt man sich ein Ziel,
man nimmt es jedoch gar nicht wichtig,
Wicht'ges wird nichtig,
denn man empfindet es als Spiel.
Heut' ist man hier und morgen dort,
wer reist, gelangt von Ort zu Ort,
die Städte, Dörfer, Flüsse, Seen,
die Gassen, Mappen, Mädchen, Buben,
die Bahnhofhallen, Lesestuben,
und was man außerdem gesehn,
wird nachher ins Notizbuch aufgeschrieben,
weil's in Erinnerung geblieben.

Lebensfreude

Wie schön ist's, wenn man ruhig ist
und zu sich selber nichts mehr sagt.
Da sieht man glückliche und schöne Menschen,
reizvoll zu einem Kreis vereinigt,
sich unter Bäumen an Gesprächen amüsieren,
niedliche Tänzerinnen sich im Takte
eines Konzerts bewegen. Die Natur
hat eine zuckerbäckerhafte Süßigkeit;
Kostüm', anmutige Gebärden! Auf dem Wasser
ergötzen solche, die in Booten schaukeln,
sich an dem Gleiten über einen Spiegel,
die Landschaft sieht gemäldeartig aus,
das Leben, bildet man sich ein, sei ewig,
unmöglich sei unangenehmes Scheiden
von blümeliggeschmückten, holden Weiden.
Wie ist das Sterben und sein herbes Leiden
schwer in ergieb'ge Worte einzukleiden.

Der Briefschreiber

Hat jemand beispielsweise das Talent,
Briefe zu schreiben, die sich jeweils lesen,
als schaue man in eine Bilderreihefolge,
so wird vermutet, er hör' nimmer auf.
Keinem fällt ein, ein's Tages könnt' es ihm
am inneren und äußern Anlaß fehlen,
geistreich und mitteilsam zu sein.
Man wundert sich, wenn sich der Briefverfasser
stillhält, nicht fortfährt, wie ein Brünnlein
zu rauschen, plätschern und zu plaudern.
Man möchte immer nichts als von dem Wackern
aufs wackerste und aufs gediegenste
bedient, belustigt, unterhalten sein.
Er aber, der die Briefe schrieb,
womit er sich und andre amüsierte,
hat vielleicht plötzlich das Bedürfnis,
im Schweigen sein Vergnügen zu entdecken,

und er entdeckt es in der Tat
und schweigt jetzt, wo er früher schwatzte,
munter drauflos, weil die Zurückhaltung
für ihn ein anderes und Neues ist,
das ihn belebt, ihm Abwechslung verschafft.
Er findet, daß das tagelange
denkend im Zimmer Auf-und-nieder-Wandern
von einer unbekannten und aparten
Annehmlichkeit und Schönheit sei,
und unter andrem denkt er ans
Entstehen seines ersten Briefs, und etwas
Einfaches kommt ihm seltsam vor;
der Anfang, das Beginnen int'ressieren ihn,
und die Empfänger seiner Briefe können
dies nicht verstehn, sind nicht imstande, zu
begreifen, aus welch sonderlichem Grunde
er die Gesprächigkeit nicht fortsetzt . . .

Goethe

Er schrieb in seinen Jugendjahren Dramen,
worin er ungewöhnlich frei und mutig
für Freiheit glühte und von Frauen
Gemälde schuf, die unvergeßlich schön sind.
Danach beliebte es ihm, in die Schweiz zu reisen;
über Italien schrieb er ein famoses Buch.
In Versen, die die Leichtigkeit von Schmetterlingen
besitzen, schilderte er sein Verhältnis
zur bildenden, erziehenden Natur
und zur Geliebten, deren Augen ihn beherrschten,
und deren Seele ihn zum schaffenden,
glücklichen Menschen machte. Heimgekommen,
widmete er sich allerhand Geschäften.
Er sah sich sachte zum Regierungsrat
erhoben, und als solcher hatte er
genug zu tun, und diesen Umstand liebte er.
Immerhin ließ die Tätigkeit ihm Muße,
den denkbar zartesten, wie eine Blume
duftenden und in seiner Ruhe einzig-angenehmen

Roman zu schreiben; Wissenschaften taten es
ihm an, ihn fesselte die Pflicht, den Wein
vermocht' er mit Vergnügen zu genießen.
Die Unfreiheit befreite ihn vom Mißgeschick
derer, die mit den Gaben und mit dem Talent
in eine schwier'ge Situation gelangen.
Er mit den mannigfaltigen Beschäftigungen
durfte bald hier, bald dort sich nützlich sehn,
und weil er sich in manches fügte,
ihm, was man ihm verlieh und gönnt', genügte.

Van Gogh

Der arme Mann
es mir nun mal nicht antun kann.
Vor seiner gröblichen Palette
zerstreut in mir sich jede nette
Aussicht ins Leben. Ach, wie kalt
hat er sein Lebenswerk gemalt!
Er malte, scheint mir, nur zu richtig.
Will jemand sich ein wenig wichtig
vorkommen in der Ausstellung,
so wird ihm bang vor solchen Pinsels Schwung.
Schrecklich, wie diese Äcker, Felder, Bäume
einem des Nachts wie klob'ge Träume
den Schlummer auseinanderreißen.
Hochachtung immerhin verheißen
Kunstanstrengungen, beispielsweise
vor einem Bild, worin im Irr'nhauskreise
Wahnsinnige zu sehen sind.
Den Sonnenbrand, Luft, Erde, Wind
gab er ohn'Zweifel prächtig wieder.
Doch senkt man bald die Augenlider
vor so selbstquälerischer Stärke
in doch nur halbbefriedigendem Werke.
Zu grausen fängt's ein' an,
wenn Kunst nichts Schön'res kann,
als rücksichtslos ihr Müssen, Sollen, Wollen
vor schau'nden Seelen aufzurollen.

Wunsch, wenn ein Bild ich seh',
liebkost zu werden wie von einer güt'gen Fee,
geh, geh, adee!

Glückliche Menschen

Dort sind sie alle reich und groß,
ernähren von Gedänkelchen sich bloß,
den denkbar reinlichsten und besten
und haben allerliebste Gesten,
ziehn aus den Taschen ihrer Westen
die nützlichsten, verwendlichsten Ideen.
Keinen von ihnen sah man anders gehn,
als so, wie man ihn gern gesehn,
fröhlich erhobnen Kopfs, im Herzen
nichts als Gefühlelein, die lächelnd scherzen.
Alles, was dort die Menschen je erstreben,
hat ihnen Gottes Güte hübsch gegeben,
und wenn man fragt, wer diese Leute sind,
man zum Ergebnis kommt, daß sich ein Kind
sich sie so eingebildet hat. Geschwind
spring' ich dorthin,
damit ich glücklich bin.

Die Reiterin

Dort war es schön für mich, mir vorzustellen,
das beste sei, sich in der Seele still
zu halten wie ein Kind in seinem Bettchen.
Ich dachte damals weder an Vergangnes
noch Kommendes und lag in einer Lichtung
des ausgedehnten Waldes wie ein Bursche,
den eine schöne Frau nun grüßen müsse,
und in der Tat erschien auf einem Pferde
auch eine Reit'rin schon. Entzückend war es
für meine Seele, die dem Teiche glich
an Ausgeglichenheit und Stille, so als

gäb's eine hübsche Oberfläche nur
und keine Tiefe unter der gezognen
Linie des Lieblichen und Wünschenswerten,
wie sie aus einiger Entfernung freundlich
zum ruhig Liegenden hinüberblickte.

Das tägliche Leben

Die Menschen eigneten sich Mäßigkeit
an, und drum nannte man sie mittelmäßig.
Um zwölf Uhr gingen sie zum Mittagessen,
verrichteten zufrieden ihre Pflicht,
um nachts vergnüglich in den netten Betten
zu schlafen und am andern Tag denselben
geordneten Verlauf der Dinge zu
erleben, und die Eisenbahnen sprangen
mit eherner Behendigkeit auf Schienen,
die in der Sonne bläulich glänzten, in
die Ferne, um sich fahrplanhaft in dieser
oder in jener Gegend einzufinden.
Mechanisch liebten Mädchen sich und Jüngling,
und Mann und Frau versuchten sich zu fassen:
Kinderchen hüpften folgsam in die Schule,
und Banken kündigten jeweilen jährlich
die Reingewinnserheblichkeiten an.
Um mich nicht unbesonnen zu entflammen,
nahm nun auch ich mich mehr und mehr zusammen.

Abend

Abend, wie bist du groß ,
verglichen mit der hüpfenden
Kleinheit des Morgens,
dem die Gefühle fehlen.
Ihn im Herzen haben,
wie seltsam schön ist das.
Seine Wange ist rot vor Wonne

über der Sonne Abschiednehmen.
Muß er sich schämen,
so seelenvoll zu sein?

Schlaf

Wie unbedeutend doch das Leben ist,
es mutet wie ein freundliches Gesicht an,
worin man nicht viel Int'ressantes sieht.
Irgendwo wird Musik in einem Garten
gemacht, es wird spaziert, man ißt und trinkt
und geht und schläft, und an die Restaurants,
und an die tägliche und sonst'ge Arbeit
haben sich alle, die sich sagen, daß sie
Mitglieder der Gesellschaft sind, gewöhnt.
Das, was man als Bewegung und so weiter
empfindet, ähnelt einem Schlaf. Vergessen
einander nach und nach so gut wie alle
in weiten Lebens seltsam-heller Halle?

Das Dörfchen

Ich sitze auf der Bank
und schaue dankbar gerne
mit Augen frisch und frank
ein wenig in die Ferne.

Durchs Wäldchen kommt ein Wind
gleich einem unsichtbaren
vergnügten, lieben Kind
verführerisch gefahren.

Das Dörfchen sanft und süß,
das ich vor mir erblicke,
ich mit Empfindung grüß',
mir ist, als wenn es nicke.

Froh geht die Zeit vorbei,
behaglich ich hier träume,
als ob ich bildlich sei
wie Dörfchen, Wind und Bäume.

Der Schnee

Der Schnee fällt nicht hinauf,
sondern nimmt seinen Lauf
hinab und bleibt hier liegen,
noch nie ist er gestiegen.

Er ist in jeder Weise
in seinem Wesen leise,
von Lautheit nicht die kleinste Spur.
Glichest doch du ihm nur.

Das Ruhen und das Warten
sind seiner üb'raus zarten
Eigenheit eigen,
er lebt im Sichhinunterneigen.

Nie kehrt er dorthin je zurück,
von wo er niederfiel,
er geht nicht, hat kein Ziel,
das Stillsein ist sein Glück.

Spott macht Spaß

Schade um die Lüfte jetzt,
wär' so gern in einem Parke,
leider hat mich meine starke
Ader vor die Tür gesetzt.

Schade um den Teesalon
und um seine süße Sahne,
die sich mir im Größenwahne
aufgelöst in Spott und Hohn.

Doch wie machte Spott mir Spaß.
Ach, ihr könnt es gar nicht glauben.
Sich ein Paradies zu rauben,
dazu braucht es schon etwas.

Das Sonett vom Zuchthaus

Hier, wo die edelabgewogene Geste
galt, und wo wohlgeformte Redensarten
Anfragende gehorsam hießen warten,
wo beim gediegenen und prächt'gen Feste

manch Herz wohl zittert' unter seidner Weste
und Herrn und Damen in gewähltem, zarten
Betragen sich ergingen durch den Garten,
des Landes rings bedeutendste und beste

Gesellschaft unter zierlichen Allüren
auftrat, und wo die Klinken an den Türen
achtunggebietend glänzten, und Karossen

vierspännig an dem Volk vorüberschossen,
hier sehn sich heute solche eingeschlossen,
die so sind, daß man sie nicht soll berühren.

Das Leben

Nicht nur zuweilen auf das Dichten
man hübsch und artig muß verzichten;
noch viel wicht'gere Dinge
gehn fort. Die teuersten Gestalten
vermagst du nicht am Zipfelchen zu halten,
bis endlich auch sogar das Leben,
als ob ein Vöglein in die Höh' sich schwinge,
und ob man noch so kräftig ringe,
man willig hin muß geben.

Hans Morgenthaler

Porträt

Er war ein Dichter
Gehörte zu jenem Gelichter,
Das unberechenbar
Seit jeher war.
Während er lachte, konnte er weinen,
Seiner Liebsten in den Unterrock greinen.
War einmal ein Mensch ihm gewogen,
Ward er zum Dank in den Dreck gezogen.
Unwürdige, zweifelhafte Damen kamen bei ihm zu Ehren,
Das Unterste konnte er zu oberst kehren,
Wegen ein paar Augen in Entzücken geraten,
Fluchen und Loben in allen Tonarten.
Verkündete er der Welt seinen Schmerz,
Fand die besorgte ein schon getröstetes Herz.
Lag er todtraurig und trostlos am Boden
Blies eine Frau ihm schnell wieder Mut in die Hoden.

Als die enttäuschte Menschheit satt bekam sein Spiel
und seinen Spott,
War er, schneller als man von einem so schrecklichen Kerl
vermuten konnte, tot.

Sommernachmittag

Stille Bank unter den Lauben
Im Restaurant Bella Vista,
Wo ich, Romane erlebend,
Meinen Abendwein trinkend
Dich, Schöne, so oftmals bewundert habe.

Grün leuchtet, noch sonnebeschienen,
Saftig wie ein Niesen von Hodler
Der Berghang von Campione
Durch die Arkaden
In meine schon dämmrige Kühle.

Von hundert Wildwassern zerfurcht,
Blendend weiße Alphütten im Grün,
Wald, Weiden, grasige Hänge mit Blumen,
Über den Himmel große Sommerwolken ziehn.

Auf der Piazza vor meiner Bank
Spielen anmutige Menschen vorüber,
Denen ich mit nichts verpflichtet bin
Und die doch alle für meine verliebten
Augen da sind.

Ideale Liebe

Wie wenig ich verpflichtet bin!
Und drum wie guter Laune!
Mein Leben hat neu einen Sinn,
Wenn ich, vor Liebe brennend,
Krank durch die Straßen rennend,
Verrückt von meinem Elend aus
Nach Deiner Schönheit staune.
Ich liebe Dich im weißen Hut
Im Rahmen schwarzer Haare
Und auch der grüne geht Dir gut —
Der violette aber ist das Wahre.
Ich liebe Dich vom Wirtshaus aus gesehn,
Vom hintern Stehplatz aus im Tram
Und recke mich verliebt und stramm,
Doch hätt' ich wirklich nicht den Mut, mit Dir zu gehn.
Ich habe noch kein lautes Wort mit Dir gesprochen,
Die Liebe ist noch neu und ungebrochen
Ich brauch' noch nicht den Hut vom Kopf zu nehmen
Und Du brauchst meiner Dich noch nicht zu schämen.

Ich schleppe Dich noch nicht enttäuscht am Arm
Und Deine Frisösrechnung macht mir noch nicht warm . . .

Und dennoch kennst auch Du die Brunst
Die Du in mir durch Deine Gunst
Durch eines milden Blickes Pracht
In meinem Herzen hast entfacht.

Erlösung

Die Katastrophe ist abgewendet
Ich habe mich diesmal nicht an wüste Weiber
verschwendet.
Es scheint allmählich mit mir
Edlere Ränke gehen zu wollen.
Vielleicht, daß zum höheren Menschentum
Ich doch noch werd' kommen sollen.
Ich habe mich wie ein Asket bezwungen
Und habe die ganze Nacht einsam gerungen.
Am Morgen aber war mir elend zu Mut,
Ich dachte, ein Magenbitter wäre jetzt gut.
Und siehe, kaum saß ich an meinem Ecken,
Da kamst Du, Liebe, zu meinen Zwecken
Und nicht mehr kahl wie ein Bohnenstecken
So reizend im neuen wie früher im alten Hut.
Du herzig gescheites Kind
Hast glücklicherweise selber gemerkt
Wie viel besser als Bubikopfmode
Das zarte Frausein Dir steht.
Schwarzweiß von unten bis oben
Schwarz auch der neueste Hut
So gefällst Du mir herzlich gut.
Ich wage mich jetzt zu erklären
Entweder Du wirst mir Erlösung bringen
Oder es wird mich noch heute Abend
Blindlings ins Elend schwingen.

Allmähliche Reifung

So sinken und so steigen unsere Tage!
Gestern stolz und stark,
Jeder Demut fern,
Heut dem Tode nahe,
Will ich morgen gern
Meiner Leiden schwere Last
Weiter schleppen dürfen!

Kranker Trinker

Wie schön es ist, am See zu sitzen!
Ein wenig müde und berauscht.
Motor- und Ruderboote rasch vorüberblitzen,
Mit Hüten werden Grüße ausgetauscht.

Orchestermusik flutet zwischen Bäumen,
Ich lehne tief im Stuhl zurück.
Viel frohe Menschen sitzen um mich, träumen
Vom alten und von neuem Glück.

Die Berge gegenüber dunkeln,
Die Luft wird kühl, Erkältung droht,
Ich trinke, lache, und die ersten Sterne funkeln,
Vielleicht bringt diese schöne Nacht mir schon den Tod.

Paul Klee

Diesseitig bin ich gar nicht faßbar. Denn ich wohne grad so gut bei de
Toten, wie bei den Ungeborenen. Etwas näher dem Herzen der
Schöpfung als üblich. Und noch lange nicht nahe genug.

Geht Wärme von mir aus? Kühle?? Das ist jenseits aller Glut gar nicht
zu erörtern. Am Fernsten bin ich am frömmsten. Diesseits manchma
etwas schadenfroh. Das sind Nüancen für die eine Sache. Die Pfaffen
nur nicht fromm genug, um es zu sehn. Und sie nehmen ein klein
wenig Ärgernis, die Schriftgelehrten.

Letztes

In Herzens Mitte
als einzige Bitte
verhallende Schritte

 .

von der Katze ein Stück:
ihr Ohr löffelt Schall
ihr Fuß nimmt Lauf
ihr Blick
brennt dünn und dick
von ihrem Antlitz kein Zurück
schön wie die Blume
doch voller Waffen
und hat im Grunde nichts mit uns zu schaffen.

Esel

seine Stimme macht mir Grausen
während lange Ohren schmausen.

 .

Als verstummte Nachtigall
war einst ein beträchtlich Nichts der Fall.

.

Was artet einsam und allein?
es ist die Pflanze Elfenbein.

.

Meinung und Meinung tauschten Wellen
da war denn nichts mehr festzustellen.

.

Alle alle hatt ich gern
und jetzt bin ich kühler Stern.

.

Großwendig. Schwerhendig
anhaltig — glattfaltig
vieleinig.

.

ferne Seele bitt um Gnade
mach mich tief.

.

weil ich ging
ward Abend
Wolkenschleier
hüllten das Licht
dann schattete das nicht
über Allem

.

Hat Hut
was Glut
sengt dein Blut
was Kohlen
weiß holen.

.

durch Rinnsal leuchte
Siebenschleier gesiebt Gesicht!

.

Einst werd ich liegen im Nirgend
bei einem Engel irgend.

.

Der Wolf spricht, am Menschen kauend, und im
Hinblick auf die Hunde:

Sag mir wo ist dann
        sag mir wo?
            ist dann ihr Gott?
wo ist ihr Gott, nach dem . . .

        du siehst ihn hier
        ganz dicht bei dir
liegen im Staub vor dir
        den Gott der Hunde

Sehn und wissen ist eins
daß wer von mir zerrissen
        ein Gott nicht ist.

Wo ist dann ihr Gott?

        ▪

Traum: Ich finde mein Haus: leer, ausgetrunken den Wein,
        abgegraben den Strom, entwendet mein Nacktes,
        gelöscht die Grabschrift. Weiß in Weiß.

        ▪

Die großen Tiere trauern am Tisch und sind nicht satt. Aber die
kleinlistigen Fliegen klettern auf Brotbergen und wohnen in Butter-
stadt.

        ▪

Eine Art von Stille leuchtet zum Grund.
Von ungefähr
scheint da ein Etwas,
nicht von hier,
nicht von mir,

sondern Gottes.
Gottes! Wenn auch nur Widerhall,
nur Gottes Spiegel,
so doch Gottes Nähe.
Tropfen von tief,
Licht an sich.
Wer je schlief und der Atem stand:
der . . .
das Ende heim zum Anfang fand.

.

Weh mir unter dem Sturmwind ewig fliehender Zeit
Weh mir in der Verlassenheit ringsum in der Mitte allein
Weh mir tief unten auf dem vereisten Grunde Wahn.

Meret Oppenheim

Kacherache, panache,
Lob dem schüchternen Wallachen.
Langsam naht er; kommt oder kommt nicht.
Aber sicher ist, daß man ihn übersieht.
So verlangts der gute Ton.

Ich kenne ihn.
Er reicht dir die Hand zum Gruß und zieht sie
nicht zurück obwohl sie stinkt. Auf der Straße
beißt er dich in die Wade.
Der Königin von England hat er ein Taschentuch
geschenkt.

Wir wollen lebenslänglich Stühle flechten.

.

Verlassen, vergessen,
so schwarz am Haferstrand.
Ich will die Zeit nicht messen,
die diesen Schmerz erfand.
Die gelben Wellen schlagen
das neue Netz entzwei,
sie kommen, gehn und sagen
das arme Allerlei.

Der Hund meiner Freundin

Ich liebe den Hund meiner
Freundin. Er kann so schön
"ja" sagen. Er sagt "ja", wenn
man ihn vergißt. Er verdammt

keinen, der sich mit ihm vergleicht.
Wo er hinkommt, da kehrt der
Frühling ein. Weint er, verliert
die Natur ihre Federn. Ist er
hingegen wohlgelaunt, schiebt
er mit viel Geschick die Hand zum
Mund, um ihm seine tiefsten
Geheimnisse abzulauschen.
Wie jeder brave Mann hat er
zwei Seelen in jeder Brust,
fünfundzwanzig an Händen und Füßen.

.

Ich muß die schwarzen Worte der Schwäne aufschreiben. Die
goldene Karosse am Ende der Allee teilt sich, fällt um und
schmilzt auf der regenfeuchten Straße. eine Wolke bunter Schmet-
terlinge fliegt auf und erfüllt den Himmel mit ihrem Getön.

Ach, das rote Fleisch und die blauen Kleeblätter, sie gehen Hand
in Hand.

3

Meinrad Lienert

I dr Dimmrig

Es dimmered und 's Land wird still;
Und Üserherrgeds Ballespil
Wil d'Nacht us ringelreihe.
Und au die röitist Ros wird gro;
Und au das frohist, heißist Härz
Gwahrt Schatte uf sym Maie.

Es dimmered. O liebi Seel,
Meinst eistig nu, es chäm äs Gfell,
Und chromm dr äntli Fride?
Es sind dry Fraue uf em Bärg;
Si spinned üs're Wärchtigrust
Und 's Sunntiggwand vo Syde.

Und wie s'es spinned, müemmer's näh. —
O Seel, und bist hüt wien ä Chräh,
Se singst wie d'Amsle more.
Und was dr d'Fraue gspunne hend,
Und wie's au dimmred dur dr Wält,
Gib's ebignie verlore.

Zwo Syte

Die Ryche, die Armme,
Sind all Lüt z'verbarmme;
Syg's Hütte, syg's Hus,
's goht niemer läär us.

Bim Schaffe, bim Ässe,
's goht niemer vergässe,

Dr Chummer gfindt all.
Au 's Chüehli im Stall.

Dr Gyr bi dr Sunne
Und 's Spinnli im Brunne
Und 's Würmli im Schyt.
Was läbig ist, lyd't.

's git glych ä keis Schybli,
Keis Bäggli, no Trübli,
Wo d'Freud nüd ächly
Hät gsünneled dri.

Und 's git ä keis Äugli,
Keis bluemeds Tauträigli,
Wo nüd drus ä Blik
Sait: Läbe ist Glück. —

1. Augste 1818

O Schwyzerland, was sind au das für Zyte!
Dys Fähndli flügt äs wien ä glähmte Gyr.
Bringt's chuum ufs Dach meh a dr Bundesfyr,
Zuem alte Näst us und'rem große Mythe.

Hend üser Ähnilüt vergäbe gstritte?
Wer freut si nu am Augstefryheitsfüür?
Und gend die Chriegsragette vor dr Tür
Ächt heiterer i üser rüebig Hütte?

Und erst die Schynguldlüchter innerhalb,
Wo s' gschmugled hend i üsers eifach Hus,
Sie chönd eim schier wie Bländlatärne vor.

O Schwyzervolch, im Tal und uf dr Alp,
Lueg nüd no fröndem Brand und Füürwärch us.
Gwahr's eigi Liecht! Gly wärmmt's di tused Johr.

Dr Dichter und sys Land

Syg eine Dichter oder nüd,
Wohn är im Stadtgmür oder Gstüüd,
Sen ist r nüd blöiß syne.
Är köirt glych au im Vaterland.
Jo, alle Mäntsche mitenand,
Dä böise und dä fryne.

Und hät's ä Dichter anderst gsait,
Är hett's, bim Strahl, nu überleit,
Gsäch är sys Land hüt dunne.
Und churz, und sygi wer i well,
Im Land sys Ugfell oder Gfell,
Mir isch wie Nacht und Sunne.

Und wäme dem Politik sait,
Mira, was d'Zyt üs uferleit,
Das willi hälffe träge.
Und goht's dur Zwächtene und Gstriel,
Dur Rothus- oder Chilestüehl,
Mueß's sy, se hulffi wäge.

Ä Dichter bini, das weißt d'Frau,
Und das und dieses Härzli au;
Glych söll mi niemer ehre,
Gohn ich nüd, wän d'Dräkwasser chönd,
Und wän d'Grundlauene alönd
Goh zuestoh und goh wehre.

Und wäni au ä Dichter bi,
Ha doch ä Schilt und Farbe dri
Wo säged wien is meine.
Und was i ha für guet und rächt,
Dem bstohni gäge Herr und Chnächt,
Se trü am Land as eine.

Sophie Hämmerli-Marti

Morgestärn

Dur d Schibe zündt de Morgestärn.
Di ganz Nacht het er gwachet,
Bis obem große Sunnefür
si Heiteri verschwachet.

O chönnt i stärbe so wi du:
E Schin geh uf der Ärde,
Und denn vo euser Wälteseel
Usglöscht und agno wärde.

Josef Reinhart

Dä ließ ig y!

Chumm über 's Mätteli,
Chumm über e Hag!
Chumm vor mys Fänsterli,
Säg mr Guettag!

Chumm a mys Fänsterli,
Chumm a my Tür!
's isch für en einzige Bueb
's Riegeli nit vür.

Nummen en einzige Bueb,
Dä ließ ig y —
Andri wei zue mr cho —
Är goht verby.

's Fabriggemeitli

Hinder de graue Schybe
Goht mr 's Johr verby.
All Tag 's glyche Liedli,
's ganz Johr uus und y:
"Schrübli spalte, Löchli schloh,
Mueß uf hundert Dotze cho,
Mueß e schöne Zahltag bringe,
Darf keis anders Liedli singe."

Hinder de graue Schybe
Han ig es Liedli glehrt.
's Redli het mr's gsunge;
's het's no niemer ghört:
"Schrübli spalte, Löchli schloh,
s' chunnt e Zyt, wird's anders goh,
's chunnt e Tag, tuet 's Glöggli lüte,
's wird für mi ne Chranz bedüte!"

Carl Albert Loosli

Zuespruch

We d' neuis witt, su lah's ryfe;
— 's treit nüt ab grüens Obs ache z schlah, —
Es chunnt alls sälber nahdisnah
Un ersch we's cho isch chasch es gryfe.

Es nützt dr nüt, dr Sunne zpfyfe;
Si steit scho uuf, isch dZyt eis da
U ds Warte steit dr baaser a, —
Lue, dZyt ma alli Steine gschlyfe!

U tüecht es di, 's syg nid zerläbe,
Das ou dir einisch dSunne schyn,
Su däich: 's isch ömu gäng no gange!

Lue, dZyt tuet grüüsli langsam wäbe,
Si macht's nid juflig, aber fyn;
Erzwänge tuesch de nüt mit Blange!

Änderig

Alls isch schön, solang me jung isch,
Alls geit ring, solang me gsung isch,
Un es tüecht eim, liecht syg ds Läbe.
Ds Wärche, we's ou mängi Stung isch,
Macht nid müed. Wär uf em Sprung isch,
Meint, alls laj si zwängen äbe.
Aber we's de mänge Rung isch,
Das me nume gäng der Hung isch
Un alls böös ha isch vergäbe,
Tüecht's eim, alls syg jitz dernäbe.

Paul Haller

Dr alt Fötzel

I bin en alte Fötzel,
I säg dr, was i bi.
I ha ken Rappe Gält im Sack,
Und bi vom fülschte Lumpepack.
Iez wäischt doch, wer i bi.

Es förcht mr abem Tüfel,
Er chönnt mi hütt no neh.
Süscht förcht s mr doch mi Seel vor nüt,
As öppe vor de Herelüt,
Won äim de Schueh wänd geh.

Lieb isch mr nüt as s Sufe:
Räich Bränz und zwor bis gnue!
Mach wäidli, as i wyter cha,
Süscht zündt dr d Nase d Chuchi a
Und s Hus und d Schür drzue.

Witt süscht no öppis wüsse?
So los, i sing dr äis!
De Bufink pfyfft mr s underwägs,
Iez singi s jeder Chuchihäx,
Und schöners git s ekäis:

Juhu! i bin en König,
Und han i scho ke Gält!
Und wen d mr s mitem Frässe bräichscht,
Und wen d mr s Bränz im Liter räichscht,
So gfallt s mr uf dr Wält! Juhu!

Z Nacht

Schwarz gropet d Nacht dr Aare noh,
Käis Stärndli schickt e Häiteri.
S mues jeden äinischt s Läbe loh
Und usem Liecht a d Feischteri:

Hütt isch es glych au gar so still,
Ke Gäisle ghörscht, ke Ysebah!
Was äine spinnt und wärche wil,
De Fade mues es Ändi ha.

Lys ruschets a dr Äich verby
Bis änevör, a d Chloschterwog.
Und mues s den äinischt gstorbe sy,
Gottlob! me chunt us mänger Plog.

Lueg, s lauft es Liechtli usem Hus,
Und übers Wasser tanzt en Schy.
Goht äin uf Freud und Liebi us,
Z Tratz mues er rächt eläigge sy.

Los doch und lueg, wi s Wasser schüßt
Durab, durab, s chunt nümme z rugg.
Probiers, wenn alles nidsi flüßt,
Öb d obsi magscht bis under d Brugg!

Und was dr Chrüz und Chumber macht,
Chum zue mr, stand as Wasser a.
Es isch mr, s häig no nie ke Nacht
So dunkelschwarzi Auge gha.

Maria Lauber

Schöeni Zit

La mig jitz di schöeni Zit,
wa ghi Schatte vur mer lit,
la mig dia lam bruhe!
La mig Früüd am Summer ha.
Liechter Taga söle ja
Chraft gä für di ruhe.

Das mer ds Gwüsse net verwist
z'näh, was Schöes i Schoos mer rist,
z'nähn u härzlig z'danke!
Was i gsunde Tage zlescht
zämechunnt i Fir u Fescht,
tröeschtet in de chranke.

Emitts

Ischt net mis Tal, öes Dorf emitts,
mitts in der Wäld? U was süscht git's,
wa wärt u wichtig weä win das?
Wa weäscht im Läbe sövel bas?

Es iedersch Dorf, wa' s süscht nug git,
ischt näbenus. Un og dermit
e jedi Stadt, by oder wit,
si lit net da, wa d'Mitti lit.

O lat mig bliben i mim Tal!
Es jedes andersch Ort ischt Qual,
ischt näbenus, va hiime wit.
I han da sövel Lengizit.

U mues ig fort u blüeit mer nie
es Gärti näb den andre hie,
su wellt ig, ischt mi Tag verbi,
dahiimen doch bigrabe si.

Traugott Meyer

I dene Zyte

Er stoht am Bord. Nacht spinnt in y.
Dur Nacht und Näbel schnuuft der Rhy.

Er stoht scho lang und gluurt und luuscht.
Und 's Wasser ryßt. Und 's Wasser ruuscht!

Uf's Mol e Ruck. Lut schreit er: "Näi!"
Und rennt borduuf und hüschtet hei.

Trüebroti Lampe glotze noh.
Angscht hangt im a. Er blybt nit stoh,

Pfylt uf e Tür zue. D' Stägen uuf . . .
Es gäselet, Gott, verchlemmt der Schnuuf!

I d' Chuchi! Liecht! . . . Vergäbe. Z'spot . . .
Si wummere nümme: "Vatti, Brot!"

Si ligge, eis am anderen a . . .
Und müeße nie meh Hunger ha . . .

Duuch chehrt er um. Goht usem Huus.
Lauft langsam langi Gassen uus.

Bluetroti Lampe speechzge noh.
Er achtet's nit. Blybt niene stoh.

Goht wyt. Goht wyt! Nacht sackt in y . . .
Glychmeeßig ruuscht der Rhy verby.

Albert Streich

Friejh im Friehlig

Es ischt friejh im Friehlig
im aaberre Fäld.
Der Feehnn chuuted ds Tal uus,
schmilzt Schnee und biegt d'Wääld,
macht blauer den Himel
und wiit, e-so wiit,
en Amsle tue z'singen
es Gsatz Lengiziit.

Der Feehnn und sii Singsang
ischt Wiin im-miis Blued;
i finden der erscht Bluemmen
und tuen-nen uf-en Hued;
i finden es Meitschi,
äs gid-mer siin Hand,
wird rots uber ds Gsichtli
und lached i ds Land!

Feehnn

Bärga siin e-so noh und chlar,
mi gsehd es jedes Schrindli drin.
I Fliehne tooßeds wild dahar
und Bächleni fleuten druber in.

Er chunnd, er chunnd! Mi gschpirds gar gued.
Bischt chrank, bischt zwäg? Du weisch' nid rächt;
dier chlopfed ds Härz und hitzged ds Blued,
und bischt doch mieda und magscht schlächt.

Er chunnd, er chunnd! Und schteibt um ds Huus,
und blaast dir alli Chleckleni uus –
Bhiet Gott is Hein, bhiet Gott is Schiir
bi Tag und Nacht vor wildem Fiir!

Ubergang

Der Sumer geid.
Siit Tagen isch' leid,
schtriicht Näbel uf-em See
dhinnet und dhar;
schtriicht meh und meh,
bald wie-n-e Schar
graui Utier.

Und wie die si ringlen,
und wie si zinglen
mid graue Zungen
gäg ds Land, gäg ds Dorf,
de Wwald:
Herbschtleub schludred
naß von Beimmen
und tschuudred
i tote Treimmen.

Im Herbscht

Jetz schiind d'Sunnen niewwa milter,
wurd der Himel no meh blaua,
wurd am Bärg der Schteischlag graua
und ir Teiffi ds Wasser luuters.

Tanni fiischtren; Lärchi gälben.
Schatte llengen; Buechi bruunen.
Winda wäihjin ubren Bärgen.
Blad fir Blad ghiid ab zur Ärden,
chehrd-si, wehrd-si voller Schtuunen.

Wysig

Gang nimma z'wyt von heimmen,
gang nimma z'wyt von Huus!
Es ziehd es wiee im Gheimmen
und weigged ds Leub in Beimmen
es Wäsen dir d'Luft uus.

Es Wäsen, nid z'ersinnen,
es ischt blooß um di, daa,
vilicht o in dier dinnen.
Weischt nid, will's chaald, will's brinnen,
blybt's old vergeid's dernaa.

Gang nimma z'wyt von heimmen,
ergib di langsam drin!
Der Herbscht leest ds Leub von Beimmen,
graaww Näbel fään a teimmen
und d'Nacht ghyd frieei embrin.

Pfyffholtren stirbt

E Mmitternachtwindschtoos ischt chon
und hed di a mmys Pfeischter triben,
e lliechta Tätsch, e mmutta Toon.
Bischt uf em Sinzen blybe lligen.

Wiee Silber lychte d'Fäcken
und si zittren
und schwacklen usicher
und vertschittren,
zertiee si undereinischt
wyt zum Säärben,
en Glanz chunnd druf
von Gold und nid ab dieser Ärden.
E Mmäärisunne zinted root us duuchlem Blaaww,
zerleuft i mmilte Farben uber silbrigs Graaww,
erlischt.
Und d'Pfyffholterren mues stäärben.

Nachts am Pahndamm

I d'Fyschtri inhi fahrd e Zug,
mi ggheerd syn Aate chychen,
mi gsehds wiee Schlangi schlychen
und doch nid tytli, Fahrt old Flug,
es Ding waa rächt old numme Trug.

Es sitze Llyt im triebe Lliecht
a Pfscheischtren, graaww wiee Schätten,
teil still und mied, wiee bjätten.
Hei's Wehtiends z'träägen, hei si liecht?
Vo Schybe tropfed's chaalt und fiecht.

Es fahrd e Zug i d'Fyschtri in,
verschwynd us Eug und Ohren,
geid in der Nacht verlooren.
I stahn und losen hinnadrin.
Warum wil mier nid us em Sin,
das i daa stahn und truurig bin?

Der Tootevogel

Im Gaarte steid en Epfelbeun,
där, där, där
ischt am Verdäärben.

E schwarza Vogel flygt um ds Huus,
wigg, wigg, wigg!
's mues epper stäärben.

4

Alfred Huggenberger

Wiese im Frühling

Ich möchte nicht schlafen im Marmorsarg,
Wenn der Märzwind weht, wenn der Märzwind weht!
Viel lieber seh' ich als Landmann zu,
Wie der junge Frühling vorübergeht.

Ich hab' meiner Wiese das Haar gekämmt,
Hab' Stein und Geröll hinweggetan;
Nun lacht sie wie ein staunend Kind
Und blickt den blauen Himmel an.

Schön wär's zu wandern jetzt weit in die Welt,
Wer hätt' nicht gern mal die Lust gebüßt?
Noch lieber lausch' ich, der Stille gesellt,
Wie meine Wiese den Frühling grüßt.

Der Mähder

Das schafft mir Lust: im Morgenwehn
In der Kette der Mähder zu stehn!
Frische Gesellen, zäh und stark,
Bloße Arme, gebräunt und voll Mark!
Wie die Sensen sirren und fliegen,
Breite Schultern im Takt sich wiegen!
Mit des Wetzsteins warnendem Lied
Tönt ein Jauchzer hell übers Ried.

Aber noch lieber mäh' ich allein,
Spät zwischen Sonnen- und Sternenschein,
Wenn im Zwielicht Feld und Auen
Wie ein träumend Antlitz zu schauen.

Eine Welt ist meine Wiese,
Und ich mähe und bin ein Riese,
Ungeschlacht mit breitem Schuh
Deck' ich Wunden und Narben zu.
Vor mir her gehn Zittern und Zagen,
Hinter mir Seufzer und stummes Fragen.
Aber die Sense bricht sich Raum,
Sirre sang! Halb Schaffen, halb Traum.
Holz und Hand, Arm und Stahl
Sind verwachsen alle zumal.
Bin ich ein Wesen von Fleisch und Blut?
Ist's ein Spuk, der die Arbeit tut?
Mächtige Arbeit! Wälder fallen,
Jetzt eine Burg mit Zinnen und Hallen,
Mit Kriegern und Troß: ein Schwung, ein Schlag,
So kramseln die Menschlein am jüngsten Tag! . . .

Wälder sinken. In kühlen Gehegen
Wandelt auf tausend verschlungenen Wegen
Märchenvolk: viel krabblige Dinger,
Ruppige Stelzer, beschauliche Singer;
Käfermann mit Brille und Putz,
Spaßig Gesindel, das nicht viel nutz.
Plötzlich — wer hat das Fest gestört?
Ein Lauschen, ein Raunen: "Habt ihr gehört? . . ."
Vielbeinig klettert ins Gezweig
Ein Spinnenläufer: "Bäh, seid ihr feig!"
Aber am Seidenstrang im Nu
Läßt er sich fallen und zetert: "Hu!
Berge sich, wer noch fliehen kann,
Ein Ungeheuer wälzt sich heran!"
Nun Schrecken und Flucht. Jeder Schlupf zu klein,
Ein Tasten, ein Betteln: "Laß mich ein!"
Ein ziellos Hasten in Angst und Not —
Derweil steh ich im Abendrot,
Schärfe den Stahl mit hartem Stein,
Stopfe mir ein Pfeifchen ein.
Vergessen all das kleine Gesind,
Ich bin ein Mähder, wie Mähder sind.
Gras ist Gras, aus Gras wird Heu;
Richtig, und man ernährt sich dabei.

Sirre sang, klirre klang,
Bald liegt die dritte Schwade am Hang;
Das Jahr ist gut, die Kräuter stehn dicht.
Glocken und Vergißmeinnicht,
Freut euch, nützlich zu sein auf Erden:
Der Heustock wird fest und duftig werden!
Ihr Sternlein, ihr gelben und ihr weißen,
Segen Gottes werdet ihr heißen! . . .

Das Höflein

Nun darf mein Tal den Sommer grüßen,
Es ist den stillen Tagen hold,
Wie ruht es schimmernd mir zu Füßen
In seines Erntesegens Gold!
Die schmalen Weizenfelder träumen
Von Märchen, die der Nachtwind sang.
Ein Höflein, halb versteckt in Bäumen,
Liegt weltvergessen nah am Hang.

Das ist ein Heim nach meinem Sinne,
Ein Eiland, das kein Meer umstürmt!
Rings Zelg an Zelg, und mitten inne
Das breite Dach, das herrlich schirmt.
Die weißen Fensterkreuze wissen
Von Stuben, die voll Sonne sind;
Wer möcht' des Gartens Wildnis missen,
Die Zaun und Bänklein bunt umspinnt?

Ich weiß, dort liegt kein Schatz vergraben,
Doch duftet braunes Brot im Schrein;
Und blonde Mädchen, munt're Knaben,
Die lassen Kümmernis nicht ein.
Horch! Ihre hellen Stimmen klingen,
Ein Dengelhammer singt darein —
Könnt' ich des Schicksals Gunst erzwingen,
Dies Höflein müßt' mein eigen sein!

Hermann Hiltbrunner

Was noch sich lohnt

Was lohnt sich noch in diesen Tagen,
Was ist zu tun, was zu erjagen?
Nach Hause, Jäger, deine Beute
Ist nicht das Gestern, nicht das Heute.

Gesenkten Haupts im Abend stehen,
Den Wind im Antlitz, Wolken sehen,
Verzaubert lauschen auf den Flug
Des Entenpaars ist mir genug.

Ihr mögt's bedauern, mögt's gestatten —
Menschen verfließen mir zu Schatten;
Lichtvoll ist mir ein Nebelstreif,
Ein Eulenschrei, ein Morgenreif.

Wem könnte diese Zeit behagen?
Die Bosheit dieser Welt beklagen
Lohnt sich nicht mehr. Was je mich freute,
Ist nicht das Gestern, nicht das Heute.

Schwirrt hin, ihr Vögel! Euch zu hören
Ist Wonne mir. Bei jenen Föhren
Hör ich euch in die Wasser fallen
Und bin der Glücklichste von allen.

Erloschen?

Glühtest du einst, mein Herz, entflammte dich Liebe — ?
Womit soll die Welt dich Erloschnen verlocken?
Lieben willst du nicht mehr —?
Achtmal sieben Herbste — und schon ist gedroschen
All dein Korn, selbst das Stroh auch ist schon verlodert.
Nichts mehr erfreut dich und setzt dein Herz in Bewegung?
Nicht erfreut dich der Mensch und die Welt von heute?
Kann noch leben ein Schatten, ein Schein ohne Schatten?

Doch, dich erfreut die Natur, entzückt noch die Blume,
Rotkehlchens Lied, des Waldkauzes Ruf und der Rehe
Flucht und der Flug des Bussards, der Zug der Stare . . .
O ich kenne das schmerzliche Lächeln seit langem.
Wäre nicht weise und besser ein heiteres Lächeln
Ohne den Zug der Trauer, der großen Entsagung?
Und aber die Sterne, der Mond und das Jahr und der Zeiten
Kommen und Gehen — freun sie nicht mehr deine Augen,
Zittert nicht mehr dein Herz ob dem ewigen Wandel?

Wohl, es zittert — und hingerissen von Freude
Senkt sich mein Blick und hebt sich mein Herz, und wieder
Lieben, lieben will es.

Abdankung

Hingehn und Zerfallen! Zundermürbe
Fleckt es schon auf Stoff und Bild und Haut!
Doch wie hoffnungslos, wenn nichts mehr stürbe —
Nichts ist für die Ewigkeit gebaut.

Alles wird sich einmal fallen lassen;
Wegtun wird man, was vor Alter gilbt.
So auch mich — ihr werdet mich entlassen:
Altpapier, stockfleckig und vermilbt . . .

Goldstaub rieselt sacht von der Gardine —
Jemand hat dich eben weggetan;

Jemand fragt nicht mehr, wozu ich diene —
Und zum dritten Male kräht der Hahn.

Krähe zu. Verleugnet hat mich keiner;
Nur ein altes Kleid wird weggelegt.
Legt mich ab. Denn alles dünkt euch reiner,
Was man eurerzeit mit Vorteil trägt.

O ich weiß, wie ihr nach Neuem trachtet!
Trachtet denn. Ich bin schon weit voran.
Hinter mir erkenn ich, wie es nachtet —
Habt ihr nicht zu früh mich abgetan?

Wird mich einer aus dem Dunkel heben?
Eitelkeit! Ich bin des Todes Raub.
Freunde, bleibt ihr immerdar im Leben,
Denn auch Goldstaub ist nicht mehr als Staub.

.

Alle Wege sind gemessen,
Alle Schritte sind gezählt —
Menschenmasse sind vermessen,
Menschenzahlen sind verzählt.

Was ist alles Leid und Freude
Gegen solche Zuversicht,
Was das ganze Weltgebäude
Gegen dieses große Licht:

Meine Wege sind gemessen,
Meine Schritte sind gezählt,
Und ich darf die Welt vergessen,
Und ich bin zu Gott gezählt.

.

Herr der Stunden, Herr der Tage!
Sieh, wir stehn in Deiner Hand;
Aus dem Meer von Leid und Klage
Führe uns auf festes Land.

Herr der Tage, Herr der Jahre!
Dieser Erde Zwischenspiel:
Wende es ins Wunderbare,
Weis uns aller Ziele Ziel.

Herr der Jahre, Herr der Zeiten!
Dir sind wir anheimgestellt;
Wollest unsre Schritte leiten,
Herr der Menschen, Herr der Welt.

Siegfried Lang

Aufforderung zur Reise

Komm, o komm, wir lassen die Türme und Mauern,
Lassen Verdammte in Haft und Trübsal trauern,
Komm, wir fliehn, nach den Sonnen-Inseln, den Ländern,
Wo die zahllosen Wunder im Flug sich ändern.

Not und Verzicht
Wird strahlend sich wenden
Zu vollem Verschwenden
In Flut und Licht.

Komm, o komm, uns rauschen Haine und Lauben,
Braune Arme verlangen nach Birnen und Trauben,
Reife Pracht mit knospender Fülle versöhnt
Drängt sich froh und die ländliche Zimbel tönt.

Begehrt dich ins Weite
Das meerhafte Blauen
Den Felsen zur Seite
Ist allwärts zu schauen.

Trümmer-Prunk, der alte, und pflanzen-vergrabne
Kunde schweigt uns, doch über Sterne erhabne
Säulen, heiligen Ursprungs ragendes Walten
Rufen im sinkenden Abend vergeßne Gestalten.

Am Gestad, tief unter saphirenem Ringe,
Reiner Himmel erlöschen die irdischen Dinge,
Aber die Wogen müssen nur heimlicher stöhnen,
Nach den verlorengeglaubten, den göttlichen Söhnen.

Komm, o komm . .

Tag und Morgen

Verhüllt der Fels, der Gipfel, und die Kimme;
Die Nebelwand hat sie mir abgetrennt.
Kaum gar drei Schritt noch sprudelt das Geflimme
Erstaunten Quells ... doch sieh: da schmilzt und brennt
Das fahle Licht hinweg der Wolken Schranken,
Schafft eine Durchsicht zwischen Stamm und Ranken.

Ein Blick ins Blau-Vertiefte, Gold-Bekränzte,
Tat still sich auf zu funkelndem Entzücken
Das morgenfrühlich in die Seele glänzte ..
Will sich der Abgrund schwebend überbrücken?
Ist dies der Weg der ins Verheißne leitet
Wie Jugendeinsamkeit den Sinn umweitet?

Was ähnelt dort die Bucht verlornem Tale
Ins hellgesömmerte Gestad geschmiegt,
Die Waldung luftger Büsche kränzt die Schale
Versunknen Teichs, der dämmerruhig liegt.
Zu ihm wie Ströme nach dem Meere halten
Hindrängen sich des Herzens Wunschgewalten.

O hin zum Schilf! so werd ich schon Dich finden
Wie starrgebannt Du nach dem Bilde lauschest
Die Schläfe kühlend Dir mit Blatt umwinden
Und, süßes Selbst — dem Du nur Rede tauschest
Den Gruß nicht weigern — sinkt es von der Schwelle
Dringt es zurück in unsres Busens Zelle.

Du sangst zutiefst im Lied verjüngter Stunden —
In Knabeninbrunst, aller Anmut Neigung,
Verbleibt die Kraft so ihrem Kern verbunden
Quillt sie gleich rings in schwenderischer Zweigung;
Längst hast Du mir den Gang zu mir entriegelt
Ward auch der Bund mit Dir erst heut besiegelt.

Mit Dir! Mit Dir! der Jahre Wehn und Kommen
Kann wohl verwittern flatternd bunte Hülle,
Doch haben sie kein Kleinstes weggenommen
Von Deines Gutes wirkend steter Fülle,

Und wie erkenn ich mich in Deinem Reiche
Heut, wo Du mich umarmst, ich ganz Dir gleiche!

Vom schlichten Hügel mit der Bank wo Spende
Der ersten Frucht Du hobst vom Wind gewährte,
Weil er Dein Freund war und wie Du behende
Zu Tanz und Sprung und summender Gefährte,
Sehn wir der wanken Rohre Kolben stäuben
Nah vorn den Wiesen die Holunder läuben.

Dies Dein Bezirk, von Faltern und von Düften,
Allwo Du Herr bist in dem Halme-Prangen
Bis zu den dunkel-schmalen Ufer-Schlüften,
Von Krautgeschlinge wuchernd überhangen.
Nun Gruß Euch! grünumstrickte Höhlen-Stuben.
Moosbraune Lager und verwunschne Gruben!

Hier nach der Jagd auf buntlebendge Dinge,
Die wildlings Du in froher Hast vollführtest
Hast Du geruht . . . Hoch eine Geierschwinge
Blieb längste Lust, der Du zu folgen kürtest.
Dann kam das unabwendbar mächtge Schweigen,
Das auf Dich niederbog aus allen Zweigen.

Wie leise schaukelnd sankest Du ihm hin —
Und wobst, Nichtsahnender, so mein Geschicke . .
Nah bist Du mir wie nie in Blut und Sinn
Du gibst kein Wort, nur sprechend wahre Blicke
Und willst vertrauender Dich an mich lehnen
Des Odems Frische leihend meinem Sehnen.

Daß solche Eintracht jeder Stunde leuchte,
Wird uns Gewähr? Bleib ich von Dir umfangen?
Da schwimmt vors Aug her ungewisse Feuchte
Ists Neblung? Blendung? kündigt dem Verlangen,
Wie spähentlich es strebt nur Dich zu halten,
Wogt alles gleich zurück zum Umgestalten.

Nun ist es Tag . . . entwinde Dich dem Säumen . .
Und karg und klar unwirtlich schroff Gelände.
Die hochgebäumten mutigen Wasser schäumen

Mir neu entgegen durch zerschrundne Wände.
Ich muß hin zu den kahlen Felsen-Treppen
Von denen letzte Dünste aufwärts schleppen.

Dort harren zornumblinkte Wolken-Sitze
Des Kommenden, der bald sich überweist
Der schwanken Heimat schlummerloser Blitze
Und hier nur lauter Deine Fügung preist;
Im Unwegsamen hat er Dich gefunden,
Gedenk des Bundes, aller Furcht entbunden!

Braunes Aug voller Hehl . .

Braunes Aug voller Hehl . . . doch licht,
Meinen Traum, der dir folgt und dich flieht,
Meine Zweifel, du siehst, greifst sie nicht,
Nicht das Beben, das in mir geschieht.

O dein Gang und dein Schritt . . . wär er wahr?
Bist Du's? früh verheißen . . . o Bild,
O Gestalt, in der Wesen erst klar
Sich sagt und sich schenkt . . . sei mild!

Noch nicht tu, was dein Wunder stört,
Nicht verdunkle, halt Stand; vergieb
Noch solang meine Angst dich beschwört,
Den Blick, der in Deinem verblieb.

Alexandreia verlaß ich

Alexandreia verlaß ich:
Lange sie nicht zu sehen;
Kypros zu sehen, die göttlich-geehrte,
Ephesos, Tyros und Smyrna,
Und . . . Immer-Erträumtes . . . zu schauen: Athen.
Und die entlegnen
Am Meere

Korinth, Byzanz,
Und, allgewaltiges Ziel,
Zu schauen Roma, die ewig-gekrönte.

Alles zu schauen, nur dich nicht;
Dich lassend, Unendlichgeliebtes,
Dich nimmer zu sehen, auf lange . .
Schönheit wird trinken mein Blick
Und viel in Augen forschen,
Manche der Lippen zu küssen bereit,
Zu pflügen mit Händen durch wildes Gelock
Und Namen zu flüstern im heimlichsten Hain,
Alles zu lieben . . . dich nicht.

Rheinstadt

So eilen deine sommerlichen Freuden,
Seit früh mit Ungestüm einander folgend,
Wie Laub und Kahn und Schwimmer auf den Wellen

Wenn abends, im Verstrahlen unter Bäumen,
Die Mücken kurz erkräftigt höher irren,
Der Ahorn dumpf erschauernd Kühle ahnt:
Stromweites blasses Grün unter dem dunklern
Gezack, vor grauem Stamm und Glut-Gewölk —
Dann rauschen wieder frischer reinere Stimmen.
Dem Hall gewerbiger Stunden nahm sein Ziel
Der Odem, der als dichtes Sausen kommt
Vom ebnen Wasser und in Büschen wittert,
Und auch die Woge stetigt ihren Laut.

Inzwischen heben sich am übern Ufer,
Langsam erfinstert, deutender die Türme,
Dann schließen Tore und es öffnen Fenster
Und da und dort springt Licht aus engen Gassen.
Noch aus der Welle jauchzen junge Leiber,
Breitab entführt, hin zu des Himmels Brand . .
Doch tiefer füllen sich die Türen, Treppen
Mit Schatten, bis auf jene, wo nun Kinder

— mit vorgebeugten Mienen oder lauschend —
Geheimnisvoll und lächelnd sich erzählen
Und dunkel-rosig vor der nahen Nacht.

Mit dem Getos der Glocken steigen Funken,
Und über treppendem Gemäuer Lampen
Zum Garten-Rund; aus buchenstillem Grunde
Ein Plätscher-Strahl verschwingt in schwarzer Luft.
Und Lichter ketten jetzt die ganze Strecke
Am Ufer hin und an zu Gartens Höhe.
Ein Klingendes wird wach: aus Dämmerung
Der Flöten Fordern und der Geigen Sehnen,
Bis nun auch Stimmen und Gelächter silbern,
Das Trauern dämmen und das Flehen scheuchen.
Einsam herabgerückt von jener Helle,
Am Mauer-Ende, sinnt ein Menschenbild
Schmal, vor dem Mond geneigt, beglänzt und blond,
Aus Mädchen-Anmut und dem Traum des Knaben
Geschaffen, wie zum Glück nur dieser Stunde
Geeint, in friedlich ruhender Gestalt.

Magie

Wie in dieses Tal voll Morgensprühen
Kam die Trauer so beharrlich walten?
Weit zurück nach einem Fern-Verlornen
Zieht es all die Seele, sehnlich mächtig,
In die frühste Frühe, — und Gestalten
Winken dort, und was hier prächtig,
Drängend auferstand zu sicherm Blühen,
Weist das Welkgesicht des Totgebornen.

Du bei mir, — was hast du nicht geschwiegen, —
Nur solang als eine Wimper schattet
Durfte deinem Wort ein Laut gehören
Nicht dein eigen, anderm Reich entstiegen,
Dunkler Zauber kräftig zu beschwören, —
Doch er hieß mich nun zu ihnen fliegen,
Die das Herz einst abgrundtief bestattet . .
Und ich dachte nie mehr zu erliegen.

101

Albin Zollinger

Dasein des Dichters

Er lag, ein Kristall, und strahlte
Blau in der Wüste, malte
Über sich Regenbogen,
Silberne Distellichter —
Karawanen kamen gezogen,
Alte
Städte am Rande, Gesichter
Der Frauen im Fenster blühten
Von sanfter Magie seines Glanzes,
Basalte,
Standen Pilander im Dunkel, glühten
Mythische Nacht der Gestirne,
Firne
Frostger Verlorenheit, kalte
Gebirge Ewigkeit, und ein ganzes
Morgenland Tod, da er klar
In sich selbst aufging,
Sonderbar
Seine Vergangenheit in den Himmeln hing.

Sternfrühe

In der Vorfrühe blakt ein gelbes Gehänge von
        Lichtern am Himmel,
Mystischer Mond steht versponnen in Fäden von
        Sternkristall.
Wie das Getier auf der Hinterseite der Wälder trat
        Stillegetümmel
Auf die Wiesen der Nacht jenseits der Büsche von
        Schlaf und Zerfall.

102

Großäugig wächst, wo sich das Laute zurückzieht,
     das Wunder,
Die Stille wie Gras, und betaut von der Tiefe der
     Dunkelheit.
Wenn wir für eine Weile gehen, kommen die stillen
     Erkunder
Königlich angetan von der Seite der Ewigkeit.

Wo aber fliegen die Abendvögel hin?

Die Tauben schlummern im Hause:
Wo aber fliegen die Abendvögel hin?
Der Wasserfall dämpft sein Gebrause:
Wo aber rinnen die Bäche hin?
Friedlich wurzelt der Rauch auf den Dächern:
Wo aber strömt das Nachtgewölk hin?
Lichter stehen in tausend Gemächern:
Wo aber sinken die Sterne hin?
Immer indem wir liegen und schlafen
Lösen sich Schiffe dunkel vom Hafen.

Sommertagsvesper

Das Geläut in der Ferne ist wie eines Kindes Trinken.
O Wohltun, Welle um Welle, o blindes Versinken!
Mit Frieden füllt sich der Nachmittag, reinem Traume
Der in den Wimpern ihm steht wie die Stille im Baume.
Regt sich der Rittersporn schlafend in Amboßklängen?
Rauschen geschäftige Nonnen mit Heu an den himmlischen Hängen?
Wo bin ich, in welchem Jahrhundert erwacht, und was läutet?
Bist du noch immer da, stille Kindheit? bedeutet
Es, daß ich von Knabenspielen nach Hause muß? warten
Mir wieder Malven und Regenbogen und Wolken im Garten?
Überschwenglich schüttet der Phlox um die Balsaminen,
Dunkelt der Sandstein von Honigtropfen der Bienen.
Wollüstige Kühle füllt Fensterscheiben und Gitter.
Behaglich donnern uralte Sonnabendgewitter.

Auf ein Schneckenhaus

Der gelbe Marmor einer Aphrodite
Ist auch nicht edler als dies Schneckenhaus.
Vollkommen schwingt es sich um seine Mitte
Nach wohlgestuften Horizonten aus.

Liegt das Gesetz der Sternenkreise zierlich
Und schalkhaft mit geneigtem Pol vor mir?
Ich ahne Weltbedeutung im manierlich
Gespielten Plan der Tierbehausung hier.

Es ist der Weg von innen in das Ferne,
Der sich erweitert und doch nahe bleibt.
Urnebel ranken sich um dunkle Kerne
In denen Embryonenleben leibt.

Wo er aus seinem Herzen ruhig wachsen,
Sich bauen kann, gelingt sich Gott im Traum.
So läuft die Schöpfung auf gedachten Achsen,
So kommen Tiere und so blüht der Baum.

Wie dieser Wirbel windet sich den Widdern
Das schöne Horn ums Ohr, in dem sie blind,
Von Rätsel wie von Rosen auf den Lidern
Gekränzt, zum Opfer aufgerichtet sind.

Es sproßt an Säulen so, an Reben, Geigen,
Meermuschliges Geheimnis, Spiel und Ziel.
Verborgne Dinge will es heiter zeigen,
Wir sehn es sehnlich, aber sehn nicht viel.

Uns strahlt im Abdruck noch von Gottes Händen
Die Lust der Schönheit wie mit Heimat an.
Aus seinen Spuren muß ich ihn vollenden,
Den Flüchtigen, den königlichen Mann.

Hier schnitzte er, verweilend, die Kamee
In Karneol, ein rosendämmernd Haus,
Und schenkte es, damit es darin gehe,
Ans nächste unscheinbare Wesen aus:

Wohne im Weinberg! Bau mir Klosterstädte!
In Thymian berausch dein kleines Herz.
Mit stummen Fühlern deutest du Gebete,
Und deine Kuppel glänzt wie grünlich Erz.

Die Bauernstadt

Ich hab im Traum die Bauernstadt gesehn.
Sie lag auf Bergen voller Kathedralen
Mit Galgen, Türmen, Brücken, Ehrenmalen,
Und es war geisterhaft, in ihr zu gehn.

Denn tausend Türen, Gatter, Brunnenzüge,
Als hätte Krieg sie angerührt: wie tot!
Das Rathaus leuchtete von Nelken rot,
Doch barg es auch nicht einmal Taubenflüge.

Kein Hund, kein Huhn, die Ställe standen leer.
Nur Mittagswärme wohnte in den Stuben
Und blonde Sonne in den Jauchegruben,
Die Glockenspiele regten sich nicht mehr.

Manchmal hing eine Mühle mit dem Rade
Am Abgrund in der Luft voll Tang und Moos,
Schindeln und Läden standen struppig los,
Kamille träumte um die Weinbergpfade.

Wo es mit Treppen wie zu einem See
Dunkel hinabging, öffneten sich Fluchten
Karthausenhafter Riegelgotik, Schluchten,
Gebirge Balkenwerks und Scheibenschnee.

In langen Zeilen hing's mit steilen Dächern.
Was für ein Bauernadel hauste stolz,
In welchen Wäldern schlug er goldnes Holz
Zu solchen Domen, solchen Traumgemächern?

Die Straßen steigen schwankend an im Dunst.
Als lägen Weizenfelder tief im Himmel

Wogte die Bläue, fernes Volksgewimmel,
Glosende Sommerfeuersbrunst.

Oder rief sie ein Fest jenseits der Pässe
Mit Karussellen, Tanz, Gelage, Wein?
Brach Babylon mit Kriegerheeren ein,
Schellte die Pest zu ihrer Totenmesse?

So war die Geisterstadt, die ich gesehn.
Sie lag auf Bergen weit mit Kathedralen
In Bündeln von Geleucht und Schattenstrahlen
Und will mir nimmer in der Brust vergehn.

Ode an die Himmelsbläue

Wenn nichts wäre: in dir ist alles,
Herrlichkeit der gespannten Leere, weite Gelassenheit
Blühenden Blau's, o du Ozean
Der uns bewegt
Mit den mildesten Wassern,
        Dünungen himmlischer Horizonte
Voll Jenseits,
In dir ist alles:

Die Erde mit Sand,
Die Erde mit Salz in den Meeren, mit Wald
Verlassener Kontinente, mit Licht
Überwachsener Tempelstädte, mittäglichem Glas
Von Glast der Gewölke,
In dir ist alles, ewige Bläue: Von Sicheln
Und Lanzen blitzt dein Grund,
Die Stille, das Ährenfeld
Wogt von verborgener Schlacht, und Mond

Geisterhaft über Masten, Mongolengaleeren
Schaukeln herauf — denn in dir ist alles:
Toledo am Berge, der Fluß
Und Sonnerauch langer Straßen,
Stäubend vom Hufe der Esel im Knarren der Karren,

Glühn der Tomaten,
Marmorgebirge und Meißel der Meister,
Die Stadt aus Domen, Visionen in Wolken —
In dir ist alles.

In dir ist der Menschheit
Lange Wanderung aus dem Morgen
Herauf über Meilensteine, Pyramiden
Mit Thronen und Baldachinen
Im Winde der Wedel,
In langer Gefolgschaft,
Spalieren der Sklaven,
Ewig Blau,
Es ist Traum
Deiner sinnenden Tiefe,
Das Glimmen im Augenstern
Deiner Versunkenheit,
Alles.

Von jenseits
Funkelt der obere Tag herab
Ins Gewässer voll Tang
Unsrer Sichtbarkeit,
Unserer Dämmerung im Bewußtsein —
Bläue, in dir ist
Morgenland Gottes,
Höherer Libanon, den die Seele
Sieht,
Heimat der Edlen, Ausblick in lichteres
Mesopotamien,
Silbernd in Strömen
Endloser Herkunft —

In dir ist alles,
Kristallne Zisterne,
Klingend von Quellen
Azurner Gewässer.
Unsere Krüge
Trinken von dir —
Nähre uns, breiter Nil
Mit der Erde aus Äthiopien

Oben,
Oben in der Entrückung
Traumsingender Wasserfälle.

In dir, wenn nichts wäre,
Ist alles, ruhender Born der Bläue.

Breughel: Ikaros

Ikaros, Ikaros, stürmende Seele,
Immer noch stürzest du
Täglich ins Meer,
In der Sehnsucht
Hinaufverlangen,
Indem der Bauer, geruhig,
Pflügt!

Aufheitern

Die weiche Luft voll Tränen,
Als regneten Fontänen
Mit lauem Morgentau.
Olivengärten dämmern,
Strömung von sanften Lämmern
Entblößt ein südlich Blau.

Ich hör die fernsten Meere
Im Wogengang der Schwere
Und hab ihr Salz im Haar.
Das Herz treibt in die Fluten
Des kühlen Ausgeruhten
Und löst sich wunderbar.

Dichter in dieser Zeit

Was tust du, verträumter Landmann?
Bückst dich auf deine blumige Mahd,
Und schwer
Dunkeln zu Häupten dir schon
Tödliche Wetter des Krieges!

Die Wühlmäuse

Was ist groß? Wir sind größer! Denn wir sind viel.
Euer Erhabnes ist Fraß und nur Spiel.
Wir in der Finsternis untrer Region
Wimmeln und wühlen, wir sind Legion,
Unteres Volk der verkümmerten Gnome,
Raschelnde, raspelnde Nachtphantome.
Himmlischer Heerschar schauernder Schatten,
Wandern wir unter der Erde, begatten
Wir uns so viel und so wohl als sie oben
In Verzückung den Höchsten loben.
Baut ihr das Korn, wir holen es munter
Ungesehen und jenseits herunter.
Türmt Kathedralen, wir nagen, wir nagen.
Habt ihr Gehirn, so haben wir Magen,
Schlagt eure Schlachten um Ideale,
Wir fällen die letzten Heldenmale.
Hegt eurer Wahrheit zerbrechliche Schale:
Was ist wahr? Wir sind wahrer! Wir sind das Reale.

Kasernenschwermut

Durch diese Gänge hallt Gesang der Toten,
Weht ihrer Trommeln hohler Geist und Schein.
Der Kalk, von Schwären naß verfaulter Zoten,
Dämmert im Abend bläulich wie Gebein.
Die Langvergangenen, Flucher, Säufer, Schinder
Bewohnen weit und herrlich dies ihr Haus.

Wir Nachgeborenen stehen klein wie Kinder
Und liefern ihnen Dach und Dielen aus.
Ihr Land, ihr Licht, ihr Lied ersteht am Himmel.
Wie wunderlich die Straße sich verfärbt!
Jahrmärkte grölen aus dem Turmgebimmel,
Wir armen Sünder stehen wie enterbt.
Wir fürchten uns vor unsern Korporalen,
Vor morgen, vor der Stille, dem Geruch
Und vor den Dingen, die wir selber malen:
Gebirgen, Primeln, Brunnen, Marmorbruch.
Wir stehen um uns selber wie um Gärten
An unsrer eignen Träume Gitterwehr,
Und sind die dunklen dumpfen Ausgesperrten
Und sind jemand und wissen nicht mehr wer.
Wir sind zu Gast und werden doch hier sterben,
Wir fühlen fremde hohe Fahnen wehn,
Irgend ein heilig schauriges Verderben
Mit Trommeln und Gesängen auf uns stehn.
Dem Zug der Toten werden wir uns einen
Und auch mit hellen ewigen Augen gehn,
Die in den Nächten jetzt noch manchmal weinen
Und nach dem Mond im Fensterkreuze sehn.

Schwarze Blume Nacht

Schwarze Blume Nacht, die mit Schlaf
Mich, mit Gift aus den Hüllen des Todes betäubt!
Fittich von Sternen rauscht um den dunklen Seraph,
Der sie hält, mir das Herz mit Vergessens nächtigem Tau
     bestäubt.

Wen er nur fern mit dem schweifenden Winde berührt,
Schließt sich in Taumeln, neigt sich dem lastenden Bann.
Einst, wenn der Flug ihn gewaltig herüberführt,
Haucht mich der Finsternis innerste Süße an.

Gelassenheit

Es tut nichts, du hast manche Liebe verloren, überall sind
Stätten des Abschieds, Wege der Wehmut und lächelnder
    Leere.
Geh vorbei, alles ist nichts, sei so leicht wie das Kind,
Das in der Stunde weint und sich freut — es hat keine
    Schwere!

Holder Leichtsinn, zu nehmen, zu geben, so wie es fällt.
Das vollendet den Baum, daß er in Früchten
    des Lächelns begreife.
Nichts ist schwer, du erhebst es in zephirbewegte Welt,
Nichts ist dunkel, du kelterst die Heiterkeit deiner Reife.

Max Rychner

An eine Wespe

Ein Atemzug des Herbstes haucht dich her,
Du kleiner Flügelbote mit dem Gift,
Dein Sirren schwärmt ob meiner stummen Schrift,
Und deine Kurven schlägst du ungefähr

Quer durch mein blaudurchwölktes Bücherreich
Wie der Gedanke, der mich vor sich treibt
Und von mir Zeichen heischt und der dir gleich
Mit Lärm und Leben seine Bahnen schreibt,

Der gegen Fenster prallt wie du so blind,
Du schwarz und gelb gestreifter Höllenwicht,
Du kleiner Lebensdrang, du Flügelkind,
Das fühlerwinkend in mein Staunen bricht

Und sucht und will und wünscht und drängt und fliegt,
Ruhlos vorm Blick, der ruhig dich erfaßt,
Sieh! der Gedanke, der sich flügelnd wiegt,
Lädt dich zu sich: sei still und sei mein Gast!

Was kehrt wieder!

O geträumte Träume in Figuren
Hin durch mich gespielt und leicht versprüht,
Eines Herzschlags Zeit sah ich die Spuren,
Die ihr Funken in mein Dunkel glüht,

Eines Herzschlags Zeit wohl fühlt ich Dauer
In der Flucht, die euch ins Leere treibt,
Morgenseligkeit und Abendtrauer

Hin durch mich gespielt und leicht versprüht,
Was von eurem lichten Schwinden bleibt,
Eines Herzschlags Zeit sah ich die Spuren —

Fremd (und noch im Fremdesten mir gleich)
Bringt euch eine uferlose Flut,
Hin durch mich gespielt und leicht versprüht,
Und das spendende, das warme Reich
Holt den Träumenden in seine Hut,
Holt den Wunsch, dem nun Erfüllung blüht,
Eines Herzschlags Zeit . . .

Welle

Fasse mein Boot, flüchtigste Geliebte,
Welle du kommst zum Ziel, zum Untergang,
Einen Augenblick schwingst du aus Tiefen empor,
Was dich hielt, hält dich nicht mehr, es siegt dein Drang,
Aus ebnem Gewässer bricht dein Antlitz hervor,
Und der Lichtstrahl, dem du dich entgegenwirfst,
Sprüht, wo du sprühst, auf deinem schäumenden Scheitel,
Wo du am höchsten dich hebst und stürzend dich neigst,
Perlenstrahlend, immerwährendes spurloses Vergehn,
Einmal gesehn, einmal aufdrängend einem Strahl vermählt,
Zerstäubend, große Erinnerung, verschwimmend, namenlos
Und einmal doch und stets und ewiglich.

Abschied

Bald ist im Wind das Abschiedswort verweht —
Es schreibt ins Herz die heimliche Schmerzensspur
Ein Zeichen, das uns eint und nie vergeht:

Wenn spät wir über seine Schrift uns beugen,
Spricht sie wie Blicke, die das Herz verraten,
Läßt aus Vergangnem unsre Stunden steigen,

Den Hauch, der sie entführt und der sie bringt
Und ihnen ihre Seele wiedergibt,
Wenn er uns gleitend liebevoll durchdringt —

Dann hellt der Abend auf, im Lichte liegt
Die Heimat, wie wir sie bei euch gefunden,
Und über ihren Stromgefilden fliegt

Der große Vogelzug erfüllter Stunden.

Der Mann von der Straße

Chor — Der Mann von der Straße
Erster Chor:

Dein Gesicht ist fragend, nimm dir ein Herz!
Auf welcher Grundlage stehst du im Leben?
Wieviel im Monat? Auch etwas Vermögen?
Die Parzen kümmern sich nämlich drum,
Die Göttinnen, die Schicksal knüpfen,
Die Leben zwirnen, mit der Schere kappen,
Erbarmungslos, vielleicht gedankenlos.
Stehst du gesichert? Was kehrst du vor?

Der Mann:

Der Mann von der Straße bin ich genannt,
Der vielbeachtete Mann von der Straße,
Der bin ich — alle reden von mir, zu mir,
Ich rede von mir und meine alle.
Ich erduldete Kriege und träumte von Glück,
Von dem ganzen, langen, gesegneten,
Ich habe Opfer gebracht und verlange nun Opfer.
Mit mir macht man Politik,
Ich mache Politik und möchte wissen,
Was da gespielt wird.

Ich mache mir Hoffnung, man macht mir Hoffnung,
Wie läßt sich Hoffnung machen?
Wie wächst, was es umfaßt,
Das leise Saatkorn in der Seelennacht,
Der Wunderwurzelkeim des Ganzen Lebens?
Ich blicke in mich und gewahre Kümmernis.

Chor:

Manch schön gerundetes Weltbild barst in Trümmer,
Als die Märkte schrumpften,
Als die göttlichen Einkünfte sich verringerten
In großer Zeit,
In schwerer Zeit.
Halsbrecherisch wurde geschäftliches Wagen,
Wie Odysseus' Fahrten durch störrische Meere,
Aus jeder Tat stieg ihre eigne Angst,
Die Blicke gingen in die leeren Himmel,
Aus denen Antwort nicht in Zahlen kam,
Aus denen nicht mehr eine Antwort kam,
Aus denen nichts mehr kam als eine Frage,
Die unter Menschen keine Antwort fand.

O Mensch, bedenke, was du glaubst
Und was du zu glauben glaubst!

Der Mann:

Habt ihr gehört, sie sagen's allerorten:
Die Börsen seien nicht mehr freundlich gestimmt?
Noch aber gebe es feste Kurse,
Felsen in wühlender Brandung.
Was ist vergänglich? Seht, ich weiß es nicht;
Mein Vater hielt die Welt noch für vergänglich,
Er wollte in der Ewigkeit bestehn,
Er wollte ewig leben — ich nicht mehr.
Wo kann ich vertrauen? Wo seh ich Vertrauen
In die Dinge, aus denen Schicksal bricht?
Wo ist das Wahre zwischen bewegten Sternen

Und zwischen Dingen, die entstehn, vergehn,
Und zwischen Menschen, die das Lächeln wechseln,
Im stürzenden Abend, im tötenden Herbst,
Wo ist das freundlich gestimmte Wahre,
Das meinem Herzen festen Kurs verleiht?

Chor:

Der denkende Mensch beachte:
"Kurse" kommt von lateinisch currere,
Weh! und nichts Festes, Ruhendes ist die Bedeutung.
Alles fließt, selbst Gleichnisse sind vergänglich,
Und viele Götter gingen drauf.

Es schwankt die Seele in Krisenzeiten,
Wird abgetrieben vom regelmäßigen Kurs,
Von ihrer bogenhaft gelinden Bahn,
Abgetrieben mit Abtrift nach Ungewiß
Auf steigenden Gewässern der Angst;
Das Ruder flattert, kein Wille mehr lenkt,
Rundum tanzt töricht hüpfend die Nadel,
Die Sternbilder sind grauwattig verwolkt,
Der Nächste schwand entfernter als die Sterne,
Und Ungewiß im pochenden Meer des Herzens
Hat keine Ufer, nicht Fels noch Erdgrund,
Kein Echo deinem Ruf, zaghafter Rufer,
Kein bißchen Leben und kein bißchen Tod —

O tränensalzige Zone der Gefahr
Zwischen Untergang und Paradiesen!

Der Mann:

Mit bitterer Kunde bewirtet ihr mich.
Gewährte eure Einsicht keinen Trost?
Mein kleiner Umsatz geht zurück,
Ich bin gefährdet, denkt es aus,
Schließlich habe ich Familie . . .
Ich bin die Seele des Geschäfts . . .

Chor:

O Seele des Geschäfts!
Nach Trost schwillt ein Verlangen tief in dir
Und nach dem blumigen Tau der Zuversicht.
O freundlicher Traum
Der gesicherten Zukunft, der dich hielt,
Des sorgenfreien Alters!
Was liegt in diesen Worten!
Wir können sie nicht ohne Rührung sprechen,
Sie erheben uns und stimmen uns ernst.
Seit Urzeiten forderst du das, Mann,
Und diese Hoffnung hält dich fester als du sie.
Unwirsche Gebete weihst du deiner Gottheit,
Grimm spendest du denen,
All denen, die anderes wollen und anders wollen
Und anders sind als du, und du bist viele.
Uns scheint, du bist ein grimmiger Mann,
Was jammerst du, was jammert dich?

Der Mann:

Gebt einen Blick mir in die Zukunft,
Ihr Wissenden, ihr klüglich Ratenden!
Bin ich denn ewig dazu verdammt,
Zu tragen? Sorgen und Wünsche und mich,
So wie ich bin, da ich gern anders wäre?

Chor:

Nachdenklich siehst du uns vor der Frage:
Was wird?
Uns, das Geschlecht,
Das diesen Steinen Zukunft entschlägt,
Uns, die Forschenden, Wägenden, Überlegenden.
Traumfeuer werfen Glut wohl auch in uns,
Sie zehrt sich auf und läßt uns ausgebrannt.
Jahrtausendtraum von Ordnung, die leicht lastet,
Von allen gegeben, von allen leicht befolgt,

Klugheit der Schlangen, Ohnefalsch der Tauben,
Im Menschen gepaart, im Menschenpaar gepaart —
Die Stimme zittert uns,
Wir sind bewegt, und wir gestehn es gern.

Der Mann:

Ist das nun Trost? Es klingt so abgewandt.
Wo entspringt das fressende Gewässer in mir?
Ich will ja nur, was recht ist,
Meine Ansprüche sind gerecht,
Wer sähe das nicht ein?
Ich leide daran, daß ich leiden soll,
Ein unerklärlicher Mißmut tropft
Mir aus der Leber ins Blut und frißt an mir,
Ich träume von Adlern und erwache zerkrallt.
Schon altert meine Frau, und ich sehe,
Daß sie mich altern sieht und sich entdeckt fühlt.
Was meiden die Kinder den Blick meiner Augen,
Den grämlich schrägen Blick, der sie doch sucht
Und ihnen peinlich mein gequältes Herz verrät?
Nachts kriechen aus allen Ecken dunkle Nebel auf,
Und nur aus Träumen weiß ich noch von Glück.
Mein Dasein ist bedroht, es wankt um mich, in mir,
Was hebt mich über mich empor?

Etwas gibt es, das ich kennen möchte,
Etwas läßt mich allezeit verwaist,
Fragt mich, und ich fürchte diese Fragen,
Die im Sprung aus allen Worten fahren,
Unfaßbare, mich erfassend —
Wie die Faust den roten Spielball.

Zu welchem Spiel? Von wem gespielt?

Erste Chorgruppe:

Dem Erkennen sind Grenzen gesetzt,
Die jeglicher Redliche achtet.

Zweite Chorgruppe:

Seine Unruhe macht ihn uns wert,
Er fühlt sich gefragt und fragt.

Dritte Chorgruppe:

Des Trostes Fittich hängt erschlafft,
Und dunkle Zonen gilt's zu überfliegen
Durch Welten bis zu unserm Nächsten hin.

Chor:

Weißt du, daß du sterben mußt?
Weißt du, daß die Gier nach Leben stirbt?

Der Mann:

In manchen Augenblicken weiß ich es,
In schrecklichen, in seligen Augenblicken.
Am Abend haucht der Tag nochmals vorüber,
Mit leeren Händen fange ich ihn auf,
Greife nach dem Entgleitenden,
Da ich entgleite, denn schon wird es Nacht
Und alles anders. Das unbegreifliche Schwarz
Jagt schnelle Wolken durch meine Wälder,
In denen Untiere der Hoffnung hausen
Und jeder Wunsch genarrt im Kreis umirrt.
Ich bin allein mit mir und schlimm bevölkert,
Dem Aufruhr traut kein Freund sich nah heran;
"Er hat sich verändert", das genügt ihnen.
Ein Sterblicher — o ich weiß,
Ich weiß, ich weiß, ich weiß!

Wann färben künftige Tage mir die Nacht?
Wann darf ich leben, da ich leben soll?

Werner Zemp

Vorösterliche Landschaft

So hub es an: daß wir mit jedem Schritt,
Der uns der Stadt entführte, jedem Schritt
Durchs Schattennetz der unbelaubten Bäume,
Daß zwischen emsigen Wässern, trillernden Vögeln
Wir uns verjüngten.
Beginnen, o noch einmal neu beginnen,
Wie ringsum, vor des Himmels Blumenbläue,
Mit Wäldern, leuchtenden wie rosa Marmor,
Mulden, im Dunst des silbernen Flußtals schwebend —
Die Landschaft neu beginnt: da ist kein Stein,
Darunter nicht ein Engelsfittich schliefe!

Das zweite war, daß wir in einem Kreuzgang
Auf Gräberplatten tote Namen lasen,
Wie man ein Buch liest, doch mit eins verstummten.
Denn dies war wirklich:
Daß hier, unter den nassen Kränzen,
Seit Stunden eine Tote lag,
Bei ihren Schwestern lag, wie Stein bei Stein.

Als endlich wir aus Dunkelheit und Grab
Wie Lazarus verstört ins Offene traten,
Siehe, da hatte sich der Tag verfinstert.
Wind lief vom Hügel, der smaragden grünte
Vorm Wolkenturm, und mit ihm lief ein Duft
Von jungen Knospen, und in einem Pferch
Stampfend und wiehernd toste ein schwarzes Roß.
Dies aber war das Letzte, das wir sahen,
Dieweil der irre Schrei des schönen Lebens
Stieg wie Fanfaren:
Ein weißes Antlitz, durch ein Fenster spähend —
Das Letzte, ehe langsam, Stück um Stück,

Das Kloster hinterm Hügel uns versank:
Ein weißes Antlitz unter weißem Stirnband,
Ins ferne fremde Licht des Tagmonds spähend.

Der tote Reiher

Blickt uns nicht alles an als wie vor Jahren?
Du deckst die Augen weinend mit der Hand.
Laß ab! Wir sind nicht mehr, was wir einst waren –
Ein großer toter Reiher liegt am Strand.

Die Welle naht und streichelt sein Gefieder
Und öffnet es mit schwermutvoller Hand.
O sieh! dort schwankt er strahlend auf und nieder,
Die Schwingen wie zum Fluge ausgespannt.

Wohin entsank, was ehmals uns erfüllte?
Noch blüht am Inselrand voll Kindlichkeit
Ein Goldgewölk und wirft in die gestillte
Tiefe den Abglanz der verwichnen Zeit.

Eisenhut

Schon ist das Tor verrammt, die Frucht gemäht.
Kühl ward die Welt, kühl unser Blut,
Sank alles hin, was wir gesät,
Bis auf den Eisenhut.

Ragend, uns überragend bald
Blaut, Helm an Helm, Gift, Akonit.
Aus Höllenhundes Schaum erblüht
Ein ganzer Wald.

Starr dein Gesicht, starr mein Gesicht,
Von starren Schatten überblaut,
Du siehst mich an und siehst mich nicht,
Ich lalle ohne Laut.

Was bleibt, o Herr, ist frommer Dienst,
Wie ihn die Biene tut,
Bis sich mit Honig ihr verzinst
Dein Gift im Eisenhut!

Schnee

Als ich ans Fenster trat, beganns zu schnein:
Vom Fenster aus kann ich den Garten sehn,
Den Hauch versunkner Sommer fühlen,
Bald werden wieder blau die Lilien blühen,
Ein alter Mann wird zwischen Blumen stehn.
Soviel geschieht, und niemand weiß den Grund:
Zuhöchst sah ichs gleich Bienenschwärmen wallen
Und dann wie Blüten durch die Bäume fallen
Und jäh verlöschen, Stern für Stern, am Grund.
Dann nichts mehr — nur noch abertausend Flocken,
Ein schwindelnd All von Sternen gleichen Baus.
Wie letztes Jahr bin heftig ich erschrocken,
Was je mir war, losch in der Hand mir aus.

Vielleicht lebt ich — wer weiß? zu lang allein.
O Sternentrauer jenseits aller Namen!
Wir spannen noch das Nichts in einen Rahmen —
Als ich ans Fenster trat, beganns zu schnein.

Abgewandt das Haupt vom Spiele,
Starr ich in den vollen Tag,
Ach, daß dieses Vielzuviele
Keine Ziele bieten mag!

Denn da liegt er ungeheuer,
Meiner Seele Ebenspiegel,
Felsen, Waldung, fernes Feuer,
Schafe auf gewelltem Hügel —

Und wenn ich das wirr Verstreute
Schön zu Einem ründen soll,
Reich ich dir als zarte Beute
Meiner Seele Glanz und Groll.

Ah, schon faßt mich wie im Sturme
Jenes dunkeln Falken Flug,
Der ob goldnem Wolkenturme
Dieses Ganze in sich trug.

Jauchzend spann ich meinen Bogen,
Sehne schwirrt, und Wehruf gellt,
Während es in jähem Bogen
Zuckend dir zu Füßen fällt!

Midas

Was ich berühre, wird zu Gold und stirbt
Als Ohrgehänge, Standbild oder Spange,
Und was ich schlinge, würgt mich und verdirbt,
So daß ich trinkend noch nach Trank verlange.

Die andern nennen Ring und Spange schön
Und schmücken sich damit zum Sprung, zum Tanze,
Mir sind die Dinge nichts, ich will das Ganze,
Grausamer Herr, erhöre mein Gestöhn!

Hinwandl' ich durch die Landschaft, fremd und taub,
Und wo mein Fuß tritt, schwillt ein goldnes Dröhnen,
Die andern freuen sich am Glanz und krönen
Hohnlächelnd Stirn und Haar mit güldnem Laub.

Kein Mund, der diesen königlichen küßte!
Mein Reh, das ich so oft aus Händen speiste,
Wendet das schöngeaugte Haupt, als wüßte
Es um den Gold-Aussatz, der mich verwaiste.

In Wolken fliehn die Vögel vor mir her;
Kein Wind; tot sind die Blumen, krank die Lüste,

Die Nähe leer, leer steh ich in der Wüste,
Und wandhoch starrt das fürchterliche Meer.

Ich nannte häßlich, was das Leben bot,
Und gab das preis, wonach ich heute ächze,
O dürre Schönheit, Gold, das ringsum loht,
Funkelnde Götter, tränkt mich, ich verlechze!

Strafst du den so, Herr, der das letzte Band,
Das ihn ans Leben knüpfte, frech zertrennt?
Nimm mir den Fluch, o Hoher, schick den Brand,
Drin, was zu Erz gerann, in Flammen brennt!

Reiß ein, schmelz um und sprenge diesen Leib,
Ich rüttle, rase, bis der Kerker kracht,
Gib mich der Erde wieder, Tier und Weib,
Wenn nicht — verstürz mich rücklings in die Nacht!

Emil Staiger

(Philodemos)

Nächtlich feiernde du, gehörnte, leuchte, Selene!
      Leuchte! Sende durch weit offene Fenster dein Licht
Über den schimmernden Leib Kallistions hin. Einer Göttin
      Sei es vergönnt, auf das Tun Liebender niederzuschaun.
Glücklich preisest du sie und mich, ich weiß, o Selene!
      Lohte doch auch dein Herz einst für Endymion auf.

(Sappho)

Aphrodite, ewig, auf buntem Throne,
listenspinnend, Tochter des Zeus! Ich flehe:
Quäle nicht mit Leiden und nicht mit Schwermut,
Herrin, das Herz mir!

Sondern komm herab, so du meine Stimme
fernher je vernahmst und mich erhörtest,
deines Vaters Wohnung verließest, deinen
goldenen Wagen

Schirrtest und enteiltest. Dich zogen schöne,
schnelle Finken über die dunkle Erde,
durch des Aethers Mitte, die Schwingen hurtig
regend, vom Himmel.

Plötzlich kamen sie. Aber du, o Selge,
mit dem unvergänglichen Antlitz lächelnd,
fragtest, was mich wieder bekümmre, was ich
wieder dich rufe,

Was ich mir im rasenden Herzen wieder
sehnlichst wünsche. "Sage, wen sollen Peithos
Künste deiner Liebe gewinnen? Wer, o
Sappho, betrübt dich?

Flieht sie heute, wird sie dich bald verfolgen.
Die noch deine Gaben verschmäht, wird schenken.
Die nicht liebt, wird lieben im Nu, wie sehr sie
auch widerstrebe."

Komm zu mir auch jetzt, und aus schwerer Sorge
löse mich, vollende, was zu vollenden
mein Gemüt begehrt; und du selber sei mir
Waffengefährtin.

(Namenlos)

Auch den Felsen benagt die lange Zeit, und des Eisens
    Schont sie nicht. Alles zumal mäht ihre Sichel hinweg.
So auch hier des Laertes' Grab, das, nahe der Küste,
    Eisigen Regens armselige Spende benetzt.
Ewig jung aber bleibt der Name des Helden. Was Dichter
    Singen, entkräftet nie, wie sie's gelüstet, die Zeit.

(Kallinos)

Ruht ihr noch immer? Wie lang? Wann rafft ihr euch endlich zum
    Kampf auf,
    Junge Männer? Ergreift Scham vor den Nachbarn euch nicht,
Allzu schlaff, wie ihr seid? Gemächlich im Frieden zu sitzen,
    Wähnt ihr. Aber es tost rings schon im Lande der Krieg.
. . . .
    Und ein jeder, der fällt, werfe zuletzt noch den Speer.
Ruhmvoll nämlich ist's und herrlich dem Manne, zu kämpfen
    Für die Kinder, das Weib, das er gefreit, und das Land,

Wider die Feinde. Der Tod aber kommt in der Stunde, die längst die
 Moiren uns zugelost. Schreite drum jeder voran,
Halte die Lanze hoch in der Faust, und unter dem Schilde,
 Wenn das Streiten beginnt, berg' er das tapfere Herz.
Denn dem Menschen ist nicht beschieden, dem Tod zu entrinnen,
 Nie, und stammte er gar von den Unsterblichen ab.
Mancher entfloh wohl auch dem Kampf und Getöse der Speere,
 Und am eigenen Herd holte das Ende ihn ein.
Dieser ist gar nicht lieb dem Lande, und seiner gedenkt's nicht;
 Jenen aber beklagt, trifft es ihn, groß und gering.
Alles Volk, es gedenkt des unerschrockenen Mannes,
 Wenn er fällt. Wenn er lebt, ist er den Halbgöttern gleich.
Denn sie sehn vor Augen ihn stehn, einem Turme vergleichbar.
 Was er als Einzelner tut, wäre für viele genug . . .

5

Jakob Bührer

Die Botschaft vom ersten Mai

Denn das liegt in der Luft am ersten Mai,
daß einmal Friede auf der Erde sei,
die Völker eins in einer Weltgemeinde,
erlöst von Habsucht, ihrem schlimmsten Feinde!
Wir wissen wohl, das kommt nicht von allein,
der Weltbund will ersehnt, errichtet sein.
Wir müssen wissen, wie, und nichts, und nichts
darf uns abhalten von der Spur des Lichts!

Zum erstenmal erschien sie, als das "Werde!"
den Klos durchdrang und dies Gestirn, die Erde,
auf jenen dunkeln rätselreichen Ruf
das Wunder des erfühlten Lebens schuf.
Und was nun Odem hatte, jedes Regen
war letztlich Sehnsucht, Suchen nach den Wegen,
die höher führten, fort in eine Zeit
des tieferen Fühlens, größerer Fähigkeit!

Und viele kamen hoch, erreichten viel,
und überdem ward klarer Weg und Ziel,
denn Moos und Gras bedeckten Fels und Wüsten
und Falter, Blumen mehrten das Gelüsten
nach Anmut, Schönheit, und schon äugte
die Liebe aus dem Muttertier, das säugte.
Doch blieb das Dasein Kampf. Und Not und Tod
schrieb das Gesetz, und Raub war das Gebot!

Dann kam der Mensch, der scheinbar schon im Blut
der ganzen Kreatur Erfahrungsgut
geerbt, und der — das war die große Wende! —
sein Hirn entwickelt hat am Werk der Hände.
Er schuf sich bald im Schweiß des Angesichts

die Güter, die er brauchte, aus dem Nichts,
gottähnlich fast, so Werkzeug und so Brot.
Mit Geist und Schweiß besiegte er die Not!

Die Arbeit war das Heil! — Wer tat sie frei?
Gewalt tat not! Der Herr! Die Sklaverei!
Und schien ein Fortschritt! Aus den freien Horden
der Sammler, Jäger war ja nichts geworden!
So saß Gewalt Jahrtausend auf dem Thron.
Was sie erreichte? Mord und Krieg und Fron!
Die Massen blieben dumm daß Gotterbarm,
viel Land noch Wüste und die Menschheit arm.

Wie die Entwicklung dann den Ausweg fand?
Tönt wie ein Märchen: als das Geld erstand!
Es fraß an der Gewalt wie Rost an Eisen.
Es rief dem Kaufmann, schickte ihn auf Reisen.
Er kommt zu Einfluß, er beherrscht den Thron.
Es wandelt sich sehr viel. Aus Fron wird Lohn.
Man braucht um Mein und Dein nicht mehr zu raufen,
man kann sich Arbeit, kann sich Erde — kaufen!

Geld ist nun alles. Geld wird nun zur Macht!
Doch ist's kaum noch der Staat, die Bank, die's macht.
Kredit! Kredit! Der segnet! Alle Arten
Gewerbe schossen auf und alle scharten
als Vaterland, moderne Nationen
sich um ihr Gold. Mit Zöllen und Kanonen
verteidigt man Export und Industrie,
erobert Absatzland als Kolonie!

Bald ist die Erde aufgeteilt! Und jetzt?
In China hat man Ampeln abgesetzt.
Doch weiter, wo, wo winkt Gewinn und Beute?
Zumal das jetzo, da die kleinen Leute,
das Arbeitsvolk auf einmal aufbegehrt,
für kürzre Arbeit, höhern Lohn sich wehrt!
Das macht doch das Geschäft noch mal so schwer!
Da hilft nur eins: ein Krieg, ein Krieg muß her!

Ein kurzer Krieg, um Weihnacht sei er aus.
Der Erste Weltkrieg wurde dann daraus.
Er hat die Menschheit fürchterlich getreten.
Dann kam's zum Massenaufstand der Proleten.
Sie wollten Frieden, alle Völker einen,
sie wollten den Privatbesitz verneinen.
Doch ging das leider nicht, so griff man halt,
wie immer, wenn es schief geht, zur Gewalt!

So hat uns Rußlands Umbruch nicht gerettet!
Man blieb auch da dem Gold, dem Geld verkettet.
Und als dann nach dem schwarzen Börsentag
das Abendland aufs neu darnieder lag,
und Ungezählte lang auf Arbeit warten,
die Geldherrn ihre Ohnmacht nun gewahrten,
da riefen sie verzweifelt der – Gewalt –
"Mein Kampf!" – O Gott – und welcher Mißgestalt!

Wie viele Millionen sind marschiert,
was ward da hingemetzelt, "ausradiert!"
Man schämt sich Mensch zu sein in seiner Seele.
Doch fast am End des Kriegs macht in der Kehle
das Wort Hiroschima das Atmen bang.
Man ahnt, man weiß: dies ist der Untergang.
Statt Friede, aufgeteilt in Ost und West,
krepiert die Menschheit an der Wirtschaftspest!

Doch spürst du tief im Blut: es muß nicht sein!
Die Jugend lebt! Die kehrt schon bei sich ein:
macht wahr den unversiegbar schönen Traum
vom einzigen geeinten Wirtschaftsraum,
von einem Geld, das seinen Wert erhält,
von jener echten Leistung, die der Welt
die Freude gibt, die Kraft der Seele gibt,
mit der der Menschensohn den Menschen liebt.

Das ist die Botschaft, hört, vom ersten Mai,
Daß Menschliebe wirklich wirksam sei!

Vielleicht, daß es dennoch gelingt

Ich bin heute im Kaufhaus gewesen.
Eine Verkäuferin frug, ob ich der und der sei.
Ich hätte in Davos Gedichte gelesen.
Eins habe ihr besonders gefallen:
"Der erste Mai".

"So?" sagte ich und bin davon gegangen,
Gleichgültig zuerst, plötzlich beschwingt.
Mein Herz hat zu jubeln angefangen!
Schaff! Vielleicht, daß es dennoch gelingt.

Warum mich Schulden quälen

Nun bin ich fünfundachtzig Jahre alt
und träume manche Nacht, ich steck in Schulden.
Die größte Rechnung sei noch nicht bezahlt.
Man werde sich nicht länger mehr gedulden!

Und jäh erwach ich, fall in Angst und Schweiß.
"Die größte Rechnung?" — Wer darf mich verklagen?
Ich schulde niemand Geld! — Jedoch ... ich weiß,
es lag vielleicht an mir, das Wort zu wagen:

"Der Weg vom Tier zum Menschen ist noch weit!
Wir werden ihn — wie's heute steht — verfehlen!"
Warum? Wieso? — Das wollt ich euch erzählen.

Den "geistig Armen" war es zugedacht!
Den Schriftgelehrten zu banal! — Verzeiht,
das ist der Grund, wenn mich nun "Schulden" quälen.

Charlot Strasser

Die braune Pest

Da liegt eine Stadt mit Mauern und Zinnen.
"Die Pest schleicht herum! Die Pest ist herinnen!
Die Pest ist ausgebrochen!" — Man rennt,
man flüchtet, verbirgt sich, jammert und flennt.
Vor keinen Grenzen hemmt sich ihr Lauf,
packt wahllos jeden, wirft Leichen zuhauf.
Die Welt ist Entsetzen, Delirium.
"Die Pest erwürgt uns, die Pest geht um!"

Es bedurfte Jahrhunderte ärztlicher Kunst.
Der schwarze Tod grinst fernher im Dunst.
Vereinigte Wohlfahrt hat ihn gereutet.
Kaum ahnen wir mehr, was er einstmals bedeutet.

Nun ist sie wieder erschienen, die Pest.
Die braune Pest, die nazistische Pest.
Die Seuche des Geistes, die Seuche des Wahns,
die Seuche der Kneblung des Untertans.
Hat Leichen zu Haufen zusammengeballt,
hat wehrlose Opfer niedergeknallt.
Hat die hungernden Massen blutleer geschröpft,
Schuldlose für ihre Gesinnung geköpft,
hat wahllos, — nein, wahllos war sie ja nicht:
Die Pest hat System, hat System im Gesicht!
Die braune Pest hat die Opfer sortiert,
hat Sündenböcke zur Schlachtbank geführt,
hat stinkige, uralte Lügen verbreitet,
hat Rassenwahn in die Gemüter geleitet,
hat Wissenschaft selbst zum Huren gebracht,
hat nordisches Blut zum Popanz gemacht,
hat den arischen Stammbaum mit Knüppeln bewehrt,
hat mit ihnen die Untermenschen bekehrt,

hat den Sieg übers "Fremdvolk" davongetragen
und die Juden wie räudige Hunde erschlagen.

Vergeßt aber nicht, — das war alles noch Spiel.
Die braune Pest setzt auf "kesseres" Ziel.
Sie schlug die Juden und meinte sie nicht.
Das war nur ein mageres Vorgericht,
war nur an schäbig entlohnte Soldaten
ein Blutvorschuß für noch rohere Taten.
Der Mammon schwankte, das Kapital.
Es brauchte des Parlamentes Fanal,
es bedurfte des Hasses, der geifernden Wut.
Der Goldgott lechzte nach Volksmord und Blut.
Die Kommunisten, Sozialdemokraten,
Marxisten und sonstigen Höllenbraten,
all die geeinigte Kraft der Enterbten,
der durch geistiges Rüstzeug restlos Verderbten,
sie mußte gebrochen, zertrümmert werden.
Dann gab es Vergnügen und Frieden auf Erden.

So hat man den rüdesten Schreier vergottet,
hat Heerscharen um ihn zusammengerottet,
gebot mit Maschinen- und andern Gewehren,
ihn als den Erlöser und Heiland zu ehren,
hat in seinem und seiner Raubrotte Namen
gemordet, die IHM in die Quere kamen,
hat getreten, verstümmelt, erdrosselt, gehängt,
hat Aas in versiegelte Kisten gezwängt,
hat geschossen, gemeuchelt, den Selbstmord befohlen,
hat das Volk um sein Recht und Gemeingut bestohlen,
hat mit riesigen Schnauzen die Pest verspreet
und die selbständig Denkenden niedergemäht.

Denn die Seuche fraß nicht nur die Juden und Roten,
begnügte sich nicht nur mit zahllosen Toten,
sie vergriff sich am Heiligsten, mordete Geist.
War je im Weltlauf ein Schurke so dreist,
so unempfindlich für niedrigste Schande,
wie diese Bücher verbrennende Bande,
wie diese das Denken gleichschaltende Pest?
Sie krallt sich in Hirnen Verknechteter fest,

sie vereitert die Schule, den Rundfunk, die Presse,
haut Andersgläubigen Schorf in die Fresse —
Konzentrationslager hat sie erfunden,
nackte Bekenner hat sie geschunden,
Gelehrte und Künstler ins Elend vertrieben,
heimatlos hat sie die Wägsten geschrieben,
erklärte die Tapfersten vogelfrei
und traf im Asyl sie mit tödlichem Blei.

Da rette sich wahrlich und rechtens, wer kann!
Der den Nacken nicht beugte, der war ein Mann!
Der sein Heim verließ, seine Habe, sein Geld
und ins Leere hineinsprang, der war ein Held!
Und wir nahmen ihn auf mit offenen Armen?
Wir Schweizer, wir hatten mit ihm Erbarmen?
Wir Hüter des Menschenrechts, Friedensburgeiland,
wir Jünger Christi, wir folgten dem Heiland?
Uns kümmerte nicht unsre eigene Not?
Wir schufen Dach, Arbeit, stifteten Brot?
Wir fragten nicht, ob sie bei Gelde waren,
auch nicht nach Juden und andern Vorfahren,
wir nannten sie keinesfalls schnöd Emigranten?
Wir kamen gelaufen mit Onkeln und Tanten
und stimmten mitblutend ein in den Schrei
gegen Raubmord und geistige Tyrannei?

Mit nichten, Brüder. Man wünschte Papiere,
durchsuchte die Taschen der fremden Getiere.
Man schob bei Zweifel an Selbstexistenz
zum Nachbar die Schnorrer als Giftpestilenz.
"Hier habt ihr, mit freundlichem Gruß — Emigranten.
Die Schweiz den Schweizern, nicht ehrlos Verbannten!"
Der Rest indessen, der winzige Rest,
der den Geist gerettet vor brauner Pest,
der zu atmen wagte in unseren Gauen,
und ohne naziotische Brille zu schauen,
der hatte das Maul zu halten, verstanden,
in unseren freien helvetischen Landen!
Bei Selbstverköstigung gratis Asyl. —
Heil Tell! — Wir gestatteten ausnahmsweis viel.
Der großmächtigste Nachbar, der Schuldenmacher,

der Kriegsrüster, Friedensbedroher und Kracher,
der stand unsern Grenzen so grenzenlos nah.
Wenn der unser Emigrantenpack sah,
dieweil es fürs Heimatland blutete, bebte,
der Geistesbrüder Mißhandlung erlebte,
wie es bessere Zeiten und Führer begehrte,
gegen geistigen Terror und Kunstmord sich wehrte, –
soll dieses Gesindel die Stimme erheben?
Das konnte böse Verwicklungen geben.
Doch wäre dies alles noch glimpflich gegangen.
Mit Hetze von draußen hat's angefangen.
Mit Propaganda von Führers Gnaden
wurde ein kriecherisch Blättchen geladen.
Man drehte den Spieß. Man schrieb, mit Vergunst,
daß unter der Maske der heiligen Kunst
ein Gift zur Völker- und Klassenverhetzung
ausgase in üble Asylrechtsverletzung,
daß ein Judengesindel von Emigranten,
die an der Heimat die Füße verbrannten,
in unserer Schweiz ihre Schlächter verrieten,
daß sie nicht lieber in Schutzverhaft brieten,
was alles nur Unstimmigkeiten einbrächte.
Denn seien wir ehrlich: sofern man bedächte, –
der große, der Sechzigmillionenkanton
im Norden von uns, – wenn immerhin schon –
wir wären doch schließlich recht angewiesen
und weitgehend auch, in den Zeiten, den miesen. –
Die Armbrust, und ja, wie heißt er doch schnell,
der sehr intressierte Wilhelm Ho-Tell.
Im Theater beiläufig: Das Judenpack
sei letzten Endes nicht Alpengeschmack.
Man bedenke des Dritten Reichs Beifall und Gunst.
Was wöge dagegen Freiwort und Kunst?

Ob wir Schweizer uns zornig dagegen verwahrten?
Ob wir uns um unsre Heerbanner scharten?
Ob wir uns reckten, dem Ungeist entgegen?
Ob die Jugend ausholte zu sinnstarken Schlägen?

Ja wahrlich, sie rottete sich zusammen,
spie Geifer und Galle, die Jugend, und Flammen,

verführte ein haltloses, feiles Gezeter:
"Juda, verrecke! Hinaus mit dem Köter!"
Sie blökte verruchteste, schändlichste Worte,
gelernt von teutonischer Mörderkohorte,
und brüllte Vaterlandslieder dazwischen,
um fremden Gestank mit Haruus! zu vermischen,
mit schnödem Verrat an der Schweizerehre,
an der Väter und Vorväter Gastfreundschaftslehre.
Es waren gebildet-verbildete Leute,
Krachbuben, Aufwiegler verworrener Meute,
Radaubrüder, schmähende Tumultuanten,
auf Kosten faustschwächerer Emigranten.
Verknechtete Seelen, nachplappernde Knechte,
auf Kosten der einfachsten Menschlichkeitsrechte.
Sie haben das teuflische Schlagwort gesät
vom Idealismus der Brutalität!

Und alte Schafsköpfe redeten weise:
wer Fremdling und Gast sei, bewege sich leise.
Wenn einer die Macht hat, darf man's nicht sagen,
daß ihn der Mord an die Spitze getragen.
Wenn einer von oben meuchelt, dann eben
hält man sein Maul und schaut taktvoll daneben.

O ihr verfluchten Leistreter und Heuchler!
Takt nicht, noch Schweigen verbirgt uns die Meuchler!
Bitte, kein Emigrant hat dies gesagt,
was hier das freie Künstlerwort wagt.
Kommt und verprügelt uns, haut auf uns ein!
Niemals wird Wahrheit zu töten sein!

Was die Alten betrifft, so merkt euch, ihr Jungen, —
die haben euch nur zuliebe gesungen,
dieweil sie das andere meinten, wie ihr,
das zündelnde, mordende, meuchelnde Tier,
das hat die Kozis und Sozis gefressen,
das bleibe dem Räuberkorps unvergessen,
drum werde ihm Dank, drum gebührt ihm der Takt.

Uns aber, uns hat der Ekel gepackt.
Wir anderen Menschen und Schweizer im Land,

wir bieten euch Niedergetretnen die Hand.
Wir verstehn eure Flucht, eure Emigration,
wir verstehn euren traurigen, bitteren Hohn,
wir verstehn euren Schmerz im Anklageton,
wir bilden mit euch jene freie Nation,
die alle geistigen Schranken durchtrennt,
kein Winseln vor Stahlrutenschulmeistern kennt,
nicht fragt nach Führerbedrohung, noch -gunst,
nach Wahrheit fahndet im Antlitz der Kunst,
zur Wissenschaft fleht um Wahrhaftigkeit willen,
ja vergißt, den knurrenden Magen zu stillen,
wenn es Erkenntnis und Forschung gebieten.
Wehe uns, so wir die Wahrheit verrieten!

Wir hassen die Lüge, die braune Pest!
Wir rüsten uns eher zum Sterbefest,
als daß wir nur einen Schritt rückwärts gingen.
Wir wollen die Würde des Menschen erringen
und darum das Recht auf Gesinnung uns wahren!
Fluch den bewaffneten Blutrauschbarbaren!
Fluch den vom Ungeist verknechteten Mördern,
welche die Denker ins Jenseits befördern,
Fluch der verblödeten Nachäfferbande,
der Gernegroßrotte im Schweizerlande,
der Worte aufblähenden Gassenschreier,
der Schweizertum schändenden Jammermeier,
der Rassendünkel verzapfenden Schwätzer,
der Stinkbombenwerfer und Luftverätzer,
der rohen Gewaltsvertreter und Buben
samt ihren vermammonten Kinderstuben,
Fluch ihren ahnungslos törichten Phrasen!
Fluch ihrem Prahlen und Drohen und Rasen!

Hier halten wir ein, um uns selbst zu besinnen.
Unser ärgster Feind liegt im Kleinmut tiefinnen.
Kein Mordpöbel sollte uns je imponieren!
Mögen sie schreien gleich Wilden, gleich Tieren,
daß Juden, Marxisten und Denker verrecken.
Nie werden die geistigen Waffen wir strecken!
So kämpfen wir gegen jede Entrechtung,
so kämpfen wir gegen des Geistes Verknechtung,

bekämpfen der Herrenmenschen Gezücht,
verachten das Rassendünkelgerücht. —
Wir fordern Arbeit für alle und Brot!
Und jene Drohnen der Wirtschaftsnot,
die ihre Bubengefolgschaft umgarnen,
ihre ruchlosen Provokationstaten tarnen,
wir werden sie eines Tages erfassen.
Wir werden uns nimmermehr schrecken lassen,
wir werden den stählernsten Knüppeln nicht weichen,
ihren bessern Gewehren und grausamsten Streichen!
Selbst wenn sie uns ketten: Nicht ihr Geschrei,
der Geist lebt ewig! Mensch, werde frei!

Hans Roelli

Lobgesang der Sieger

Herre Gott, wir loben Dich;
 Du halfst uns in die Schlacht zu stürzen —
 wohl war der Feind ein reißend Tier,
 doch edle Menschen waren wir —
laß uns den Sieg mit Liedern würzen!

Herre Gott, wir preisen Dich;
 Du halfst die Feinde uns erschlagen —
 Du wußtest, daß die Feinde schlecht
 und wir das gute alte Recht
in unserm Schild und Banner tragen!

Herre Gott, wir lieben Dich;
 der Liebe wegen schlugen wir
 die Feinde in die Flucht und tot —
 wer Dich nicht liebt, muß in die Not!
O Herre Gott, wir danken Dir.

Alle Rosen sie blühen am Wege rot

1. Trummler, trummle, halte uns im Schritt,
 jeder Mann, jeder Fuß geht mit, ja mit.

 Ref.: Alle Rosen, sie blühen am Wege rot,
 wir marschieren, marschieren vorbei;
 vielleicht sind wir morgen schon bleich und tot,
 du und ich und die ganze Reih,
 du und ich und die ganze Reih.

2. Hauptmann, reit auf deinem Schümmel zu,
    heute gibt's keine Rast, keine Ruh, ja Ruh.
    Ref.

3. Lütenant, zieh deinen Sabel raus,
    mit dem Liebelen ist es aus, ja aus.
    Ref.

4. Schatz, mein Schatz, doch kehren wir zurück,
    blüht die Liebe, die Treu, das Glück, ja Glück.
    Ref.

5. Du bist mein, und ich bin wieder dein,
    herrlich könnte das Leben sein, ja sein.
    Ref.

Der Arbeitslose

Ich stehe in den Straßen
und habe nichts zu tun.
Ich klopfe ohne Maßen
    — wie schön wär doch das Leben —
an Tore und an Türen,
die nicht zu Herzen führen —
    mehr hab ich nicht zu tun.

Ich habe Weib und Kinder
und habe nichts zu tun.
Kann ich der Überwinder
    — wie schön wär doch das Leben —
der harten Brüder werden
und der umzäunten Erden? —
    mehr hab ich nicht zu tun.

Ich habe Hand und Denken
und habe nichts zu tun,
und möcht doch tun und schenken!
    — wie schön wär doch das Leben —
die Liebe und das Leben
hat Gott auch mir gegeben,
    doch mehr kann Gott nicht tun.

Georg Thürer

Maarchelauf

Der Güggel isch halt schuld, der gfrääßig, fuul und feist,
As hüt der Urnerbode ob Linthel deewäg heißt.
Ja, uhni üüsre Läufer, der trüü und bäumig Ma,
Fieng ds Urnerbiet schu währli im Fätschbachtobel a.

I sünde-n-alte Zyte händ üüsri Maarchestei
Kei tüüfi Wuurzle gha, und drum häts Krach und Gschrei
Und Händel gy und Hüsi und mängmal Toti schier . . .
Der heilig Fridli weiß es und au der Uristier.

Chuum hät e Glarner gmäht, der Urner staht parat
Und holt bi Nacht und Näbel das Wildheu ab der Mahd.
Und d Glarner, au nüd fuul, händ Gamstier abetreit,
Wo die vu Bürgle änne mit Bolze händ erleit.

Zletscht sind si rätig woorde, es sig e-n-eländs Tue.
Mä well jetz feschti Gränze, dänn heig mä-n-ändtli Rueh.
Zwi Läufer selled ränne, und wo si zämechänd,
Dett sig uf eebig d Maarch, ds Leidwärche dänn am Änd.

"Wänn törfed d Läufer ab?", fragt eine ußem Gricht.
"Sobald der Güggel chräht — und das isch Ehrepflicht!"
's isch uffem Chlause gsy, druf isch der Stieregrind
I ds Rüüßtal nidsi gange und d Fridlilüüt a d Linth.

Der Guli vu de Glarner hät z frässe gha wie Bach.
Es Beggi Würm und Gäärschte, das bringt er under Tach.
Der z Altdorf überänne hät truurig magri Choscht
Und i sim Hunger inne — am drüü: er chräht bigoscht.

Der Läufer uus und druus und obsi wie der Wind,
As alli Gamstier stuuned: e Mäntsch und doch so gschwind! —

Am Linthboord unde beiteds: "Jetzt simmer i der Chrott" —
Bis sich der Guli ändtli, lang nachem Znüüni, rodt.

"So chräh, sust muesch a Spieß!" Der Landesweibel seits.
Lamaschig geinet er: Güggüü! Er flüügt bereits
Der Läufer, ja, o hoi, mit Adlerschwung dervuu . . .
Er hät der Wald und d Frutt im eerschte Aarung gnuh.

Dett, wo-n-e schwarze Vogel ob Bäärg und Büchel chreist,
Wo d Alp nuch hütigstags "Uf Under-Frittre" heißt,
Dett gsiht mä mit em Hore der Urner abechuu.
Due häts der Glarner Läufer im Gmüet halt übernuh.

"Du häsch guet hürne, Urner, du häsch es Stäärnegfell —
O wäri undrem Wase! O wäri i der Hell!
Verschlüüfe möchti, säärble. Es isch ja alles lätz.
Ich träg die heizue, Urner, doch gib üs nuch e Blätz."

"Du Glarnermanndli chüüchisch und bisch ja uhni Schnuuf.
So eine wett mich schleigge, der stotzig Stutz duruuf?
Bisch goppel nüd bi Troscht. He, wänns erbättle witt, —
Nach sibe Stunde Ränne vertreit mä schu e Ritt."

"So wyt es halt nuch langet! O, Urner, gib mer d Hand:
So wyt, gäll, gisch mers umme, das ring erloffe Land."
Der Ehrema vu Schäche, der hät Erbäärmisch gha.
So gaht der Lauf um Bode uf Tod und Läbe-n-a . . .

Er hät schu mängi Buurdi und uunig Trämmel treit,
Er buggelet der Urner bis d Chraft, bis ds Häärz verseit.
"Jetzt nuch e Fläre Wald, jetzt nuch das saftig Guet!"
Er hät i d Lippe bisse, und use tschodret ds Bluet.

Jetzt rüeft er numme Hü! der Ryter ufem Gnigg.
"Du schindisch di ja z Tod!" Er gspüürt im Gleich e Zwigg:
"s isch glych, wänn nu mi Grabstei der Glarner Maarchstei wird.
Wär sust e rüüdigs Schaf, — der Härrgott isch mi Hirt!"

Im Farechruut da chnüündlet der Urner lang im Grüüt
Und hürnet: "Chänd mit Schuufle und mit em Chrüüz, ihr Lüüt,

Sächs Schueh tüüf grabeds ds Loch, so staht er fescht, der Stei!"
Isch das e Juuchzer gsy? Isch das e letschte Schrei?

Zwi Landammanne chänd und Weibel, Rät und Lüüt.
's isch jede volle Gwünder. Doch d Bäärgler säged nüüt.
Die Träne i de Bärte händ alles eim verzellt:
Di eine händ der Bode, di andre händ der Held.

Schweizer Wache

Ein Volk ist aufgestanden,
Ein heimlich starkes Heer.
Noch ist die Wucht vorhanden,
Die Gegner macht zuschanden
Mit Spaten, Spruch und Speer.

Ein Kreuz steht aufgerichtet,
Es stammt vom Bibelbuch.
Viel Kriege hat's geschlichtet
Und uns auf Gott verpflichtet,
So strahlt's vom Fahnentuch.

Ein Herz ward uns vertrauet,
Das Herz der Alpenwelt.
Vierkammrig ist's gebauet;
Zur Wacht, die lauscht und schauet,
Hat Gott mein Volk bestellt.

Die Fackel wird entzündet!
Nun halt dein Scheit bereit,
Daß rot die Lohe kündet,
Wie gleiche Glut verbündet
Uns Schweizer allezeit.

Gezeichnet

Nur wer den Stahl gebogen,
Darf später Erde kneten,
Und keiner hat gelogen,
Den Not bewog zum Beten.

Der Winkel winkt,
Die Laube lockt,
Doch der versinkt,
Der sich verhockt
An kleiner Herde Dämmerung
Und sich entzieht der Hämmerung
Des Gottes, der mit Leiden prägt
Und unsre Haut zur Rüstung schlägt.

Und blutet es — wohlan!
Das Herz bekennt die Farbe.
Drum traue keinem Mann,
Der weder Wunde hat noch Narbe.

Max Mumenthaler

Kamerad, der Tod

Wer marschiert mit uns Soldaten
durch die Nacht, in die Schlacht?
Wer marschiert im gleichen Schritte
stumm und still in unsrer Mitte? —
Kamerad, der Tod.

Und wer liegt mit uns im Graben
Tag und Nacht, in der Schlacht?
Wer liegt treu im wilden Streite
stumm und still an unsrer Seite? —
Kamerad, der Tod.

Wer erlöst uns von den Leiden
aus der Nacht, aus der Schlacht?
Wer erlöst uns von den Schmerzen
stumm und still und kühlt die Herzen?
Kamerad, der Tod.

Walter Lesch

Sokrates im Kerker

Ich han e breiti Nase
Und bin en Philosoph.
Mir cha de Richter blase,
Ich mach em nüd de Hof.
Ich weiß, was me cha wüsse.
's isch wenig meh als nüt.
Ich cha das Läbe bschlüüsse,
Wos nüt meh z'wüsse git.

En Tote isch en Tote.
De Korpus wird e Lych.
Für d'Würm sind d'Idiote
Und d'Philosophe 's glych.
Doch was me vor em Sterbe
Im Chopf gha hät, blybt da.
Für das gits immer Erbe,
Da chömmed d'Würm nüd dra.

D'Idee blybed läbe,
D'Idee, das isch's Bescht;
's fallt nüd id Schützegräbe
Und stirbt a keiner Pescht.
Kein Polizischt chas fange,
Keim Gricht chunnts under d'Händ.
So wyt cha niemert lange,
Da isch's Verbüüte z'Änd!

Ich han e breiti Nase,
Ich ha mi scho dra gwöhnt.
Ich liess die Nase ase,

Au wänn is ändre chönnt.
Me cha mi nüd dra füehre,
Me cha mi nüd dra zieh.
Is Gfängnis chönnds mi rüehre,
Doch gschweige chönnds mi nie!

Arnold Kübler

De Räbehächler

Wänns dem Mänsch, seb Jud oder Chrischt,
nümme gliich wie früehner ischt,
gaht er zum Tokter, wills en tunkt,
es sei neime neimis en Wändepunkt.
Da heißts dänn 's Läbe zahmer triibe,
meh zrugg ha, öppe-n-en Öpfel riibe,
diheim und underwägs bim Schpiise
dem Gmües meh Ehr und Platz awiise,
de Gresli und Blüemli und Chnölleli, Blettli,
dem Gwachsene us em Gartebettli.
        Ich bi fürs Suurchrut,
        da känn i mi uus,
        de Räbehächler,
        ich chume-n-is Huus,
        Wirz und Chabis, grüeni Chöpf,
        bleichi Räbe, armi Tröpf,
        ich hächles, ich rätz es,
        ich päckles, verfätz es.
Z'letscht chunnt e Hampfle Salz derzue,
is Schtändeli ie, en Schtei druf ue!
Ich bi de Hächler,
guet Nacht.
En schtille Lächler –
mi Sach ischt gmacht.

Fabrike gits mit Schtrom und Chraft,
det macheds Suurchrut massehaft,
meh higienisch, wie me seit,
will det kän Mänsch meh Hand aaleit.
E Hand ischt bi-n-ene ohni Nutze,
me bruucht si nu zum Maschine butze.
Versand übers Meer, Konserve en gros,

ich bi, wie-n-i gsi bi, ich bliibe-n-eso.
Ich maches vo Hand und ich hächle mit Gnuß,
fang ich erscht a hächle, isch es wiitume Schluß.

   's chunnt alls vo der Üebig,
   's gaht alles ganz rüebig,
   d'Wält ischt voll Tröpf,
   voll Chabischöpf.
   E glatti Räbe,
   wämm miechs kä Gluscht,
   ischt fiin i der Hand
   wie-n-e Maitlibruscht.
   Ich hächles, ich rätz es,
   ich päckles, verfätz es.

Z'letscht chunnt e Hampfle Salz derzue,
is Schtändeli ie, en Schtei druf ue.
Ich bi de Hächler,
guet Nacht.
En schtille Lächler —
mi Sach ischt gmacht.

Kä Huus, wo mich nid öppe müeßt ha!
De Biiswind chunnt, mi Ziit ischt da.
Vill Chöpf sind riif, de Näbel schtriicht,
's ischt Ziit, daß Ziit ere-n-andere wiicht.
Was gwachse-n-ischt en Summer lang,
ischt gwachse zu sim Undergang.
En Ödi fallt i d'Fälder ii,
de hinderscht Blätz mueß gruumet sii,
es chunnt für alls e großi Rueh,
de Hächler hät all Händ voll z'tue.

   Ich hange-n-am Handwerch,
   ich chume is Huus,
   gern gäg der Abig,
   ich känn mi da us.
   's gaht rüebig zue und ohni Gschpeer,
   nie han ich na hinderher
   under all mine Chunde
   en Uzfriedne gfunde.

Vom Augewasser gits Salz derzue,
in Bode ie, en Schtei druf ue.
Ich bi de Hächler,

guet Nacht,
en schtille Lächler —
mi Sach ischt gmacht.

Vogelscheuche

Schöne Frauen, laßt's euch nicht verdrießen,
mich zu dieser Stunde hier zu wissen,
ein galanter Männerseitenblick
ist noch heut mein spätes Herzensglück.

Aus dem Weizenfeld,
wo ich aufgestellt,
eil ich her zu meinen eleganten,
ach so unvergleichlichen Verwandten.
Eh man sich als Krähenschreck verwendet,
hab ich ganz wie ihr die Welt geblendet.

Am Himmel glüht
der erste Stern,
kein Vogel zieht,
der Tag ist fern.
Im Abendwind
ein spätes Kind,
das mich entdeckt,
enteilt erschreckt:
Vogelscheuche, Vogelscheuche!

Überschüttet hat man mich mit Lobe
einst für diese Mode-Abendrobe,
jetzo, da der Seidenglanz verblichen,
bin ich aus der Lebewelt gestrichen.
Euch bin ich zu lieben
innerlich getrieben.
Fühlt euch nur nicht allzu hoch erhaben,
schmal ist zwischen uns der Trennungsgraben.
Aus den Fernen meines Geisterreichs
nah ich euch auf Flügeln des Vergleichs.

153

Die Kleiderkunst
ist leichter Dunst,
wer sich vergreift,
wer sich vermißt,
was überstreift,
das er nicht ist,
bleibt weit vom Ziel,
ist weit vom Stil:

Vogelscheuche, Vogelscheuche!
Vogelscheuche, flüstern eure Schwestern,
wenn sie eure Garderobe lästern;
Vogelscheuche, knurrt der blasse Neid
in bezug auf euer Blumenkleid.
Also finden Platz
wir im selben Satz.
Vogelscheuche, Vogelscheuche, ruft erhitzt
mancher, der als Schwärmer abgeblitzt;
Vogelscheuche, meckern in den Gassen
jene Spießer, die 's Mondäne hassen.

Fort ins Ackerfeld,
wo ich aufgestellt,
nehm ich nun den dunklen Weg zurück,
und verwirrt vom Wiedersehensglück
denk ich euer, liebe elegante,
mir zutiefst verbundene Verwandte.

Am Himmel glüht
ein später Stern,
der Tag ist fern,
kein Vogel zieht;
im Abendwind
mein Seidenrock
bauscht sich gelind
auf seinem Stock:
Vogelscheuche, Vogelscheuche!

Max Werner Lenz

Die Lorelei

Zwei Sirenen, durch Heine
Auf die Lorelei im Rheine
Aufmerksam geworden,
Reisten nach Norden.

Sie fanden die Base,
Lichtheilnackt,
Aber schon etwas abgenutzt,
Im Grase.

Verdutzt blieben die griechischen Schwestern stehn
Und verlangten den güldnen Kamm zu sehn!

Den hätte sie nicht mehr,
Sagte etwas befangen,
Die Lore,
Sie sei von der Goldwährung abgegangen!
Aber sonst zeigte sie ihre besten Seiten,
Und ihre sämtlichen Kleinigkeiten.
Sie gab sie den Sirenen,
Und diese durften, zu zweien,
Mal 'n bißchen loreleien.

Unten fuhr ein Dampfer vorbei,
Bevölkert mit einer Schweizer Familie,
Und Maxli sagte: Lueg, lueg dert die drei!
Zwei Lorenen und eine Sirelei!

Abteilung Sprachliches

Die Fremden meinen immer, in der Schweiz
Da habe das Verliebtsein keinen Reiz,
Denn wenn man unsre rauhe Sprache höre,
Dann wisse man, daß sie die Liebe störe.
In unserm Schweizer Kehl- und Rachenton
Sei jede Zärtlichkeit ja doch ein Hohn.
Die Fremden wissen's nicht, sie sind halt z'dumm,
Denn wenn's am schönschten ist, sind wir doch stumm,
Und wenn wir wirklich einmal reden müssen,
Dann sagen wir erscht recht nichts, sondern küssen!
          Do bruuchts doch kein Verstand.
          Das weiß bi-n-eus es Chind,
          Daß d'Liebi i jedem Land
          Ihre-n-eigene-n-Usdruck findt.

Natürlich stürzen wir nicht in die Knie.
Die Männer röcheln nicht: Ich liebe Sie!
Die Zunge liegt bei uns dem Herzen ferne,
Wir sagen höchschtenfalls: Ich hab dich gerne.
Doch meischt verkleiden wir das Liebeswort,
Je nach Gelegenheit und je nach Ort.
Frag ich mit Lächeln: Wettsch en Kafi ha?
Jo, dänn verstaht das jede Schwyzermaa.
Dem Fremden macht der "Kafi" Ohrenschmerzen,
Dem Schweizer aber geht er tief zu Herzen.
          Do bruuchts doch kein Verstand.
          Das weiß bi-n-eus es Chind,
          Daß d'Liebi i jedem Land,
          Ihre-n-eigene-n-Usdruck findt.

Min Ernscht hät mir am letschte Sunntig z'nacht
s erscht mol mit Wort e Liebeserklärig gmacht.
Was chönnd vier Wörtli doch für Glück verbreite —
Nu d'Schwyzer Sprach hät sonigi Zärtlichkeite.
Mir sind zwo Stund am offne Feischter gsy.
Keis Liecht hät brännt, nu eusen Augeschy.
Mir isch es gsy, als öb ich juchze mües —
Dr Ernscht hät lisli gseit: "Ich früür a d'Füeß!"
Doch ich han gwüßt, was die chalte Füeß bedüütet:

Daß's Bluet vom Ernscht im Herz vor Liebi süüdet!
    Für eus isch d'Sprach kein Schmerz,
    So isch de Schwyzermaa.
    Wänn er "d'Füeß" seit, meint er's Herz!
    Mir chönnd das scho verstah.

Staubsauger-Lied

Von einem Hotelportier beim Staubsaugen gesungen

Die Ausländer bringen ihren Dreck herein
In die Schweiz — in die Schweiz.
Wie kann da der Teppich immer sauber sein,
In der Schweiz — in der Schweiz.

Wenn i c h nicht putzte, so wären wir inzwischen,
In der Schweiz — in der Schweiz,
Im Dreck schon erstickt, den die Fremden abwischen,
In der Schweiz — in der Schweiz.

Wir selber haben ja auch unsern Dreck an den Schuhn,
In der Schweiz — in der Schweiz.
Doch d a v o n kein Wort! Denn wir wollen so tun,
Als gäbs keinen Dreck an den eigenen Schuhn,
In der Schweiz — in der Schweiz.

Mensch ohne Paß

Er steht unter einem Grenzpfahl,
zwischen Frankreich und der Schweiz

Ich bin aus aller Ordnung ausgetrieben.
Sie nennen mich ein Emigrantenschwein.
Sie sagen, wärst du doch zu Haus geblieben!
Ich aber wollte ein Charakter sein.
Ich sagte "Guten Tag", statt "Heil" zu rufen,
Da hat man mir die Schutzhaft angedroht,

Doch ich bin nicht zum Märtyrer berufen!
Ich floh — aus einer Not in andre Not.

Jetzt bin ich ein unangemeldetes Leben,
Ich habe keinen Paß.
Ich stehe daneben und bleibe daneben —
Den Beamten ein ewiger Haß.

Die Staaten haben herrliche Devisen!
(nach Frankreich gewendet:)
Hier drüben "Freiheit, Gleichheit, Bruderschaft"
(nach der Schweiz gewendet:)
Und dieses Land wird als Asyl gepriesen.
Doch mich erwartet hier und dort nur Haft.
So wie ich bin so bin ich ungesetzlich.
Zwar schlägt man nicht, man ist zivilisiert,
Doch, bin ich körperlich auch unverletzlich,
Die Seele darf man foltern, ungeniert.

Denn ich bin ein unangemeldetes Leben,
Ich habe keinen Paß.
Ich stehe daneben und bleibe daneben —
Den Beamten ein ewiger Haß.

Doch jetzt gibt's Kommissionen wie ich höre.
Die kümmern sich um uns und meinens gut;
Denn sie beschließen, daß ich nicht mehr störe,
Doch der Beschluß kommt in Beamten-Hut!
Und bis die Paragraphen sich ergänzen
Braucht's lange Zeit — inzwischen geht's mir schlecht.
Man scheucht mich heimlich über fremde Grenzen,
Bis ich krepiere -- durch Gesetz und Recht.

Dann bin ich ein unabgemeldetes Leben,
Und brauche keinen Paß.
Dann steh ich darüber und nicht mehr daneben,
Über den Grenzen und über dem Haß.

Der Nachtwandler

Es lockt mich auf des Daches Rand
Der Mond, mit magischer Gewalt.
Doch trotz dem dünnen Nachtgewand
Spür ich nicht heiß und spür nicht kalt.

Ich wandle auf des Daches First
Und wenn die ganze Welt zerbirst:
Ich hör es nicht, ich weiß es nicht,
Und halt' mich an mein Kerzenlicht.

Ich taste leis, ich taste sacht,
So leicht wie ein Waldvögelein,
Ich wandle Schlaf, ich tänzle Nacht,
So mutterselig ganz allein.

Ich weiß von nichts, ich hör von nichts,
Im Zitterschein des Kerzenlichts.
Ich mache meinen Wandeltanz,
Im Untergang des Abendlands.

Schlafwandle ich denn ganz allein?
Nein, nein — es wandelt überall!
Ich seh in meinem Kerzenschein
Wie's wandelt auf dem Erdenball.

Gebt acht, ihr Wandler, gebet acht!
Gleich schlägt vom Turm die Mitternacht!
Erschrecket nicht, erschrecket nicht!
Behütet euer Lebenslicht!

Wir gehn behaglich aus und ein,
In unserm Bett, mit warmem Flaum,
Und denken: so wirds immer sein!
In unserm linden Vollmondstraum.

Doch wenn die ganze Welt zerbirst,
Bricht dann auch unsres Daches First? —
Wir glaubens nicht, wir glaubens nicht,
Bis man uns ausbläst unser Licht!

Ikarus

Abgestürzt, das ist das Ende!
Abgestürzt — ich hab's gewagt,
hab' mich in die Luft geschwungen!
Abgestürzt — ich hab' versagt.
In den Himmel wollt' ich schweben
zum Olymp, das war mein Ziel.
Bei den Göttern wollt' ich leben —
abgestürzt — ich fiel — ich fiel!

Tod war das Ende.
Im Drang nach den Höhen
mit gebreitetem Flügel
die Erde zu sehn,
wie Götter sie sehn,
tief unten Gelände
und flutendes Meer.
Tod war das Ende.

Euch ging alles in Erfüllung,
donnernd jagt ihr durch den Raum
über Länder, über Meere,
schaut hinauf, es ist kein Traum!

Euch war's beschieden.
Im Drang nach den Höhen
über Täler und Hügel
mit gebreitetem Flügel
die Erde zu sehn,
wie Götter sie sehn,
im strahlenden Frieden
im glücklichen Land.
Euch war's beschieden.

Aber als die Nächte kamen,
jene Nächte ohne Licht,
als der Tod mit tausend Flügeln,
ohne Augen und Gesicht,
brachte Brand und wilde Schreie,
Schrecken über Mensch und Tier,

unauslöschliches Entsetzen —
abgestürzt — das seid auch ihr!

Ihr seid verloren,
wenn nicht die Wende,
Erwachen euch rettet
aus dem Wahn, der euch kettet.
Sonst stürzt eure Welt
und alles zerfällt
was je ihr geboren.
Setzt endlich ein Ende —
oder ihr seid verloren.

Carl Böckli

Zensur

"Ich traue eifach em säbe Bögli am säbe Null nüd,
das gseht us wie-n-e Schtirnlocke!"

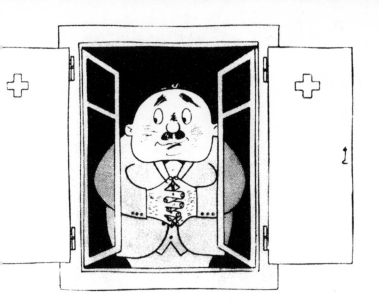

Der Popoburger   *Oktober 1942*

Es gaht en böse Schturm ums Huus,
Es gseht nach Pech und Schwefel us,
Nach Undergang und jüngschtem G'richt,
Zue üs chunts aber nüd, vilicht.

Und chiems, so triffts vilicht nüd mi,
Ich bi gar immer artig gsi,
Na nie hät mini Wenigkeit
Es lideschaftlichs Wörtli gsait,
Und händs am Schtamm politisch gredt
So bin ich sofort hei is Bett.
Das chunt eim wohl i derige Täg.
Mag cho was will — ich mag eweg!

Euserein

O wie isch das hütig Gschlächt
Grundverdorbe n und versumpft,
Kein isch ehrlich, kein isch ächt,
Pmäntschheit schtrotzt vo Umvernumpft

Und isch chalt und dünkelhaft,
Ohni Herz und Ideal,
Ohne wahri Seelechraft,
Ohni Glaube n und Moral

Und im Urteil ungemein
Selbschtgerächt und härt und roh,
Gottseidank isch Euserein
Scho vu Huus us nid eso!

Nachdem verschiedene ausländische Schwindler in der Schweiz Gutgläubige in großer Zahl fanden, hat auch ein angeblicher arabischer Fürst, der zwar ohne Gefolge, dafür aber im "Nationalkostüm" auftrat, gute Geschäfte mit unserer Dummheit gemacht.   *April 1950*

So simmer!

Wenn uns ein Mensch an unsere Türe klopft
Sind wir zunächst versteinert und verstopft

Und bleiben ungerührt und unerweicht
Sofern er uns fast wie ein Bruder gleicht,

Sieht er hingegen nobel aus und fremd,
Versetzen wir für ihn das letzte Hemd,

Denn unsere Güte, ob sie noch so rein,
Sie sollte irgendwie rentabel sein.

Entfindung!

(Empf ist unschön)

Laßt mich ein Kränzlein winden
Dem Wonnemonat Mai
Und schildern mein Entfinden
Das ich gehabt dabei.

Ich fühlte mich getragen
Von blütenduft'ger Hand
Und darf es fast nicht sagen
Was ich dabei entfand.

Mich trugen ros'ge Tauben
Auf blum'gen Wiesengrund
Und es ist kaum zu glauben
Was ich dabei entfund.

Was ich dabei entfindet
Bei Nacht und selbst am Tag
Erscheint zum Buch gebindet
In meinem Selbstverlag.

Jetzt ist sie da, die Ferienzeit,
Wir harrten ihrer seit der letzten ungeduldig.
Uns lockt der Berge Einsamkeit,
Wir sind das unserer Herkunft schuldig.

Uns lockt die Alpenwelt, die hehre,
Mach Deinen Gletscherdreß parad, trainierte Dora,
Stopf in den Rucksack Schachteln, leere,
Wir brauchen selbige punkto Flora.

Zwar sind wir teigg, die Tage heiß,
Doch Schweizer scheuen (in den Ferien) nicht Beschwerden,
Dort oben blüht ein Edelweiß,
Und das muß ausgestorben werden!

Von der einbildung der alten

An holzturm
nagt feister
holzwurm
vergreister

naht sturm
turm zerschellt
prahlt wurm:
ICH turm gefällt

Heines lorelei überholt

Rheinab fährt schiffchen
dirn hat auf riffchen
süßes organ

haar kämmt sie munter
schiffer geht unter
inklusiv kahn

das hat die stramme
dirn mit dem kamme
extra getan

Fridolin Tschudi

Im Stammcafé

Hier bist du jemand. Unbedingt!
Allein schon, wie der Kellner lächelnd sich verbeugt,
diskret-vertraulich die Serviette schwingt,
unaufgefordert das Gewohnte bringt,
ist etwas, was von Achtung und Verehrung zeugt.

Dem gegenüber, der serviert
(ein Cäsar, ach! und Brutus wohnt in deiner Brust),
gibst du dich gnädig und doch distanziert
und zudem byzantinisch-maniriert,
wie ein Diktator, nur nicht halb so selbstbewußt.

Du bist der auserwählte Gast.
"Noch eine Stange hell, Herr Doktor?" — "Bitte sehr!"
Das, was du anderswo oft schmerzlich fast
vermißt und endlich nun gefunden hast,
gibt dir das tröstliche Gefühl: Hier bin ich wer!

Kennst du das Land . . . ?

Kennst du das Land, wo die Neurosen blühn
und wo die meisten Menschen über Föhndruck stöhnen,
obwohl sie sich seit langem schon bemühn,
sich an den bösen Dauerzustand zu gewöhnen?

Kein Wunder deshalb, daß dort die Chemie
mit altruistisch wohldosiertem Helferwillen
als dividendenstarke Industrie
zu allen Mitteln greift, um jeden Schmerz zu stillen.

Kennst du das Land, wo man nur selten lacht
und bloß die Simpel sich zur Heiterkeit bekennen,
wo einzig der gilt, der Karriere macht,
und jene, die ein Bankkonto ihr eigen nennen?

Das Land ist klein, jedoch arkadisch schön,
und wird von seinen Nachbarn ringsherum beneidet,
obschon es allzuhäufig dank dem Föhn
an geistig-seelischer Verdauungsstörung leidet.

So sehr die Pharmazeuten sich bemühn,
den tragischen Konflikt mit Dragées zu versüßen:
im Land, in dem die "Fleurs du Malaise" blühn,
muß man die Saturiertheit mit Neurosen büßen.

Kennst du das Land, von dem der Barde spricht?
Kennst du es wohl? — (Italien ist es nicht!)

César Keiser

Da gab's eine Dame in Grenchen
Die sammelte ledige Männchen
Sie legte sie flach
Zum Trocknen aufs Dach
Und machte draus Schwarztee im Kännchen

Da gab's in Neuhausen a. Rhf.
Für Herrn Klein einen peinlichen Rf.
Er fiel ziemlich tief
In die Fluten und rief:
Dieser Rhf. ist mF. auf kF.!

Fredy Lienhard

Anatole fraß

Ein Holzwurm namens Anatole
war des Erlebnishungers voll.
So grub er sich denn kurzerhand
durch das Parkett hindurch zur Wand,
von wo er auch zum Schreibtisch fand.

Er fraß sich durch den Kleiderschrank,
die Wanduhr und die Stubenbank.
Dann lief das skrupellose Tier
mit niegesehener Bildungsgier
durch sechs Oktaven im Klavier.

Der Holzwurm und sein Forschungstrieb
verwandelten das Holz zum Sieb,
so daß ihm nichts mehr übrigblieb,
als durch die Mitte abzugehn
und sich woanders umzusehn.

Der Wurm fraß sich durchs Treppenhaus
und via Gartenbank hinaus.
Zum Glück — bevor er weiterfraß —
biß dann das nimmersatte Aas
irrtümlich statt ins Holz ins Gras.

Maikäfer flieg!

Maikäfer flieg!
Herr Rubinstein spielt Grieg.
Die Tante kauft den Frühlingshut,
weil es der alte nicht mehr tut.
Maikäfer flieg!

Maikäfer brumm
durch dein Herbarium!
Es sehnt sich alles — mit Verlaub —
nach Zärtlichkeit und Blütenstaub.
Maikäfer brumm!

Maikäfer friß
mit deinem Maigebiß!
Kaum bist du voll, fängt man dich ein,
dann wird dein Glück im Eimer sein.
Maikäfer friß!

Maikäfer trink
wie Amsel, Drossel, Fink!
Trink dir bei deinem Frühjahrsplausch
den grossen Hyazinthenrausch!
Maikäfer trink!

Maikäfer fly
im Wonnemonat Mai!
Die Kalte Sophie ist schon tot,
bald kommst auch du in Atemnot.
Maikäfer fly!

Paul Adolf Brenner

Die Mutter des verlorenen Sohnes

Du hast den klaren, stillen Blick der Frauen,
Die wissen und im Ungewissen schon
Das Eine, Sichere, Lebende erschauen:
Du hast die Zuversicht gereifter Frauen,
Die an dem Tag, da der verlorene Sohn
Das Haus betritt, nicht anders gehn als gestern,
Da er noch fern war. Denn dein Blick erfaßt
Den Grund des Fernseins und die ganze Last,
Die ihn noch biegt, auch jetzt, da seine Schwestern
Ihn fürstlich pflegen, wie den höchsten Gast.
Du hast dich nicht verwandelt erst seit gestern,
Weil du als Mutter ihn getragen hast.

Es gibt kein Schicksal, das dich tiefer reißt,
Und keine Macht, die dein Vertrauen schwächte;
Und wenn dein Sohn noch einmal hundert Nächte
Nicht wiederkäme; niemals war dein Geist
Benommen von der Angst, die andere schwächte,
Er sei für immer von dir weggereist.

Du hast das stille Lächeln des Vertrauens,
Das nicht vergeht, auch wenn dein Sohn dir einst
Entrissen wird aus dieser Welt des Grauens:
Denn in den Nächten, da du ihn beweinst,
Kehrt er dir wieder: anders, schöner, reiner —
Kind a l l e r Mütter, Sohn von irgendeiner,
Der so verloren ging, wie deiner einst.

Ich führ dich nochmals an den dunklen Fluß,
Der unaufhaltsam fliehend sich vergibt;
Wir sind nicht anders: jeder von uns muß
Verströmend leben, was er will und liebt.

Im Kommen Gehende — und im Verweilen
Des Abschieds sicher, der uns flüchtig eint:
So dürfen wir, vorüberwandernd, teilen,
Was unserm Lieben wie ein Ziel erscheint.

Durch diese Leid-Welt in ein Meer von Tränen,
Vorbei an Menschen, die wie Inseln stehn,
Sind wir der Strom, auf dem in leichten Kähnen
Die Wünsche treiben, die uns untergehn.

Albert Ehrismann

Vorspruch

Nächtlich ging wie Silbermondenschein
Auf dem Asphalt dieser Stadt
Ein Lächeln.

Und ich lachte laut in mich hinein,
Weil das Lächeln gar so seltsam und wie kein
Andres Lächeln je geklungen hat.

Und am Morgen stand ich auf und trat
Wiederum in diese meine Stadt,
Äugte lang und stand vor meinem Haus.

Und dann lachte ich mein Lächeln,
Silberscheinig Mondlichtlächeln,
Wiederum aus mir heraus.

Die Rehlein

Die Rehlein kamen in der Nacht
und legten sich zu mir.
Sie hatten Zipfelmützchen an
und schmeckten warm nach dir.

Ich zog die Zipfelmützchen aus
und küßte ihre Haut.
Wir lagen so die liebe Nacht
wie Bräutigam und Braut.

Zärtliches Gespräch

Du kannst nicht schlafen? Sieh, die Nacht schläft auch.
Wie spät es sei, und ob ich dich noch liebe?
Ich liebe dich. Es ist ein alter Brauch.
Und lebte ich, wenn ich nicht bei dir bliebe?

Der letzte Mann, der ging, geht in sein Haus.
Das sei nicht recht, sagst du, weil ich noch rede?
Wie sehr du irrst! Man spricht so wenig aus,
und was ich denke, gilt noch nicht für jede.

Jetzt fiel ein Stern. Sahst du, wie schön er fiel?
Er hing ganz oben in den schmälsten Rahen.
Wir dürfen wünschen. Wünsche, bitte, viel!
Es war ein Glück, daß wir ihn fallen sahen.

Du zitterst? Komm! Du bist so still und jung.
Es ist nicht leicht, das Nötige zu sagen.
Ich liebe dich. Sonst nichts. Der Mensch ist stumm.
Man muß die Stummheit ohne Trauer tragen.

Abend

Wir gehen eins neben dem andern
und suchen das rettende Wort.
Wir gehen und suchen und wandern,
das Wort ist verblüht und verdorrt.

Es brennt nur ein wehes Verlangen
und zittert in dir und in mir.
Wir sind auseinander gegangen,
und keines konnte dafür.

Ravenna

I
Als er keine Sterne
mehr sah in seinem Herzen
und sterben mußte,
reiste er nach Ravenna und erschauerte
unter dem Himmel der Kaiserin Galla Placidia
und starb heiter und ohne Furcht.

II
Ich habe gestern ein Pferd
beten gesehn.
Fragen Sie nicht, wie und wo —
denn ich lüge.
Aber ich möchte wirklich ein Pferd
beten sehn
und mit ihm beten
für dich.
Weil ich dich liebe.

III
Von den Türmen fallen die Zifferblätter.
Es ist Herbst. Meine Schuhe
suchen im raschelnden Stundenlaub
nach den Früchten, auch wenn es stachlige wären.
Doch hier war kein guter Sommer,
und bald wäscht Regen
den schwindenden Tag
in den See.
Kein Gold mehr.
Keine Früchte.
Keine
Zeit . . .

Der Schwämmeler

Ich ging im Walde so für mich hin,
und nichts zu suchen, das war mein Sinn.
Da sah ich lauter Pilze.
Und nahm den Regenhut vom Kopf,
barg glücklich wie in einem Topf
den Fund im alten Filze.

Der Anfang kam von Goethe her.
Am Ende war die Schüssel leer
auf meinem Abendtische.
Der liebe Gott ging durch den Wald;
da wuchsen neue Pilze bald
in zarter Morgenfrische.

Wie hat doch Gott sein Land geliebt,
daß es so zarte Morcheln gibt
an kirchenkühlem Orte!
Wenn aber einst in finstrer Nacht
die Menscheit selber Pilze macht
von giftigst-grüner Sorte?

Kein lieber Gott geht durch die Welt.
Wenn der Atompilz steigt und fällt,
verhüllt ER seine Augen
und fragt, ob, die er selber schuf
zu menschenfreundlichem Behuf
denn nie und nimmer taugen?

Dann läßt er noch einmal ein Jahr
die eignen Pilze wunderbar
in allen Wäldern stehen.
Doch wenn das Jahr vorüber ist?
Und uns des Teufels Kernpilz frißt?
Wer wird dann schwämmeln gehen?

Die Wegelagerer

Sprich nicht vom Umweltschutz.
Der hängt mir zum Hals raus.
Auch du hängst mir
zum Hals raus.

Gewisse Leute meinen, man müsse
von den finsteren Dingen reden,
damit sie dann
heller würden.

Sprich nicht vom Krieg, das hängt mir
zum Hals raus. Du meinst ja
nicht den Krieg, sondern
den Krieg gegen den Krieg.

Seid endlich Pazifisten und hört auf
mit dem Wehgeschrei
über die Gewalttäter
und die Himmel- und Wasserzerstörer.

Wüst sei die Erde gewesen und leer.
Heißt es nicht so in der Bibel?
Und daß wir zurückkehren sollen zum Ursprung —
sagte das nicht irgendwann irgendeiner?

Also laßt uns lobpreisen den Dreck
und die Wüste und die leeren Gräber,
weil niemand dort dasein wird, die Letzten
darin zu verscharren.

Lobet den Schaum auf dem Wasser,
und lobet den Rauch vor der Sonne!
Lobet den Bruder, der den Bruder nicht hütet, und
        erschlagt die,
die das Töten nicht wollen!

Sprecht nicht vom Himmel, und sprecht nicht
von Wiesen und Wäldern, die grün waren!
Wüst werde wieder die Erde und leer — sagen wir,
die modernen Wegelagerer.

Orangen

Orangen, Orangen,
bitte, einen Franken,
bitte, einen Franken
für das hungernde Kind!
In den Bäumen
der teuersten Straße,
in den Bäumen der teuersten Straße
sägt der Wind.

Blondorangen, Blutorangen,
Kugeln rund und prall.
Einst in einer
Hirtenhöhle,
in der ärmsten Hirten Höhle,
zwischen Esel, Ochs und Rind
schlief im Stall
das Kind.

Orangen, Orangen,
bitte, einen Franken,
bitte, einen Franken
für das sterbende Kind!
Kugeln fliegen.
Mütter, tote.
Kinderfetzen, blutig rote.
W o r t e . W o r t e . Wind.

In den Bäumen
der teuersten Straße,
in den Bäumen der teuersten Straße
sägt der Wind.

Einmal aus meinem Herzen keine Mördergrube gemacht

Es ist mir eine Ehre, DAS GEDICHT DER WOCHE
  zu schreiben,
und ich will dankbar Wochendichter oder Gedichtewöchner
  bleiben
und stolz sein, wenn meine Verse zuweilen Hörer finden,
die dem Dichter postwendend Dutzende Kleinkränze
  winden.

Aber — Hochgeschätzte! Schreiben Sie beispielsweise
  einem Komponisten,
sein Lied habe Sie erfreut, und er möge Ihnen die
  Notenabschrift zusenden —
oder an einen Künstler, Sie möchten seine reproduzierten
Serigrafien, Lithografien und Radierungen als
  Schlafzimmerschmuck verwenden?

Kostenlos natürlich. Denn Sie lieben sein Werk sehr.
Nein, das täten Sie nicht.
Weshalb tut man's
für ein Gedicht?

Verse schreiben — ist so wenig?
Und Sie könnten's — wenn Sie Zeit hätten — auch?
Gedichte wachsen wie Waldhimbeeren
und wilder Lauch?

Selten legt einer
Rückporto bei.
Wäre zu fragen, ob das
höflich sei.

Seltner
mag einer danken.
Meine Auslagen für Briefmarken, Fotokopien — vom
  geschriebenen Gedicht nicht zu reden —
steigen Franken um Franken.

185

Dichter verdienen nicht viel. Darum geht es hier nicht.
Sondern zu sagen, daß des Dichters poetische List
nicht eine schlicht anzubegehrende
Wegwerfware ist.

Schmetterlingsjäger und Kristallsucher
scheuen nicht Mühe, Gefahren noch Geld und Zeit.
Für gewitzte Autogrammsammler ist die Reise
kaum eine Postkarte weit.

AUCH DIE DICHTER ARBEITEN und leben nicht
von Liebe und Lust allein.
Warum sollen in Ewigkeit sie
die Gerupften sein?

Herzlichen Dank — ohne Hochmut —
an die kleinere oder größere Welt,
die uns nicht für Eitelköpfe, Krösusse
und Kaiser der Wall Street oder Persiens hält!

Alfred Rasser

Die allerneueste Hexe

Hört Ihr's sausen in der Luft,
Riecht Ihr Pech und Schwefelduft?
Tausend hexenhafte Wesen
Reiten nachts auf ihren Besen
    Wer sie nur hört,
    Wird schon verstört.
    Wer sie erblickt,
    Total verrückt.
Heute ist die große Nacht,
Höhepunkt der Hexenpracht.
Auf dem Blocksberg, abends spat,
Tagt der hohe Hexenrat.
    Und wir beraten
    Unholde Taten.
    Und wir beschließen,
    Wie wir Euch spießen,
    Körper und Seelen
    Zwacken und quälen. Ja, wir vereinigen
Uns, Euch zu peinigen,
    Bis Ihr zur rechten Zeit
    Reif für die Hölle seid.
    Der Herr der Geisterschaft
    Liebt ohne Zweifel
    Unsere Meisterschaft,
    Heil ihm, dem Teufel!
Im Altertum waren wir noch nicht bekannt.
Im Mittelalter hat man uns verbrannt.
Und meint Ihr, heute gibt's uns Hexen nimmer?
Da irrt Ihr Euch; heute treiben wir's noch schlimmer.
Ich bin die allerneuste Hexe
Zerstör die Umwelt und verdreck'se
Mit Gift und chemischen Gerüchen

Aus den modernen Hexenküchen.
Verschmutze täglich immer krasser
Die Luft, die Erde und das Wasser,
Verpeste langsam, was da kreucht und fleucht,
Bis es — Heil, DDT — total verseucht.
Ich reite nachts auf meinem Besen,
Mach aus Gelehrten Satanswesen.
Ich drehe Pillen, um den Willen
Millionen Süchtiger zu stillen,
Verkrüpple schon den schwangern Weibern
Die Kinder in den Mutterleibern.
Ihr lacht mich aus? — So so, aha!
So ist es recht, das will ich ja.

       Laßt Euch betrügen,
       Schenket den Lügen
       Der Neunmalschlauen
       Blindes Vertrauen!
       Meidet die Warner,
       Lobet die Tarner,
       Die Euch betörenden,
       Uns niemals störenden.
       Hoch unser Hexensport,
       Langsamer Massenmord!
       Der Herr der Geisterschaft
       Liebt ohne Zweifel
       Unsere Meisterschaft,
       Heil ihm, dem Teufel!

Der Hexen Taten, die obskuren,
Sind unsichtbar und ohne Spuren.
Und reifen sie zu bösen Früchten,
Ist es zu spät, sie zu vernichten,
Des Contergans Gefahren wurden
Erkannt erst nach den Mißgeburten.
Und dennoch wird durch Schaden niemand klug,
Im Gegenteil, es wächst der Selbstbetrug.
Es wächst die Gleichmut unsrer Zwerge.
Drauf wachsen die Atomkraftwerke.
Und wir, des Teufels Konkubinen,
Entsteigen nachts Atomkaminen.
Riecht Ihr den neusten Hexenbraten?
Wie sieht er aus? — Ihr dürft's erraten!

Der Menschheit Leiche? — Seid gewarnt!
Die echte Hexe schweigt und tarnt.
Hört Ihr's schweigen in der Luft?
Riecht Ihr nuklearen Duft?
Tausend hexenhafte Wesen
Reiten jetzt auf ihren Besen.

      Niemand sieht sie.
      Unsichtbar zieht
      Höllische Pein
      Stumm bei Euch ein.

Heute ist Walpurgisnacht,
Höhepunkt der Hexenpracht.
Auch in Kaiseraugst noch spat
Triumphiert der Hexenrat!

Hans Schumacher

Verhängter Himmel

Den nebeleingesäumten Wintertagen
Hat Nacht sich übers matte Licht gelegt.
Die Vögel stehn mit müdem Flügelschlagen
Auf kahlen Ästen stumm und unbewegt.

Die Wolkenvliese wehn zur Erde nieder,
Das stille Wild tritt wimmernd vor den Wald,
Schon knistert erstes Eis am Rand der Rieder —
Und Opfer kalter Nächte fallen bald . . .

O Zeit der Not, die mit gefrornen Keulen
Uns schlagen möchte aufs gesenkte Haupt!
Noch ist dem Menschen nicht in Angst und Heulen
Aus frommem Herzen letzter Trost geraubt:

Grundwasserspiegel — Blut in dunkeln Kammern,
Das allen Wachstums reinen Keim enthält,
Heb einst nach überstandnem Schmerz und Jammern
Das neue Leben in die leere Welt!

Zugunsten der Trinker

Sei gut zu den Trinkern, sie haben's nicht leicht!
Sie müssen sich tausendfach opfern.
Verachte sie nicht und bedenke: vielleicht
gehörst du bald auch zu den heimlichen Klopfern,
die abends noch irgendwo Einlaß begehren,
um feierlich einige Flaschen zu leeren.

Dann drücke die Falle getrost und tritt ein!
Beachte für später die Schwelle!
Reicht einer dir schwankend vom festlichen Wein,
erfaß ihn und prüfe die Farbe und Helle
und laß ihn zum Wohle der bunten und weiten
verzauberten Welt durch die Halsröhre gleiten!

Beeil dich bedächtig, der Weg ist noch weit!
Wer früher begann, hat schon Höhe.
Die Stunden der Nächte sind flüchtig, doch Zeit
bringt Rosen ins Antlitz, und winzig wie Flöhe
erscheinen dir Schulden und Mühen und Sorgen —
und ferne ist jeder verwirrende Morgen . . .

Die Gläser sind leer, und die Trinker sind voll:
das ist das erwartete Ende.
Wer aber nach Hause ins Nüchterne soll,
der nehme den Weg in die tastenden Hände.
Und heimwärts im Lichte der zwinkernden Sterne
begegnen Soldaten und Hunde ihm gerne.

Sei gut zu den Trinkern, sie haben's nicht leicht!
Zum Trinken gibt's vielerlei Gründe.
Wenn zufällig einer noch lange nicht reicht,
so lockern sich dennoch im Keller die Spünde;
denn jener, der sprach, daß die Weinstöcke trieben,
der wollte, daß viele die Weine auch lieben.

Salamitaktik

Für Rechtshänder

S a l a m i s
S a l a m i
S a l a m
S a l a
S a l
S a
S

Für Linkshänder

S a l a m i s
  a l a m i s
    l a m i s
      a mi s
        m i s
          i s
            s

Wörterbuch

Salamis : griechische Insel in der Ägäis
Salami : italienische Wurst
Salam   : arabisch Friede
Sala   : italienisch Saal
Sal   : lateinisch Salz
Sa   : Abkürzung für Summa
S   : chemisches Symbol für Schwefel
Salamis : Ort einer berühmten Seeschlacht
 alamis : alalia mentalis (Sprachscheu)
  lamis : lamina terminalis (Hirnsubstanz)
   amis : französisch Freunde
    mis : griechisches Affix für feindlich
     is : lateinisch derjenige
      s : Sekunde

Anwendung

Freunde
ein salziger Friede.
Siege von Salamis
retten nichts mehr.
Sprachscheu
verhindert zu sagen:
Derjenige
der es könnte
kaut
seelenruhig
im hallenden Saal
seines Hauses aus Hauch
auf umblauter Insel
irdische Knackwurst

Scheibe
      um Scheibe
               um Scheibe
nach alter Taktik
bis zur letzten
Sekunde . . .
dann
summa summarum:
Schwefel über uns.
Die Seeschlacht ist aus.

Mehr gab seine
menschenfeindliche
Hirnsubstanz
nicht her.

Lamento eines astronautischen Hinterwäldlers

Es riecht galaktisch.
Mir will das nicht gefallen.
Was hülfe es dem Menschen
wenn er das ganze Weltall
gewänne
und nähme Schaden . . .
Nahm er schon längst.

Nun also:
sie sind oben
auf dem
pockennarbigen Mond
wischen Staub
suchen das Mondkalb
und jenen bleichen Mann
der vor ihnen
schon dort war.

Zieht doch aus
ihr alle
weiter

zum übrigen Planetarium.
Ich aber bleibe
allein
hier unten zurück.

Bis alle Fässer leergesoffen
alle Speicher leergefressen
alle Papierrollen leergehaspelt —
das reicht bis
zum jüngsten Tag.

Nichts wäre verboten.
Man könnte
auf Lokomotiven klettern
im Museum Rüstungen anziehn
an Computern herumfingern
Autos kaputtfahren
und noch manches dergleichen
bis die Masernepidemie des Rosts
alles Blech dahinraffte.

Sendetürme knick-
ten in die Knie.
Fernsehantennen krümm-
ten sich zu Drahtplastiken.
Eisenbahnbrücken zer-
bröckelten.

Dann zöge sie ein
die kahle Zeit
in die leeren Nistkästen
der Städte
und mir unter den Hut.

Lebt also wohl
ihr da oben
ihr da draußen
im blauschwarzen Weltall
auf euren verkrusteten Kugeln.
Saint Exupérys Asteroid
findet ihr doch nicht . . .

Und nun
mein alter
langweiliger
Planet
laß uns eine Weile ruhn.
Ich in einem hohlen Baumstamm
du als Klümpchen
im Blasrohr dessen
der sich einst
das Weltall
        expanding universe
als Seifenblase blies.

Sie wird schon noch
        Hubble bubble
platzen.

Jenseits von heute

Schön ist es heute.
Vieles zerfallen
und Neues
noch nicht in Gebrauch.
Alles ist möglich.

Ihr Dichter
und übrigen Menschen,
die ihr mehr seid als Dichter
und auch wieder weniger,
wenn ihr und wir
zusammen es wissen
buchstabengenau:
die gute war nur
die alte
und keine andere Zeit,
jetzt ist die beßre —
dann sind wir schon dort
oder zumindest nahe dabei,
wovon alle reden:

im kybernetischen Kreis
  im radarischen Raum
   im astronautischen All
beim verwandelten Menschen
jenseits von heute.
Und das soll nichts sein?

Dann feiern wir jährlich
Atomisten zu Ehren
den Dies nuclearis
im Reaktorengesumm
und berieselt von Strahlung
Alpha, Beta, Gamma.
Abgeschirmt aber
durch ein ruhiges Herz
und den Geigerzähler am Rücken.
eine leichte Last.

Nachts Halonen am Himmel
um leuchtende Scheiben:
die andern vielleicht,
galaktische Nachbarn,
oder auch wir
auf satellitischen Reisen
vor der Nase des Monds.

Und noch vieles dergleichen
nach Heisenbergs Formel
oder Einsteins Gleichung
$(E = m \cdot c^2)$
im einheitlichen Feld.

Ausverkauf der Masse,
Massendefekt.

Doch fern,
sehr fern
Hiroshima und Nagasaki.

Stopft das Horn
der verdrießlichen Klagen!

Urs Martin Strub

Gleichnis

Unter den ewigen Funken,
Die das Gestirne versprüht,
Bist du zum Spiegel gesunken,
Hast du vom Wasser getrunken,
Das aus der Tiefe dir glüht.

War es das Licht in den Fluten,
Waren es Fluten im Licht?

Schmilzt dir ein Spiegel in Gluten,
    Teile du nicht!

Saturn

Vae soli

    Ich habe mir die Visionen am Horizont ausgestrichen!
Die mondhaften Gaukeleien, die nebulosen Betäubungen,
der zuchtlose Rausch, das aufgehäufte Geschwätz
und die balzenden Nichtigkeiten der Poeten,
sie haben keinen Reiz mehr auf mich.
Dies alles gehört zum April meiner Jahre.
    Ich stelle fest: die Zeiten des Treibens und Blühens,
des Schwelgens und Fruchtens sind vorbei, endgültig.
Der einst behauptete, es sei in der ganzen Natur
ein kräftig ringendes Liebesspiel, war ein Narr.
Getrocknetes Kraut, Rost, Kreide, Schiefer, dürre Zahl,
Knochenmehl, was blieb denn mehr?
    Nichts.
    Nichts als Stein, Grabmal, Gruft.

Mit solchen Erwägungen hatte ich mich dem Friedhof
genähert.
Von allen Grundstücken der Erde war mir das mit den tropfenden
Bäumen und kalten Brunnen das liebste.
Hier meditierte ich im dauerhaften Schatten der Taxussäulen.
Und ich gestehe, die graue Verfinsterung, die bleierne Trübsal
gefielen mir anfänglich.
Doch gerannen sie in meiner Brust balde zu bildlosen,
unlebendigen Formen.

Hier muß ein Teppich ausgelegt sein, sagte ich mir,
ein Teppich von Stein, ein Teppich von Schwermut,
ein Mosaik der marmornen Platten, eine Massenkundgebung
der großen Vereinzelung, ein Bildnis der Abendzukunft.
Es enthält der Jugend Vergeblichkeit, die verstummten Vögel,
das dürre Laub, die Girlanden der Hoffnungslosigkeit,
der Verzweiflung.

Wer wird darin sitzen?
Das entweste Menschentum,
das entgötterte Ich,
Ich in der Teppichmitte.
Ich!

Und Tote unter mir, Tote hinter mir, Tote vor mir,
Tote neben mir. Und über mir die lautlos geblasenen Choräle,
die unseligen Strahlen meines schlechten Gestirns.

Und ich setzte mich hin. Und es überwältigte mich
die Schwermut. Blei fuhr mir durch die Adern. Tödliche Luft
umschlich mir die Schläfen. Sie blies mir die Hände blau
und der Aschenstrauch schüttete die Nächte aufs Land.

Woher, warum, wozu, wodurch? Alle die Wurzeln des
Leichenbaums umkrochen, umknoteten und besogen mich
schlangenhaft, wissend wie man grausam hingezögert,
kaltblütig das warme Leben in solcher Umarmung martert.

Verkümmert, ausgemergelt, ein abgezehrter Eremit
saß ich so jahrlang umschlungen von den tödlichen Fragen
in den gnadenlosen Fängen der Anfechtung.

Dann und wann blickte ich verstohlen bettelnd zu den
Himmelslichtern auf, zur Sonne, zum Regenbogen.

Doch wie ich sie ansah, brachen sie stückweise auseinander
oder rollten als graue Tropfen über mein Antlitz,
verfahlt und entseelt.

Und ich dürstete,
ich entbehrte,
ich forschte,
ach, ich wühlte,
wund von Verlangen,
schräg und lotrecht durch alles Sein,
setzte Zirkel und Winkel, Richtschnur und Wage an
und fand, die ich gesucht,
die leblosen Standbilder,
die leeren Monumente,
die morosen Ruinen,
umlagert von den vergilbten Kränzen und der
Fäulnis der Blumen!

Und ich stöhnte, Seufzer um Seufzer stieß
ich hervor. Und vor meinem niederfahrenden Hauch lief
das dürre Laub mit gläsernem Klang über den Kiesgrund,
als fegte es einer zu Hauf, Nahrung für neue Blumen
und neue Verwelknis.

Manchmal hörte ich bei windloser Stille
fernher Hobel und Säge der Sargschreiner kreischen,
Bestätigung genug, daß die Additionen, die sich die
Natur hinzufügte, auch dort durch ihre Subtraktionen
fortwährend sich aufhoben.
Denn kaum waren sie geboren, schrumpften sie greisenhaft
ein und rochen säuerlich. Und rasch trug man sie weg.
Blätterfall!

Wie ich es auch immer bedachte: der Lebensfries war
in ein endloses Begräbnis verkehrt. Schrittweise kam
alles zur Gruft. Es kam mit huflahmen Gäulen und
knarrenden Wagen, mit steifen Kutschern und dem
langsamen Troß der schwarzangetanen Nachfolge.

Manchmal führte ich Selbstgespräche.
Ich sprach mit meinem Schatten.

Doch merkte ich wohl, die Lautsubstanz meiner
Zunge schmolz ein zu einem immer geringeren Vorrat
an Worten. Am Ende blieben nur drei:

Ich konjugierte durch alle Zeiten "sterben".
Ich deklinierte durch alle Fälle "Tod".
Ich proklamierte in allen Sprachen "Nichts".

Ein Asket des Lebens, hatte ich endlich meine Formel gefunden.
Und ohne sie, dachte ich, sei das Dasein unausstehlich.

Das war am Abend meiner Schwermut.
In der Dämmerung meines Wahnsinns.

Noch einmal reckte ich mich hoch.
"Totengräber, einziger Freund", rief ich tonlos
über den Friedhof, "erbarme dich!"

Und er kam mit schweren Schuhen und tat
schweigsam sein Werk.

Mein schwarzer Stern ging auf.

Jupiter

Lucretius

Lachend tritt der begrabene Leichnam hervor
und deklamiert das Leben.

Hat denn der Tausendsassa uns genarrt?
Erst meinten wir, er sei gestorben.
Jetzt sehen wir, er lacht.

Die Sonne, eben aufgestanden,
wirft sämtliches Gold nach ihm.
Alle Himmel spiegeln sich in seinen Augen.
Kinn und Wangen schwabbeln vor Vergnügen
und wenn er vorn sich auf den Bauch schlägt,

hört man ihn in allen Kontinenten.
Der ganze Globus freut sich, wenn er lacht.

Ein jovialer Kerl!

"Hier bin ich,
der Tod hat abgedankt.
Schreck und Furcht,
die beiden schwarzen Hunde, haben sich verkrochen.
Seht: meine Füße leckt
die weiße Dogge Sympathia.
Umarmt euch Kinder!
Spürt meine Lust zu sein
und laßt uns leben!"

Und wie er prustend so, den Atem stoßend sich verkündet,
spritzt er von nasser Zunge unzählige Tropfen in die goldne
Sonne. Ein Regenbogen spannt sich über unsere Häupter und
zeigt harmonisch seine vollen Farben: Ruhm, Ehre, Reichtum,
Weisheit, Glück und Macht!

Breit hat der Baum des Lebens seine Krone aufgeschlagen.
Darinnen pfeift der Vogel Gaudium und schwirrt und schwatzt
und tiriliert auf hundert Weisen, Freundschaft und luftigen
Austausch übend mit den hundert Winden, die aus dem Schnabel
ihm die frischen Lieder holen.

Dickleibige Heiterkeiten baumeln von den Ästen. Geplatzte
Schoten schleudern pausenlos nach rechts und links hin pralle
Kugeln, die jeden, wenn er sie verschluckt, zum Lachen reizen.
Das ist ein Greifen, Naschen, Schmatzen, ein kindlich sich
Umhalsen, Tanzen, Fröhlichsein!

Und unaufhaltsam schießt aus fettem Boden
zu aller Fuß das Kraut, das Lebenskraut,
Kraut über Kraut, das sich von selbst besamt,
verdorrt gleich neu begrünt, allmächtig wuchert.
Der Bulle senkt darin knietief
die krause Stirne mit dem kurzen Horn,
schnaubt oder schleimt von nackter Nüster,
schaut lang ins Land und — weidet weiter.

Er heißt das große Glück,
Stolz, Zeugungskraft,
Omnipotenz zu Recht und jederzeit.

Zehn Schritt bei ihm von dumpfem Leben strotzend,
schleift schwer die Kuh im grünen Graswald
zum Bersten voll den aderreichen ungeheuren Euter.
Sie fraß zu viel, sie schleppt ihn kaum,
sie muht und will auf offnem Feld gemolken sein.
Ihr Name lautet: die breite Lust,
Urbrunnen der Vergeudung, Abundantia.
Versippt mit unserm frohen Gotte
betrachten wir die Welt mit schmunzelndem Vergnügen.
Das Lachen hat er uns gelehrt,
das große Glück,
die Sympathie, den Überfluß des Lebens.
Ergötzlich ist es, dazusein.
Wachstum und Wandel zu verfolgen, stimmt uns heiter.
Wir staunen, denn Früchte fallen ewig
und ewig stehn die jungen Keime auf.
Zur rechten Zeit kommt das begrabne Korn
und streckt ins Licht die grüne Fahne seiner Freude.

Wir selbst beweiden schmatzend Flur um Flur
der safterfüllten Lust und ewig frischen Bilder.

Neptun

Abyssus abyssum invocat

Die Zeit ist aufgezehrt,
Das Dasein verlassen.

Von den Ankerplätzen tönt noch
der wilde Diskant,
die Stimme der Menschheit.
Und aus den Ufergärten brodeln noch Farben,
Gewölk und Gewerbe.

Aber wir fahren hinaus.

Gleichmäßiger Wind wird uns Entgleitende
über den Spiegel blasen,
unaufhaltsam über das Schatzgewölbe des Meers.
Weissagender Vögel Flug wird mit uns ziehn.
Ihre Fittiche schreiben die Jenseitsschrift.
Ihre Schnäbel singen Unendlichkeit.

Das Gebirge, noch eben umgoldet, liegt flach,
eine Schattenmuschel im Sand,
überspült von den Wassern.
Des Festlands Grundlagen versanken.
Die Architekturen verschwammen.
Das Schiefe, das Kantige,
Eckige, Ragende,
alles fährt ein in die ebene Ruh,
alles ertrinkt in dem Rausch der ewigen Fläche.

Umarmt haben sich Ebbe und Flut,
umschlungen Liebe und Haß,
geküßt die Schatten der Niederwelt und
die Strahlen der Überwelt.

Verschüttet stürzen
die Becher der Gier,
unsere Münder, zur Stille.
Unsere Maße fallen ins Unermeßliche.
Eine leichte Fracht,
sinkt unser Schwerstes
ins Einerlei.

Und am Ende der Bahn,
in der glanzreichen Finsternis,
wo das Gefunkel der Blitze
den Abgrund lichtet,
wo der Orkane wirbelnde Trommel dröhnt,
wo durch die azurenen Schluchten
die Fische jauchzen
und das Siegel des Universums springt,
taumeln wir selber,
mystische Schiffer,
ins Bodenlose.

Das ist unser größeres Grab.
Das ist unser größerer Tod.

Die Sinnbilder zerfallen.
Dieseits und jenseits,
oben und unten,
Götter, Dämonen
gelten nicht mehr.

Gelöst und entmachtet
haben sich alle Gestirne,
endlich unendlich
selig unselig
eines im andern.

Erwin Jaeckle

Trommelwirbel

Der . .
Der strom . .
Der strom verschweigt . .
Der strom verschweigt
den mond verschweigt
der strom
Der

Aber der schatten schwemmt
hoch
Aber der glanz streut
tief
die asche des lichts
So ist die trauer groß
So ist das leben groß
Groß
Die trauer groß
der strom

Aber der strom verschweigt
den mond verschweigt
der strom
Der . .
       usw.

Engadin
Für eine weibliche und eine männliche Stimme

> *Unter dem himmel der legionen*
> *Der weinfahrt und der pilgerzüge*
Unter den perlenden wasserkronen
Der schattigen saat der schwalbenflüge

> *Mitten in häusern von schweigendem stolze*
> *Unter dem duftenden honig der decken*
Kreisen die sterne im arvenholze
In wiegen brüderlich sterne zu wecken

> *Tief in den ehern geschmiedeten mienen*
> *Flackert das große erbe aus reichen*
Die frevelten herrschten der ahnung zu dienen
Sie schenkten dem blut das währende zeichen

> *So seit jahrtausenden gleiche in andern*
> *An winterlich dämmernden nischen auf thronen*
Des urhergedenkens. Sie zeugen sie wandern
Und raunen den ruf der kampflegionen

Die Schritte

des nachts
atmet das gebälk
deine schritte aus

wie sie gingen
kommen sie

zaudernd

treten durch die lautlos
geblähte tür
vor das frühe
schwalbengekreisch
vom tauben hof

.

da soll einer sonette schreiben
                    sich kunstvoll knüpfen
                    fünf schritte lang
                    und zwei schritte breit
                    gitter in gitter zu legen
                    nach hauch und auftrag

lächerlich von oase zu reden
das quillt aus den fugen
                    ist anderer art
                                        von heißem quarz
                                        und messerscharf
                                        schlitzt auf
                                        geht um

                                        ein steuerrad
                                        rasend
                                        und ohne ruder

man kann das fleisch hamstern
mit blut seine seele meißeln

und dieser torso
                    sonette?

Hans Werthmüller

Reflexion

Scharf
in den nassen Schnee geprägt
kommen meine Tritte
von heute früh
mir rüstig entgegen

Eine überraschungsreiche
Erfahrung
sich selber mit jedem Schritt
von neuem zu ertappen

Tao

Wer ist weiser als der Gelbe Kaiser?

Ich mache mich leicht
wie der fliegende Same des Löwenzahns.
Und mit zärtlichsichern Gedanken
suche ich den Weg
stromaufwärts in ein wahres Reich der Mitte
älter als China
duftender
bedeutender als Tee
und blühender.

Ich mache mich leicht
wie der fliegende Same des Löwenzahns.
Ich warte auf den großen Wind.

Alexander Xaver Gwerder

Valse Triste

Die Sonne, hochgelobt in Wolkenwürfen,
sie ruft den Schatten auch — : Melancholie;
die Einzige, mit der wir schlafen dürfen,
wenn uns der Tag entfloh, der nicht verzieh —

Uns schlägt der Stern dann und die Fabel
vom längst Verlornen, das uns jäh verließ —
So schlägt der späten Stunde Adlerschnabel:
Nur Ethik, Leere —, selbst das Paradies!

Wir wandern weiter, wandern aus in Öden,
in denen alles Frage wird zuletzt —
Als Maskenträger, Spieler nur, Tragöden
umgibt der letzte Schatten uns schon jetzt.

Strom

Wir sind doch alle schauerlich Verjagte.
Ob hier, ob dort, erhellt das Rätsel nicht.
Was gestern noch zur Nacht aus Blüten tagte,
hängt schief im Strom, der Ungeheures spricht.

Wo man des Abends auf die Wirbel schaut,
von Brücken dröhnt das Rollen des Verkehrs —
Ein Herz, das breit auf schwarze Trommeln haut,
und Tags zuvor ein Fliesenbild Vermeers . . .

Was spricht der Strom? Was stemmt an sieben Pfeilern
des Urworts Donnern gegen unser Riff?
Wir spüren es: Auf unsern Siebenzeilern
trägt er im Spiel uns mit — papiernes Schiff.

Der Zigeuner

Oft bin ich im Wald zwischen Stämmen die Nacht,
erfülle das Tal dann mit traurigen Schatten —
Die Mädchen sind traurig. Sie spielten und hatten
noch eben die Hände voll Perlen gelacht.

Nun sind sie verstummt. Ihre Handvoll zerbricht —
Die Nacht hat so plötzlich das Licht umgebracht.
Die Nacht ist so kalt. Nein, die Nacht bin ich nicht!
Ich hab aus dem Spiel ihnen Träume gemacht . . .

September-Bucht

Wir werden immer miteinander sein —
Der Tod ist sanft: ein Teil Melancholie,
zum andern Glanz, Moulin à vent, ein Wein,
der noch zu Küßen drängt, zum Griff ans Knie . . .

Du bist so warm, so heiter rinnt dein Lachen
von allen Bäumen nieder, perlt und ruht —
Man taucht den Tag hinein, spürt sich erwachen,
da rinnt dein Spiegelbild bereits im Blut.

Wir werden immer miteinander trinken —
Der Tod ist sanft: zwei Ströme münden ein.
Dein letztes Lächeln wird vom Ufer winken —
Das Meer kennt niemand. Es wird Stille sein.

Ich geh unter lauter Schatten

Was ist denn das für eine Zeit — ?
Die Wälder sind voll von Traumgetier.
Wenn ich nur wüßte, wer immer so schreit.
Weiß nicht einmal, ob es regnet oder schneit,
ob du erfrierst auf dem Weg zu mir —

Die Wälder sind voll von Traumgetier.
Ich geh unter lauter Schatten —
Es sind Netze gespannt von dir zu mir
und was sich drin fängt, ist nicht von hier,
ist, was wir längst vergessen hatten.

Wenn ich nur wüßte, wer immer so schreit —
Ich sucht ihm ein wenig zu geben
von jenem stillen Trunk zu zweit;
voll Taumel und voll von Seligkeit
würd ich den Becher ihm heben —

Weiß nicht einmal, ob es schneit oder regnet . . .
Sah die Sterne nicht mehr, seit ich dich verließ;
kenn den Weg nicht mehr, den du mir gesegnet,
und zweifle sogar, ob du mir begegnet —
Wer war denn das, der mich gehen hieß?

Aber, du findest doch her zu mir — ?
Sieh, es wird Zeit, daß ich ende.
Die Wälder sind voll von Traumgetier,
und ich darunter bin nicht von hier . . .
Ich gäb alles, wenn ich dich fände!

Erde und Himmel

Ich stehe am Ufer und male
Zeichen in den Sand.

Grauer, grauer Sand . . .

Ich tauche den Finger in des Blutes Schale
und ziehe die Zeichen lebendig nach —

Mein Herz liegt brach.

Ich sehe zum Himmel und schreibe
Verse mit fliegenden Wolken.

Weiße, weiße Wolken . . .

Aber wie sehr ich den Blick auch treibe,
ich komme mir selbst nicht mehr nach —

Mein Herz zerbrach.

Die letzte Stunde

Dies ist die letzte Stunde. Oh Glück!
Ich kann nicht erzählen, wie es ist.
Mir fehlen endlich die Worte. Sag du's . . .

"Ich bin im Wald, muß nie mehr zurück
und spüre, wie mich die Welt vergißt —
Aber Worte? — Ich seh nur noch Kronen — "

Ja — wir werden an den Quellen wohnen.

Réveille

Ich sah, wie man einer Frau
mit scharfem Messer den
Kopf abschnitt. Genau dort, wo es
normalerweise duftet nach
Orangen — zwischen Perl-
kette und dem Keimflaum kommender
Küsse — dort
setzten sie an.
            Kein Schrei — kein
Grau! Still zischend erlosch, wie eine
Kerze lischt — erst brandig und
schwelend, zuletzt mit einem
staunenden Rauch . . .
            Es roch entsetzlich
nach Militär, nach ledernem
Frühstück zu Hunderten, und eine

Sehnsucht nach Geschlecht
krümmte sich zusammen über der
grausamen Kindheit, die aus
Taktschritten blühte —

Die Weise vom Kriterium eines Heutigen

I

"Reiten, reiten, reiten" — das konnte der Dichter
neunzehnten Jahrhunderts
mit Wolken und Mond noch. Uns
blieb der Ritt in Stahl und Benzin; besser:
dazwischen. Es bleibt kaum Tag
für den Fischzug der Bazare, und nächstens
werden persönliche Bedürfnisanstalten sowie
Selbstbedienungskrematorien
verabfolgt.
Paradiese sind selten. Dreizehn Meter
über den Straßen
beginnt schon der Himmel. Anschließend
— Kaugummi — spult sich der Tag wieder
rückwärts — Radio — und später
knallen die gelben und blauen Taxis
den Rest vor die Haustür.

Den Rest —: Die Lippen,
die zückenden Zungen, die Wasserstoffblonden,
und wieder den Rest — was dann bleibt: Blumen
vielleicht — Scharteken, und schmal
auch so weiße
empfindliche Bändchen — (man sollte
die Hände sich waschen
vor Versen).
Auch jenes schwarzweiße Zwiegespräch
mit dem Ausdruck von Tiefsee und Stratosphären
hat zum Hintergrund kleine Mustersongs
von Missouri-Banditen.
Darling — vielleicht — wir reisen

bei Ebbe — wir wagen die älteste Stromfahrt.
Im Innern der Insel — tat twam asi — wer weiß,
was für Oasen dort
                    brennen.

II

Episoden im Treppenhaus
haben plötzlich Bedeutung —: Fielen
nicht Worte wie Datteln
den Liftschacht hinunter?

"Sie trinken Milch
aus den Schläuchen Unbekannter, und
ihre Eselinnen bläst ein Samun
über achtzehn Etagen . . ."
                              "Sie treiben
die roten Igel aus Eisen
durch die faulen Kanäle der Stadt,
und wenn sie sich abends umarmen,
im Schneegestöber und unter der Sonne
Siziliens, denken sie gleichwohl: Es soll
noch leben wo
im Gestänge Leviathans . . ."

"Gratis den Traum, die Gesteinsart fremder
Planeten, eingesprengt in die Tartufferie
allgemeiner Bildung . . ."
                          und gratis auch:
"Schritte, die ahnen lassen, was der Azur
von uns hält — "
                  Was es auf sich hat
mit dem täglichen Parnaß, mit dem
Land über Dächer.

III

In Kentucky soll eines Morgens
der Gekreuzigte Samba
getanzt haben — : was natürlich schwer

schadete seinem Ruf. Aber: Rufen
wir denn nicht
immer? Ja, schreien
denn nicht alle Maschinen nach Meer?
Die Vögel nach Propellern
und der neue Nash
nach Unsterblichkeit?
                        Herrlich
wie am ersten Tag – oh Margaret-Rose –:
Purpur über indischen Balkonen, Bananen auch,
sozial und Suez und schlußendlich
doch die Daunen. Vieles
endet der Schlaf, vor allem vorher, nur
die Mistel grünt standhaft
durch den Dezember . . .
                        Da hilft
keine Story weiter als bis in das Tal
des Todes (Texas, Dixieland), kein Festspiel,
kein zweiter Wahlgang –
                        Hier
baut der Geist seine Sphinxen! Denn niemand
denn die Legion
hat die Brunnen vergiftet. Fata morgana?
Nein! Poesie des Bösen: Mord
auf Distanz.

Silja Walter

Auf der Bootsbrücke

Ich fuhr aus den singenden Ufern hinaus,
Die reglose Mitte zu finden,
Ich trag' in den Knöcheln den Tanz nach Haus,
Und kann die Sandalen nicht binden.

Auch Mitte ist schwingende Diele wie sie,
Die Ufer und Borde und Ränder,
Der Tanz steigt im Gehen mir in die Knie
Und wirft mir die Hand vom Geländer,
Und packt meinen Nacken, und all meine Ruh
Im Herzen versinkt zwischen Bohlen,
Ich werf' meine roten Sandalen dazu
Und tanze mit brennenden Sohlen!

Ich tanze, verschüttet von Fläche und Licht,
Vom Boot über Brücken und Planken,
Und Tanz wird Taumel und Taumel Gedicht —
Und die roten Sandalen versanken.

Tänzerin

Der Tanz ist aus. Mein Herz ist süß wie Nüsse,
Und was ich denke, blüht mir aus der Haut.
Wenn ich jetzt sacht mir in die Knöchel bisse,
Sie röchen süßer als der Sud Melisse,
Der rot und klingend in der Kachel braut.

Sprich nicht von Tanz und nicht von Mond und Baum
Und ja nicht von der Seele, sprich jetzt nicht.
Mein Kleid hat einen riesenbreiten Saum,
Damit bedeck' ich Füße und Gesicht

Und alles, was in diesem Abend kauert,
Aus jedem Flur herankriecht und mich mißt
Mit grauem Blick, sich duckt und mich belauert,
Mich gellend anfällt und mein Antlitz küßt.

Sprich nicht von Tanz und nicht von Stern und Traum
Und ja nicht von der Seele, laß uns schweigen.
Mein Kleid hat einen riesenbreiten Saum,
Drin ruht verwahrt der Dinge Sinn und Reigen.

Ich wollte Schnee sein, mitten im August,
Und langsam von den Rändern her vergehn,
Langsam mich selbst vergessen, ich hätt' Lust,
Dabei mir selber singend zuzusehn.

9 Gedichte aus dem Gomer-Zyklus

Eines Nachmittags

Du mußt ins Niemandsland
Gomer
sagt Gott eines Nachmittags
auf der Bootsbrücke
so geht es nicht mehr.
Nein
so geht es nicht mehr
denkt Gomer
aber die süßen
singenden Schiffe
und José?

Sind die Deckfarben

Sind die Deckfarben
an der Welt
weg und abgebröckelt
ist Gomer selbst
abgelaugt

und rieselt die Tünche
überall herunter
beim leisesten Dranpochen
mit dem Knöchel des Fingers
sind alle Gelände
versandet
und legt kein einziges
Boot mehr an —

Aufgefangen

— sieht Gomer
daß sie hängt
und kommt es so weit,
daß jedes Alleluja
hinter die Sonne entweicht
alsdann
legt Gott eine Strohmatte
vor Gomer hin
und sagt:
Da kannst du darauf gehen
Gomer.

Seiltänzerin

Es ist aber bloß
noch ein schmales
dreifarbenes Band
bloß noch ein Seil
worauf Gomer geht.
Daneben ist nichts mehr
als Tiefe
und Absturz zu Tode.
Eine Nonne ist eine Tänzerin
auf dem Seil
eine Seiltänzerin.
Wer ahnt je, wie bange ihr ist.

Schwarz—Weiß

Gomer steht im Türspalt
jetzt
zwischen der Welt
und der leisen
Gottesflut.
Zwischen der Nacht
und dem Tag
alles ist schwarz weiß
kariert jetzt
was man nur ansieht.

Dir geschieht etwas

Sei still sagt Gomer
zur Welt nachts
dir geschieht etwas
sei nur still.
Heil ist in Gomer
seit Gottes schwarzes Licht
mit Gomer so hart
verfährt
und seine Säure
bis auf ihren Kern sie
durchsäuert —

Amme der Welt

— daß nichts sein Heil
in ihr aufhält
sein Heil in der Nonne Gomer.
Da ist aber Gomer
sozusagen
eine Mutter geworden
eine Weltmutter,
die Nonne Gomer

das ist sie nun wirklich
wahrhaftig
eine Amme der Welt.

Hat die Sonne gegessen

Jetzt ist Gomer darin
und hineingerissen
mitsamt den Engeln
und sie glaubt
sie gehe bloß
in den Kräutergarten
hinab
am Kanal
nach der Messe
um sechs in der Früh
um noch schnell eine Büchse
voll Minze zu holen
weggerissen ist sie
hinein
in die brausende Sonne
wo sie die Sonne
gegessen hat —

Der Tag ist weg

— da geht kein Mensch
so einfach
nur wieder hinab
in den Garten
wo er die Sonne gegessen
hat,
da geht er nicht wieder
so einfach nur wieder
in seinen Tag
sein Tag ist auch weg
mit den Engeln zusammen weg

und allem
mit sämtlichen Gärten der Erde
und Minzenbeeten
weg und hineingerissen
mitsamt dem Himmel
und sämtlicher Zeit.

Erika Burkart

Zypresse vor Verona

Zur Bourrasque gelber Winde tanzt
der zwiegeteilte Wipfel der Zypresse:
ein Tänzer, eine Tänzerin, — vermummt —
verneigen, fassen sich und sind
e i n Wirbel nur und e i n e Flamme
vor einer Wolke, die sich öffnet
und jäh verschließt . . .

Ich sehe

Obwohl die Erde
finster ist wie ein Sack,
in dem einer zur Schlucht
Leviathans geschleppt wird,
glaube ich an die Vorläufigkeit
des Todes und jeder Vernichtung.
Obwohl ich nicht überleben werde
— so wenig wie du —
glaube ich, den Mund voller Essig,
an den Honig in den verschütteten Urnen.

Einst hab ich aus Blindheit geglaubt,
Nun glaube ich, weil ich sehe.

Du fragst, was ich denn sehe.
Es ist immer dasselbe:
die Schmetterlingswolke über den Wolken,
dieser blaue Flügel, der sich ins Meer stürzt.
Nun sehe ich nur noch das Meer.
Himmel und Meer laufen aus.

Ich sehe die Bläue keiner Substanz.
Ich sehe die Bläue.
Ich sehe.

Einer, der schreibt

Er denkt nicht daran,
einen Leser zu finden.
Er weiß, daß außer dem Funken
von ihm zu ihm selbst
nur Strohfeuer sind und Raketenfontänen.
Er weiß,
daß er den Brunnen nicht tief genug grub
und nicht durch die Wolken hindurchgriff
ins Blau, das Dunkelheit ist und unwandelbar.

Er bedauert, den Finger anstatt an die Lippen
auf Dinge gelegt zu haben und daß er
zu früh die Unterschrift gab.

Wie eine Muschel und nicht wie den Hörer
hält er die Welt sich ans Ohr.
Er knipst nicht und filmt nicht,
er ist was er sieht.
Schnell und langsam dreht er den Globus,
drehend vermischt er die Länder den Meeren
zu blankem Vogeleigrün.
So leicht ist die Erde! er räumt sie hinweg.
Vom Felsen zieht er den Schleier,
er liest die Unterseite der Steine
und schreibt eine Fassung
in Gegenlicht.

Niemandem dient er
und er ist müde,
viel zu müde für eine Arbeit,
die nichts als Irrtümer einbringt.
Doch ist er bei einer Lampe zu Gast
und während er, sich selber erobernd,

Gelände verliert und die Rettung verwirkt,
wirft schon sein flackernder Schatten
den Kontinent an die Wand.

Vermerke

In meinem Kalender
seh ich das Datum der Reise vermerkt,
von der ich soeben
zurückkomme.
Seltsam, ich erinnere mich nicht,
diesen Tisch verlassen zu haben,
ich warte noch immer
auf den mit dem Stern bezeichneten Tag.

Ich kaue am Stift, überblättere
Vollmond und Neumond.
— Zögernd zeichnet
(die Hoffnung heißt Hydra)
die Hand einen Stern
in die Maske Zeit.

Mit wenigen Bildern

Ich schlafe in einem guten Bett,
Bäume stehn vor dem Fenster,
am Morgen darf mit der Ankunft
der jungen Sonne
gerechnet werden.

Dennoch bin ich selten zufrieden,
bin melancholisch und träge,
und langsam nur
mische ich mich mit dem Licht.

Ein Zündholz streiche ich an,
schaue ihm zu, wie es abbrennt,

leg es dann fort, blicke ins Feld.
— "Denkst du verschwundener Tage, Marie . . . "
Unwiederbringlich. Fontane.

Ich habe alles verwandelt,
niemand außer mir weiß,
wie es in Wahrheit sich zutrug.

Ich lebe mit wenigen Bildern,
sage zuweilen: Ich möchte sterben,
bin aber froh,
wenn mich keiner beim Wort nimmt.

Wahrscheinlich
lebe ich gern.

Gerhard Meier

Unruhiger Frühling

Mit Gesang versuchens die Amseln
mit Sanftmut die Mädchen
mit Signalglocken die Bahnhofvorstände

man muß ihn beruhigen

Nachts liegen sie wach
und horchen den Hunden
tags tun sie
als wollten sie tun
wie sie tun

Indessen bersten die Knospen

Das Gras grünt

Betont feierlich verläßt
der Güterzug das
Dorf

Nach den Windeln zu schließen
weht mäßiger
Westwind

Das Gras grünt

Das Land hat seine
Eigentümer vergessen
und hat es satt
nur Umgebung
zu sein

In Nuancen

Noch gibt es Marktfahrer
Viehhändler
Schausteller
Die Schmiede sind am Aussterben

Im Dorf führt man
mit Fahnen noch und Musikanten
Trauerzüge an
wenn es sich um Händler
oder Schmiede handelt
und einzig diesen Toten
ist der Tag
und unter irgend einem Winde
treibt das Land

Noch sprechen Nachgeborene
den Monolog vom
Leben
indes auf dem Gemäuer
in Nuancen
sich das Licht vergibt

Dämmerung

    Am Bahndamm die Salbei, am Himmel die Drähte, auf den
Straßen die Mopeds, in den Flüssen die Abwässer, in den Schuhen
die Leute, an den Mauern Mörtel, am Bahndamm die Salbei. Die
Nacht zögert für kurz, im Augenblick illuminieren Laternen, so viel
hinüberzubringen ins Morgen.

Wildkirschen

    Achthundertvierzig Bilder malte van Gogh und die Wildkirschen
blühn für die Vögel. Am Kalkfels schürft das Licht sich wund. Die
Flüsse schleifen die Kiesel rund. Die Wildkirschen blühn für die Vögel.

Kübelpalmen träumen von Oasen

I

Samstags kurz vor Winter und die Häuser wundäugig. Die Kübelpalmen träumen von Oasen. Am Himmel wehn die Taubenbänder, und aufgehoben im Gedenken seiner fernen Söhne räkelt sic das Dorf.

II

Die sich an die Tage machen und es Existieren nennen, und di sich an die Leiber machen und es Liebe nennen, und die sich an die Schattierungen des Himmels machen und darob Heimweh kriegen, möchten ihr Dorf wiedersehn, jetzt, vorm Einwintern, ihr Dorf wiedersehn mit den Tauben am grünenden Himmel (wirklich, wenns einwintert, grünen die Himmel).

Gottfried Gretler

Der Teich

Lichte Tiefe blaut.
Wie ein Auge schaut
Leuchtend klar der Teich
Nach der Himmel Reich.

Jede Welle ruht,
Daß auf stiller Flut
Eine ferne Welt
Spiegelnd sich erhält.

Alles sinkt zurück.
Einen Augenblick
Liegt der Himmel nah,
Greifbar vor mir da.

Doch, wenn meine Hand
Faßt der Sehnsucht Land,
Tropft nur Wasser klar.
Und ein Glaube war.

Arthur Häny

Die geistigen Jahre

Wir liegen still, und über uns gemeißelt,
steht unser Abbild auf dem Sarkophag.
Wie hat das lange Dasein uns gegeißelt!
Wir lagen angeschirrt bei Nacht und Tag.
Der Dämon hinter uns stand auf dem Wagen,
wir flogen hin, sein rauchendes Gespann,
und sah'n am Ziele fern den Feldstein ragen
und kamen niemals, niemals an!

Nun liegen wir in schauerkühlen Krypten,
in Dämmerstille wunderlich zerstreut,
duftüberwölbt als wie von Eukalypten
und kaum berührt vom dröhnenden Geläut
der großen Glocken in den Kathedralen,
womit man unser Angedenken preist,
vom Wechselsang der Priester, Grabfanalen —
die Seele reist.

O Einbaum, Schiff, so wunderbar gelichtet —
Fahrt in die Sonne! Wie sie reglos mild
am Rande steht! Von fern hat uns gesichtet
der Albatros, weitschwebend — Wie es schwillt
in blühenden Segeln, wie es in den Rahen
von morgendlicher Brise knarrt und schwingt!
Beseligend ob all dem Fern und Nahen
die Stimme singt.

Mein Inbild ist's, das göttliche, das reine;
es steigt vom Galion als schönes Weib
und kommt zu mir und schimmert von dem Scheine
des Sonnenabgrunds übern leichten Leib.
Du trägst ein Gold in deinen seidenen Haaren —

gib mir die Hand! Wir sind noch Ich und Du,
und doch unendlich. Unsern geistigen Jahren
schaut unverwandt die Sonne zu.

In den Sand geschrieben

Wir schrieben viele Namen in den Sand,
da wo er seidig schimmerte von Feuchte:
"Suleika", "Bulbul", "Timur", "Samarkand"
sank in der Wellen gischtendes Geleuchte.

"Schön wie die Sonne bist du, Echnaton!"
"Doch überglänzt von dir, o Nofretete!"
Die Welle trug uns Vers um Vers davon,
ins Meer, das uns mit Tanggeruch umwehte.

Hans Boesch

Ich bin nicht sicher, Freund.
Fremd ist alles;
denn du lächelst,
weil ich zögerte,
den blauen Käfer
zu zertreten.

    .

Ach das Weinen nachts
in blaue Schürzen,
Tränen, die die Lippen füllen,
bitter, bitter,
und der Flöte Lied,
der Flöte Lied,
das sich verlor
in Schluchzen, Weh und Weinen.

Nachtigallen klagen wundersam im Baum,
und unterm Weidenbusch
schwankt leicht das Boot der Liebe.

    .

Und doch:
Ob Strauch und Dorn und Heckenrose
auch verworren sind
und hart und klein,
der Falter ruht sich trunken
drüber aus
und sinkt unendlich zärtlich
in ihr Duften.

Heckenrose will ich sein.

234

Max Bolliger

Da wo ich wohne,
mißt man die Schatten.
Da wo ich wohne,
an den Grenzen,
ist man mißtrauisch.

Ich bin in Frage gestellt.
Zu verteidigen sind
Tag und Nacht
die Übergänge
von Land zu Land.

.

Sei vorsichtig,
lerne mit deinen Augen umgehen! —
Was du anschaust, schaut zurück.
Du wirst ihm
wieder begegnen.

Es prüft dich,
und was dir zustößt,
hat dein Gesicht,
die Schönheit, die Angst,
was dich liebt und verletzt.

Überall
wartet es auf dich.
Halte ihm stand!
Du kannst nicht entfliehen.
Was du anschaust, schaut zurück.

Rainer Brambach

Rein persönlich

mag ich laute Kinder nicht.
Schon aus Mitgefühl mit den Taubstummen
kann ich Schreihälse nicht leiden —
Der letzte Schrei findet immer Beachtung.
In Modejournalen, Zeitungen, Illustrierten.
Der letzte Schrei, den das Blei im Maul zerstückt,
bleibt Papier.
Eine Wohltat — der Stummfilm,
ein versunkener Mönch.
Wäre Hitler als Kind verstummt,
nie hätte er mich gestört. Dennoch:
Auch andere brüllen und töten
und laute Kinder mag ich immer noch nicht.
Käme aber Tom Sawyer mit Holden Caulfield
johlend dahergerannt —
Stein durch die Scheibe!
Das wäre ein Geschrei.
Rein persönlich.

Alleinstehende Männer

Einer sammelt Steine.
Einer erwirbt Briefmarken.
Ein dritter spielt Fernschach
und einer steht lauernd am Abend
im Park.
Einer lernt Russisch.
Einer liest Shakespeare.
Einer schreibt Brief um Brief
und einer trinkt Rotwein am Abend,

sonst geschieht nichts.
Sie trinken, lesen, lauern, erwerben,
die Männer allein am Abend.
Sie schreiben, lernen, spielen, sammeln,
ein jeder für sich nach Feierabend.
Einer besucht eine Operette.
Einer hört Bach.
Einer hütet ein Geheimnis.
Wie ein Hund an der Kette
läuft er Abend für Abend entlang den Alleen.

Glückszeichen

Wen wundert es, daß die Katze scheu
und der Hofhund bösartig wurde?
Vierblättriger Klee bleibt Grünfutter,
das weiß auch das Kind im Haus.
Und das Hufeisen über dem Stall
gehörte dem Ackergaul,
der umfiel und starb und sonst nichts.

Leben

Ich schreibe keine Geschäftsbriefe,
ich beharre nicht auf dem Termin
und bitte nicht um Aufschub.
Ich schreibe Gedichte.

Ich schreibe Gedichte auf den Rummelplätzen,
in Museen, Kasernen und Zoologischen Gärten.
Ich schreibe überall
wo Menschen und Tiere sich ähnlich werden.

Viele Gedichte habe ich den Bäumen gewidmet.
Sie wuchsen darob in den Himmel.
Soll einer kommen und sagen,
diese Bäume seien nicht in den Himmel gewachsen.

Dem Tod keine Zeile bisher.
Ich wiege achtzig Kilo und das Leben ist mächtig.
Zu einer anderen Zeit wird er kommen und fragen,
wie es sei mit uns beiden.

Urs Oberlin

Kein Weg

Laß die Federn im Gras,
daß dein Schatten sie finde,
wenn er uns nachschleicht.
Ein Mohnnest
wollen wir baun
im leichten Gezweige der Zukunft.
Kein Ruf mehr erreicht uns,
kein Weg führt zurück . . .
nur die Tür bleibt
offen ins stundenlose
Blau.

Ebbe

der Wind im Fischgerippe
die Spur zum Wolkenrand
weiß steigt die Krabbe
auf die Klippe
und wohnt dir
in der Hand

Mittag

Einem Gott zu begegnen,
ist nicht jedermanns Sache.
Doch man wird nicht gefragt.
Da steht er im Hohlweg,
ziegenäugig,

auf den Hörnern das Meer . . .
Und plötzlich
setzt der Wind aus.

Wer spricht das erste
Wort?

Sicher

positiv sei der Mensch
gut bei Kasse
und ein solider Wagen
unterscheid ihn vom Vieh

sicher leg er
sein Kapital an
möglichst in der CH
die im Schild
das schlichte Plus führt

Tuschezeichnung
(um 1800)

Schlucht Steg
die Hütte
unter dem Baum

wie es wieder
sein wird
nach dem Ende

Franz Fassbind

Er streckte die Hand aus
Und hob den Vogel
In die Arche.

.

Zeichen im Sand.
Mit dem Finger geschrieben.

Bedenkzeit.

Du brauchst keinen Stein mehr zu werfen.

.

Absturz

Immer
Wieder an
Stellen des geringsten Widerstandes

Klafft irgendwo in den
Strukturen der Wirklichkeit
Unerwartet ein Ort der Schrecken.

"Es gibt keine endgültige Rückkehr aller Flugzeuge" (Saint-Ex.).

Unterwegs

Was findet statt,
Wenn etwas ausfällt?

Was fällt aus,
Wenn etwas stattfindet?

Möglich ist der
Mißerfolg erfolgreicher
Bemühungen.

Denkbar ist der
Erfolg erfolgloser
Bemühungen.

Brich mit dem
Lähmenden Prestige
Unvollständiger Fakten.

Kuno Raeber

Quasi morto

Ich habe den Berg mit dem weißen
Parthenon vergessen.
Und das Haus des Erechtheus mit den Karyatiden
hab ich vergessen.
Hör ich das Wort Erechtheion,
seh ich deinen gestreiften Pullover
zwischen den Karyatiden,
quasi morto.

Jetzt, im Sand des saronischen Golfs ist unser Irren
zwischen Phaleron und Piräus nur noch ein Stummfilm,
unser erster Gang zum Lykabettos (oder wars zum Hymettos?)
ein Sandspiel der Kinder.

Quasi morto,
im Sand des saronischen Golfs
schmeckt mein Mund dein Ohr
salzig und schmeckt mein Mund
Salz und Öl deiner Schulter.

Quasi morto,
voll ist dein Ohr am saronischen Golf von den Bienen,
voll vom Gesumm des Hymettos.
Ich habe die Namen vergessen:
Athen, Lykabettos, Hymettos,
Phaleron und Piräus,
Salz und Öl deiner Schulter im Mund
und das Summen im Ohr, in deinem, in meinem,
der Bienen des fernen Hymettos.
O, quasi morto.

Bienen

Nicht lang mehr, nicht lange
zuckst du im steinernen Flur
unterm Hall deiner Schritte zusammen.
Nicht lang mehr, nicht lange, du trittst
im Winkel des steinernen Flurs in die Bienen.
In deinen Ohren Gedröhn,
in deiner Nase der Duft
heimlich und lange und böse
im Winkel des steinernen Flurs
gesammelten Honigs.
Stiche.
Nicht lang mehr, nicht lange.

Mise au Tombeau

Sie legten ihn in das Grab
und vor das Grab einen Stein, der die Pfeile
auffinge, sicherer als
das Olivengewucher. Darin
versteckt rief ein Vogel
drei Tage lang ohne Pause:
"Sesam, öffne dich!"

Peter Lehner

Sage mir Muse
wo hast du den Urlaub verbracht
diesen Sommer
da wo die meisten
wo man preisgünstig schläft
wohlfeil speist
ohne zu fragen
warum die Tarife so tief sind
im Paradies des Diktators

.

ich frage mich kind
soll ich dir das fell bleuen
damit es dick wird
soll ich dir den bückling beibringen
und mach schön männchen
und duck dich
damit du später als mann
deinen mann stellst oder
soll ich rasch mal die welt ändern

.

mangels angreifer
setzt die armee
fremdarbeiter
als gastfeinde ein

.

tara trara
im ehrenkleid
und hüpfen hüpft
im ehrenfeld
und robben robbt
ins ehrengrab
tara trara

Walter Gross

An jenem Nachmittag

Kein Gedanke lenkte seine Schritte
an jenem Nachmittag, kein Gedanke an damals.
Der Nachmittag in der Stadt war gewöhnlich:
Wärme der Mauern, Licht und Staub, halbes Gespräch
im Ohr, Park und Schatten wie immer.

Da drang in ihn der Ton einer Säge,
ein Anruf der Zeit, vergangener Zeit:
ein kleines Zimmer auf den Hof hinaus,
einen Hof mit hohen Bretterstapeln
und dem immer wieder anschwellenden Ton
einer Säge.
Ein kleines Zimmer, am Fenster der schwarze
Klavierkasten und darauf ein Bild der Cebotari,
ein Stoß mit Notenblättern –
und wieder sah er die Biegung ihres geliebten Leibes,
wie sie das Kleid überstreifte und dastand
ohne ein Wort.

Nichts vermochte er über sein Inneres.
Er trat an eine Auslage, nahe trat er heran,
ganz an die Scheibe,
der Anschein seines Interesses war vollkommen
an jenem Nachmittag vor der Auslage,
an jenem gewöhnlichen Nachmittag
mit der Wärme der Mauern, Licht und Staub,
halbem Gespräch im Ohr, mit Park und Schatten,
wie immer.

An Cesare Pavese

Wo mag denn das armselige Zeug sein:
deine Brille, dein Tabaksbeutel,
dein Schreibzeug?
Wo blieb das in dieser verfluchten Stadt,
in der man Kilometer unter steinernen Lauben
läuft, in der Süßwarenläden wie Apotheken
und Apotheken wie Süßwarenläden aussehen?
Weshalb wolltest du nicht mehr wissen,
wie ein Schluck Wein im Munde schmeckt,
ein Stück Ziegenkäse?
Weshalb wolltest du die Fische nicht mehr sehen
in ihren Kisten, gebettet in Grünzeug
und Eis im harten Glanz der Frühe,
nicht mehr den rotzgrünen Fluß
und die Boote kieloben am Ufer,
den roten Sand der Tennisplätze
im Laub der Bäume,
die Kinder nicht mehr
mit ihrem Himmel- und Höllspiel
auf den Straßen.
Warum wurden dir die Worte übel im Mund
und ertrugst du nicht mehr den Arbeiter
mit seinem Kaffee und seiner Zeitung
vor der Theke, ehe das Tagwerk anfängt?
Noch ist nicht getan, was getan werden muß,
du fehlst uns an diesem Morgen,
fehlst uns am Mittag, am kommenden Abend
und morgen und übermorgen erst recht.

Umzingelung

Sind die Kreuzschnäbel einmal im Garten,
von denen die Legende weiß, wie vergeblich
sie sich gemüht haben um unseren Herrn
— nur die Blutspur auf der Brust
und ihre Schnäbel erzählen noch davon —,
so wirst du mit der Schaufel
dem Schnee nicht mehr beikommen.
Der Reif wird mit aus der Kindheit
vertrauten Gewächsen jeden Auslug
verstellen, und bringt dir dieser Anblick
auch für eine Sekunde die Stimme
deiner Mutter zurück, wiege
dich nicht ein in das Vergangene.

Schon ist alles gegen dich verbündet.
Höre, wie die Kälte mit Schüssen
die Stämme sprengt, keinen Wind
wirst du drehen, keine Schneelast
hältst du vom Aste zurück, keine
Flocke fällt, wie du willst.
Wisse: die Wölfe werden sich
um deinen Hesiod und Virgil
auf dem Bücherschaft nicht
kümmern.

Sind die Kreuzschnäbel einmal im Garten,
bist du umstellt.

Hans Rudolf Hilty

Zu erfahren

Nun die Sonne sommerlicher scheint

zu erfahren wieder
wie Fahrtwind
den Duft von Lindenblüten und Heublumen
dir an die Schläfen wirft
Wind und Duft plötzlich stillstehn
wenn der Zug seine Hast drosselt
Männer mit frischgebräunten Rücken
sich auf Pickenstiele stützen
(an tausend Gleisen und Straßen
renoviert man heute
das christliche Abendland)
wie Wind und Fahrtlärm schwellen
wenn sich der Zug ins Tunnel duckt
und wie im Gewölb
noch immer der Ruch von Ruß hockt
obwohl die Lokomotiven
längst elektrisch rasen

zu erfahren wieder
daß du plötzlich sehr traurig sein kannst
wenn sich eine Hoffnung im Fahrtwind zerschlägt
(traurig wie ein Kind das dem Zug winkt)
daß du deine Liebe zur Welt
nicht drosseln kannst nach dem Maß
wie sie deine Wünsche erfüllt

zu erfahren
Fahrtwind dem Süden zu
Welt Frau Welt
in Kehrtunneln vielleicht

die nur scheinbar zurückführen
Ruß der haften bleibt
die haften bleibt Melancholie

Vergiß nicht
das Winken der Kinder
in Teichen von Heublumen und Lindenblütenduft
vergiß nicht
das Winken der Kinder
zu erwidern

Hans Leopold Davi

Penelope

FREIER WERDEN KOMMEN
und um deine Hand anhalten.
Sag ihnen, sie kämen umsonst,
sie verlören ihre Zeit.
Sag ihnen, sie mögen dich in Ruhe lassen,
bis du mit Laertes' Leichentuch fertig bist.
— Was du tagsüber gewoben,
trenn' es über Nacht wieder auf! —
Sie werden dich bei frischer Tat ertappen
und verfolgen und foltern.
Was tut's, da Odysseus noch lebt
und dir seine Rückkehr versprochen?

Am Strand

ICH SCHRIEB MIT KINDESGEDULD
in den Sand meinen Namen.
Es kam die Flut
und nahm ihn mit.
Oh, welch' Glück:
Mein Name schon auf hoher See,
auf der Fahrt — mein Lächeln als Segel —
nach dem jenseitigen Ufer.
Oh, welch' Glück:
Du, dort am Strand, auf die Woge harrend,
die dir meinen Namen
vor deine Füße spült.

Böser Traum

Er schloß sich einer Partei an.
Und man beauftragte ihn,
die Fahne zu tragen.
Sie schön hoch zu tragen.
Er keuchte unter ihrer Last.
Als er hinaufblickte,
sah er eine leere Stange.

Herbert Meier

O die menschlichen Asyle

Die Asyle

Zuerst haben
Die wohlratende Themis
Die Himmlischen . . .

Des Retters alte Tochter,
Des Zeus,

. . .

> Themis, die ordnungsliebende, hat die Asyle
> des Menschen, die stillen Ruhestätten,
> geboren, denen nichts Fremdes ankann,
> weil an ihnen das Wirken und das Leben
> der Natur sich konzentrierte, und ein
> Ahnendes um sie, wie erinnernd, dasselbige
> erfähret, das sie vormals erfuhren.

Hölderlin, Übersetzungen aus dem
Griechischen. Pindar-Fragmente.
Nach 1800

O die menschlichen Asyle
die Themis gebar
des Retters alte Tochter
        des Zeus
Delphisch indessen
indessen delphisch ist
        kein Spruch mehr
elektronisch sind Orakel
besiegen Diagramme das Wort
auf Aschenbahnen

Zeiger sind mehr als Winke
wenn sie Ziffern anzucken
und Blinklichter weisen
auf wechselnde Positionen

Im Gesicht einer Hosteß
lächelt Themis
        möglicherweise
der fliegenden Väter Tochter
        und sorgt für Asyle
im eingerissenen Zelt
        gewesener Götter

Anruf

Ikonen des Augenblicks
liegen im Meersand,
kaleidoskopisch
vom Winde versammelt
porphyrne Körner und Schilfstaub —

O lies sie auf
und bilde sie ein,
sie wollen in dir
sich magisch bewahren!

Dem Liebenden aber
wohnt inne der Geist,
der ins Wort sie spiegelt und lichtet.

Im drängenden Stadion

Im drängenden Stadion
hängt der Mund
eines Propheten
        angeblich

hängt am Mikrophon
     und redet
in verschiedenen Zungen
die sich türmen

was sie tragen
     sind Wortbalken
aus den Fugen gerissene
zerspellt und zersplissen
niemand kann sich stützen
     auf sie
und versucht es einer
     stürzt er ein
unter dem Gelächter der Andern

Es sei denn
     einer wagt es
und wirft hoch
überm Stadion seine Feuerzunge
auf die prophetischen
     Worttürme
so daß sie abbrennen
     unter ihm

und aus den Gluten
     die veraschen
steigt dann eine Zunge
hervor und trägt
     neue Wortschätze
vor denen Mikrophone verstummen

Walter Vogt

das herz ist ein unpaarer hohlmuskel
mit der funktion einer pumpe
lebenswichtig
motor des blutkreislaufs
liegt im brustkasten zwischen den lungenflügeln
links von der mitte
schlägt beim gesunden erwachsenen in der
minute zweiundsiebzigmal —
neuerdings bestritten wird:
daß ein schlagendes herz leben bedeutet
ein stillstehendes tod . . .

       •

südblaues kaltes föhngetürm
2 krähen
ein offenes grab

nur fotografen wissen stets
was tun.

       •

solange du nicht meine ängste hast
genau dieselben
nach farbe klang gewicht

liebst du mich nicht.

Das Unservater

Ins Berndeutsche übersetzt für Kurt Marti, der sagt,
das kann man nicht.

vattr
im himu
häb zu diim imitsch soorg
üüs wäärs scho rächcht wett azz ruedr chäämsch
und alls nach diim gringng giengng
im himel obe-n-und hie bi üüs . . .
gib is doch zässe
u wemr öppis uuszfrässe heij
vrgiß daas
miir vrgässes ja oo wenis eine
dr letscht näärv uusziett
hör uuf nis machche zggluschschtte
nach züüg wo-n-is nume schadtt
hiuff is liebr chli —
diir gghöört ja sowisoo scho alls wos gitt

amen.

Paul Grass

sich verstecken
hinter
dem Schweigen zum Beispiel
dem Wissen
dem Können
dem Nichtkönnen
dem Nichtwissen
dem Reden zum Beispiel
hinter
sich verstecken

Ja

werden: sterben
und wieder werden
und wieder sterben
und nochmals werden
und nochmals sterben
um . . . alles zu werden?
(um vieles zu werden
um besser zu sterben)

Rudolf Peyer

Flut und Stille

Den Sand zu vermehren
zog ich ans Meer.

Die Stille
will ich gegen die Flut halten
und hören,
was keiner hört.

Herz und Nieren
werden aussagen,
was das Blut redet
und verschweigt.

Nachtwasser
füllt die Lagune,

der Grundfisch
rudert ans
Licht.

Wenn als Altsilber das Licht

Wenn als Altsilber das Licht
im Distelhaar
auffliegt
und die Felder
dem Windhafer läßt
und den überzähligen Vögeln,

presse ich in die Faust eine Eichel
und verberge mich
mit dem Regen im Spätherbst,

bis mich anruft
da drinnen
der Baum.

Van Gogh

Man sagt,
daß in seinem Gehirn
etwas nicht ganz richtig war
und daß er darum malte,
als täte Malen
weh.

Als er anfing,
die Kunst Gott gleichzusetzen,
mußte er auch
einen neuen Himmel
erfinden:

"Im Blitz
will ich
den Himmel hinhalten
bis sich das Land ergibt,

bis sich
die Netzhaut ablöst von mir
mit allen
dort eingebrannten
Farben."

Michelangelo

Der späte Michelangelo ließ auffallend viele Werke unvollendet:
die Gefangenen, Brutus, die Morgendämmerung,
die letzte Pietà —
Als hätten ihn andere Themen gelockt vor der Zeit —
Als wäre der Marmor plötzlich brüchig geworden —
Als hätten politische Verhältnisse ihn aufzugeben
gezwungen —
Als hätte er sich mit seinen Gehilfen zerstritten —
Als wär er es müde geworden, ewig seine stumpfen Meißel
zu schleifen —
Als hätte er der Vollendung eines Davids mißtraut —
Oder als hätte er, schließlich, geglaubt, daß es
der Natur des Steins widersprach, glatt zu sein.

Nach der Verbrennung der Schiffe

Wer seine Schiffe nie hinter sich verbrannt hat, ist noch nirgends
angekommen. Der hat Anker und Herzen nur auf seinen Arm täto-
wiert und die Haut abgelegt, wann auch immer es ihn ankam.

Das geschah in der Zeit, in der du ausfuhrst und ausfuhrst, als wäre
dein Zweck und deine Erfüllung gewesen, nie und nirgends anzu-
kommen —: auf fremden Triften, unter fremden Winden, und die
Strömungen wechselten warm-kalt unter dir und warfen dir fliegende
Fische an Bord und erschöpfte Vögel.

'Anker' war ein Wort, das du verlernt hattest. Und als du wieder eine
Anker sahst, verstandest du schon gar nicht mehr seinen Sinn. Dein
Tun aber 'Treiben' zu nennen, wäre zu viel gesagt und zugleich zu
wenig, da du die Segel selber setztest und doch keine Macht hattest
über die Winde.

Einmal erreichten dich aus der Ferne Signale, Zeichen zur Rückkehr
dorthin, wo du herkamst: "Wenn du jetzt nicht heimkehrst, kehrst d
nie mehr heim. Du kannst dir Häuser aufbauen, Wälder, Gebirge, dei
einstiges Kinderlachen, eine ganze Landschaft aus Erinnerung —:

eine Nabelschnur reicht nicht dreimal um die Erde, und wenn du jetzt
nicht umkehrst, kehrst du nie mehr um —"

Dort, in der Heimat, gab es kaum Erde genug für einen Stock Bitter-
süß oder Vergißmeinnicht vor dem Fenster. Hier aber, inmitten dieser
grenzenlosen Ländereien, mußt du an Orchideen- und Gewürzduft-
wolken vergehn.

Die Luft hat deinen Pulsschlag verändert, und ausgewechselt ist deine
letzte Zelle Mark und Gehirn. Dein früheres Du ist aufgebraucht,
und wenn du deine Unruhe jetzt nicht richtig deutest, wirst du anfangen, umzugehen in dir wie ein Fremder, zu leben zwischen dir selber,
zwischen dem einen und dem anderen Ich. Anfangen wirst du, doppelt
zu sehen, den Griff zu verfehlen, eine falsche Sprache zu reden, ver-
kleidet in deine unwiederbringliche Jugend.

Und einmal versuchtest du, heimzukehren —
Aber eine Heimkehr gab es nicht mehr —
Was du antrafst: veränderte Gesichter, das Altern darin, Schorf um die
Bäume, Häuser, die über ihre Dächer wuchsen, und der Himmel um
einen kleinen Ton bleicher und nicht mehr bewohnbar, auch für Engel
nicht. Die Gesetzestafeln hatten Risse bekommen und waren heillos
übertüncht von immer schneller verwitternden Farben. Und auch das
Fleisch war um eine Lüge bitterer geworden und nur mehr für
Sekunden teilbar. Und süß schmeckte in den Früchten nur noch der
milchige Kern, bevor die Reife ihn härtete. Dann aber war auch er
bereit, auszuziehen über die Meere und Küsten zu erobern, wo er den
Fels zerteilte mit fremden Wurzeln und den Wind bereicherte mit
einem unbekannten Arom.

Eugen Gomringer

Bekenntnis

Ich bin nicht der, der mit der Schale geht
Am Ufer, fütternd seine beiden Schwäne,
Der hoch im Mittag auf dem Gipfel steht
Und abends weinen darf die süße Träne.

Ich bin der andre, welcher seitwärts schaut,
Wenn für den heilgen Gang sich jeder rüstet,
Der nackt sich aus den Büschen erst getraut,
Wenn ihn des Nachts die warme Flut gelüstet.

Ich bin nicht Grund für einen festen Bau
Und frohem Winde folgsam wie das Segel.
Ich bin der Fiebernde, dem man nicht trau,
An jedem Blute bin ich wie der Egel.

Doch bin ich der, der in die Muschel lauscht,
Im Sande Furchen schreibt mit kleinem Finger,
Der diesem Zwang sich gibt, den keiner tauscht:
Ich bin verwunschner Botschaft Überbringer.

worte sind schatten

worte sind schatten
schatten werden worte

worte sind spiele
spiele werden worte

sind schatten worte
werden worte spiele

sind spiele worte
werden worte schatten

sind worte schatten
werden spiele worte

sind worte spiele
werden schatten worte

    .

gleichmäßig gleich gleichmäßig ungleich ungleichmäßig
gleich ungleichmäßig ungleich gleichmäßig
gleich
gleichmäßig ungleich ungleichmäßig gleich
ungleichmäßig ungleich gleichmäßig gleich gleichmäßig

baum kind hund haus

baum
baum kind

kind
kind hund

hund
hund haus

haus
haus baum

baum kind hund haus

einanderzudrehen

einanderzudrehen und
aufeinandereinstellen

ineinandergreifen und
einandermitteilen

miteinanderdrehen und
voneinanderlösen

auseinanderkreisen und
einanderzudrehen

aufeinandereinstellen und
ineinandergreifen

einandermitteilen und
miteinanderdrehen

voneinanderlösen und
auseinanderkreisen

einanderzudrehen und

das land

das land
die wurzel
das land
das laub
die wurzel
das laub
das land
das haus
das laub
das haus
das land
das haus
die wurzel
der rauch
das haus
der rauch
das land

der rauch
die wurzel
der rauch
das laub
der wein
der rauch
der wein
das land
der wein
die wurzel
der wein
das laub
der wein
das haus
die hand
der wein
die hand
das land
die hand
die wurzel
die hand
das laub

der einfache weg

der einfache weg
          ist
einfach der weg
          ist
der einfache weg
          ist
einfach der weg
          ist
der einfache weg

chumm

chumm
chumm chumm
chumm nu
chumm nume
chumm ume
chumm numenume
chumm nu ume

chasch cho
chumm chasch cho
chunsch

chumm gang
gang gang
gang nu
gang nume
chumm nüme
chumm nümenume
haus

schwiizer

luege
aaluege
zueluege

nöd rede
sicher sii
nu luege

nüd znäch
nu vu wiitem
ruig bliibe

schwiizer sii
schwizer bliibe
nu luege

271

Claus Bremer

SPRICH MIR

ahorn des alterns und
auge der nebel im spiegel
der flügel schlag doch der regen fällt doch
die schwalbe hoch ein vogel schwarm süden
nach süden der dichter sieht
sein bild bis schlaf
ihn greift ein regen
bogen das feld im späten berg
doch abendlich bach alles velum
auch dichter herr nicht herr mehr über
schnee brücke pflanze aus glas aus
nebel sein schatten
bis baum vogel des schlafs ein
spiegel zur nachtzeit
in schlaf fällt

NICHT VOM MOND

sicht keiner lampe sicht
im schatten im
schlaf schuppen fall
im vorhof der erde alles
traum kein traum mehr das auge
öffnet sich alles wird
schön au jardin des tuileries
la kermesse aux etoiles die
schwingung des stuhls des
kuchens die schwingung des
filigran der schatten schminkt augen lid
rassel der nuba tänzer alles wird
abdim der nest bau störche beim nest

bau ohne dunkel kein haus die
freiheit der sonne

SAGT ORPHEUS

                .

die rücksicht fällt

                                auf die augen
                                der königshut
entwirft perspektiven
signale   des vogelsturzes
die stummen münder   der vögel
                                fangen

das licht aufschwung
zum flügelherbst   der herbst
                                der herbst
                                der herbst der herbst der herbst

hat flügel
der schnee   des glückes motor
der schnee des glückes motor   der schnee des glücks
telefone
telefone
telefone
                                & vögel

                .

mit brüsten und flügeln das pferd

mit brüsten den vogelflug und flügeln
das liebespaar das pferd geigt
und flügeln das pferd den vogelflug
das pferd den vogelflug das liebespaar

273

das pferd und flügeln das pferd
den vogelflug das liebespaar den vogelflug

geigt das liebespaar den vogelflug

geigt aus wasser das liebespaar
muscheln den vogelflug die luft
das liebespaar den vogelflug aus wasser
den vogelflug aus wasser muscheln
den vogelflug das liebespaar den vogelflug
aus wasser muscheln aus wasser

die luft muscheln aus wasser

```
       e
      ei
      ein
     ein
     in t
     n te
      tex
      text
     ext
     xt p
     t pa
      pas
      pass
      assi
      ssie
      sier
      iert
      ert
      rt
      t
```

```
eeeee
                                        eeeee
              eu i uu
                                        i u u iu
drf          d rr                       d rr
sschf
                                        ft
                                        w
tt tt
l
ch
drf          ch                         df
ss ss ss
             gf
             tch
t t t
             ch dw
                                        drsg
             ru                         fi
             rufi
             sseu
                                        rufisseu
der ufi
sseu
                                        glch
             eutti
             euss                       fuudr
             euss
                                        gwltisch
der ufi
sseug
                                        wdch
             dru
             fieu                       eussg
             weuttedcht
                                        d d d d
             de d de d de
             ru ru ru ru
ruieu ruieu                             drsg
             eu i eu u
der ufieu
             der fuss des gewitters leuchtet


275
```

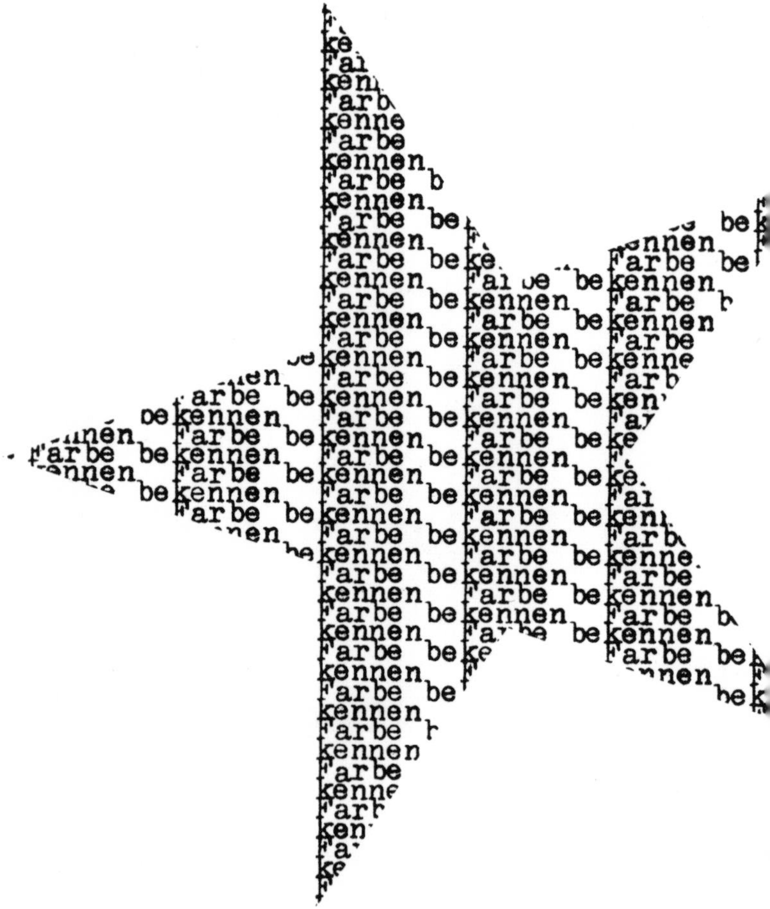
Farbe bekennen

André Thomkins

```
  n d r é t h o m k i n s
  o r m h a n d k i s t e
  e n k h a r m o n i s t
  e i s t m o n d k a h n
  r o s k i n d m a h n t
  r i n k m o n d h a s e
  i r n m o n d a s k e t
  s t e r n d a n k i h m
  o n d h i r t e s a n k
  e h r s i n n a m t o d
  s t m a n d e n k r o h
  a m e s t r o h k i n d
  o h n d a n k t e m i r
```

q

u

minutieux

z

i

est heureux

e

e

s

s

s

t

a

Dieter Roth

ba

fua

ba

fua

ba

ba

auf auf auf auf ab fua ab fua

ba

ba

ba

auf

weiter mit der zahl der zeilen
reist die seite weitest weit,
lieber will ich weiter weilen
bei einer weiter schweifenden kleinigkeit,

und das ist keine weite reise.
das ist nur ein weiter weiteres,
auch ein weit entschweift gescheiteres.

es ist kein spruch
und es ist keine reise,
ist gar nicht weit —
es ist ein nahes auf der weiterreise,
ein nächstes-immer-weiter einfach eines,
ein einfach-immer, weiter-neines.
weiter keines!

oh, reisen und den leuten, die sich beugen,
freundschaft bezeugen und erscheinen!
ah, reisen und den kindern, die da weinen,
gut erscheinen.

oh, weiter weiter weiter weinen
und weiter weisen als mein weinen zeugt
und sich verbeugter als verbeugte beugen
und weiter zeugen als mein zeugen zeugt

Das Getöse

Wo das Sonett — plus (daß das, was man immer so genannt, sei
          genannt) das, was man immer so genannt —
ein Zufall wäre, weil das Herz es so begehret,
ein Zufall des Bessern, welcher so geschähe, daß dies wiederum
          verwehret
sei und als ein Schlechteres geschehe — in Form des Besseren, also
          verkannt —,

dort drücke Willenskraft aus Kraft des Willens — Kraft die sich erweibt,
          erkindet und ermannt —,

wie wenn ein Löwe brüllt, dem man die Löwin strikt verwehret —
    das ausgeführte Zeichen eines Willes sei also verwehret —,
verwehrt, obschon sichs hinzieht weit in des Willens sichere
    Ausdruckssphären, als da sind: Pflanzen und Tiere — falls man
    dieser Worte begehret —,
ja, ob es sich hinziehe wo dies alles nicht bekannt,

ist doch es fast umsonst, ja, ganz umsonst, daß man sich wohl beeile
und durch den Grund zur Tiefe fällt —
dies ist leider nicht erhellt —,

die sich nichteinmal belichten kann so man erbleichet,
sodaß man am besten auf sich fängt und weg sich schleichet
und, sich hinwegbegebend, nicht verweilet.

    .

                             (Die Trauer ist am Abend wach / Variatio

Die Trauer ist am Abend wach
wenn alles Blaue rot sich zeigt
wenn das Erinnerte unterm Dach
des Feuers steht und sich verneigt

Doch bogenhoch die Brücke geigt
das Lied vom Mittag das mir fehlt
wenn sich die Liebste unbeständig zeigt
um mir zu zeigen was ich ihr verhehlt:

All meines Abends Unbeständigkeit
auf der sie hoch den Mittagsbogen geigt:
der Liebe vorbestimmtes Leid
das auf der Brücke steht und sich verneigt

    .

Die Trauer wird am Abend wach
wenn alles Blaue rot sich zeigt,
wenn das Erinnerte unter Dach
bescheuert steht und sich verrenkt,

und, Bogen hoch, die Brücke geigt,
daß von dem Mittag ab was fällt,

und sich die Triebkraft unbeständig zeigt
und sich zu liefern weigert was gefällt:

Alleine meine unumgängliche Veränderlichkeit
auf der die hoch das Lied vom Bogen geigt;
und von der später man vielleicht Ruinen zeigt,
verblaßt, zergeigt und abgesägt!

.

Die Trauer wird am Abend wach,
wenn alles Blaue rot sich zeigt,
wenn das Erinnerte unterdach,
beteuernd,steht und sich bedenkt,

und, bogenhoch, der Abend ~~unter~~ unter der Brücke ~~sich~~ geigt,
dass der Nachmittag herunterfällt,
und ~~die Traurigkeit~~ *was Trauriges* anstelle *die Stelle* ~~der Triebkraft~~ zeigt
~~in welche Richtung~~ der Wind,die Fahne hält,
wohin der Wind,
allein, (Unstet *Herr)* ~~umgängliche~~ *und Fräulein* Veränder~~lichkeit~~ schrein
nach einem Lied! Doch ~~hinter~~ ~~dem Abhang~~ hört man nur
und mit dem Bogen ~~auf Ruinen~~ zeigt, *wies geigt,*
~~XXXXXXXXXXXXXXXXX~~ *unter du Brücke)*
wo d er das Ruinenhafte sitzt allein.

*Kann man dies hier
noch in Offset-Buch
einbauen (zwischen 48
+ 49) ?*

283

Die Trauer wird am Abend wach,
wenn alles Blau zu Rot zergeigt,
wenn das Erinnerte wütend und schwach
sich zum Sprunge über die Brücke hinabneigt,

worunter es im Dunkeln geigt,
so daß der Nachmittag,
        als das Erinnerte verkleidet,
                        herunterspringend fällt,
und, als was Trauriges, auf den Schatten zeigt,
worin Herr Wind steht und seine Fahne in die
        eigene Richtung hält.

Allein Fräulein Veränderung singt ein Lied, doch man
        hört nur wie sie schreit,
und man hört, wie es unter der Brücke geigt,
und mit dem Bogen auf die Nacht hinzeigt,
der Mensch steht auf der Brücke, und, indem er sich verneigt,
fühlt er wies ihm den Hals abzwackt.

        .

De Tauer wu Abene naen
wen alles Blau ic zeig,
wen das Er unte Dach
besc ert sic verre

und, Bogn ho Brück ge
daß von dem Mitta wa fä
und sich die Trieb unbeständi ze
und sich zu liefern we wa ge

Alleine unumgänglich Veränderlich
auf der die hoch das led Bog ge
und von der später man vielleicht R ze
un ä

        .

        steh ! und sieh !
und, der Abend unter der geigt,
daß der Nachmittag herunterfällt
und

der Wind, die,
Herr und fräulein Fräulein:
zeigt
den Arm nach einem
armiger Armer, du he
unter der Br mige
kann man dies hiero
noch im Offset – Buch
eichbahne eihbahen(zukarm Ascheqsi 458
+ 49) ?

Gertrud Burkhalter

Ds Meer

Ds Meer isch groß; u breit — u breit,
wo der Himel abegeit
dusse, fangts ersch umen a;
no ei Himel hanget dra.

Ds Meer isch alt; meh weder d Wält,
weder s eltischt Furefäld.
Nüt, wo do isch, isch so alt;
we mes sinnet, het me chalt.

Ds Meer isch töiff; s git nüt eso,
nüt u nienen öppis, wo
bodeloser abegeit —
Alles isch vo dobe treit.

Füür

Es Füür i der Matte
we d Tage nümm batte:
Wi gits Längizyti
nach Ächer u Wyti,
na Treichlen u Glogge
dür Weiden u Wält —
Wi hei mer no gganglet
um s Muttfüür im Fäld!

Es Füür inis inne
ir innerste Chrinne
vo glüejige Glüete.
U we mers de hüete,

wes lället, de lösche,
löscht Läbe dermit.
Wi ds Bubele gäng no
bös Blätzen abgit —

San Lorenzo di Siponte zmitts i Asphodelematte

Dört, wo Loub
i d Chilchen abehanget
wi Gloggeseili,
Chöttine vo Chelche,
wo Gras u Lilie
zum Chrüz wei abewachse,
wo Gwölb
us steinigem Akkanthus
in e Matten ufestygt,
wo vom höchstehöche Himel
e Wasserfall
us Liecht u Strahle
bolzgradabe
z Bode stoubet —

Dört bim runde Guggeli
im Dach vo San Lorenzo
tuusigjährig —
dört isch ds Paradys.

Wil läbigs Loub
vom Himel abehanget
frömmer as e Rosechranz.

Me stuunet ufen — uuf un uuf,
me gseht nid Ängle
u nid Stärne.

D Ärde chunnt vo obenabe,
wyßi Lilie u Matte —

Vorne hanget ds Chrüz im Schatte.

Montere
(Schaufenster)

Es Hus un es Hus un es Hus;
eis is anger ynegmuuret
di graui Gaß z dürus.

A jedem Hus di Gaß z dürus
hets näb der Türe Montere,
di gseh wi Silberspiegel us.

Do chunt es Meitschi chäch u wach,
het Haar wi Chorn ir Sunne;
gseht sech im Glas wi imne Bach.
As geit däm Bild noo
übery – z düry.

Es Hus un es Hus un es Hus;
gäng no inenangergmuuret
di graui Gaß z dürus.

A jedem Hus di Gaß z dürus
hets näb der Türe Montere,
di gseh wi blingi Chrüzstöck us.

Do gnepft es Froutschi müed u murb,
het Haar wi Wulcheschlirpe;
ds Glas spieglet, as es ihns verdurb.
As geit däm Schatte noo
am Hus – z dürus.

"Alles ist eitel"

Gstacketvoui Schäft
gstacketvoui Trög
vo Ruschtig
Ruschtig
Ruschtig;
zämetreit

291

häretreit
ufegleit
ynegleit,
bis nüt meh
drygeit.
S geit scho no dry
s hänkt scho no y,
i der Mitti hinger bbige
bis vornedüre Bygi lige;
obe rächts
no ynepfungge,
unge links
no abestungge --

si chnöile dervor
u gränne dry
u hingerem Rügge
rünnt d Zyt verby.

Kurt Marti

rosa loui

so rosa
wie du rosa
bisch
so rosa
isch
kei loui süsch

o rosa loui
rosa lou
i wett
so rosa
wär ig ou

im aletschwald

e fichte
voll liecht
e himel
voll bärg
und hinder
den ouge
wo zue si:
e himel
voll liecht
e fichte
voll bärg

riederalp

alles isch bärg
i de bärge

ou d'täler
sy bärg

ou d'sunnen
isch bärg

ou d'mönsche
sy bärg

und dr schlaf
isch e bärg

e bärg
us farbige tröim

ämmetal

die rote nächt uf ds mal
als brönnti dr vesuv
und isch doch nume ds ämmetal
vo haslibrügg zdüruuf

schwär rumplets i de schtäll
und d'mönsche schlafe schlächt
dr himel lüüchtet häll –
was gförchtigs isch das äctt?

die rote nächt uf ds mal
als brönnti dr vesuv
und isch doch nume ds ämmetal
vo haslibrügg zdüruuf

avanti und schrybe

schrybe schrybe
mit finger und füeß mit fäcken und füür
ganz zoberscht im chopf und zunderscht im schlaf
ässen und trinken und schrybe
uf fätze i d'hirni a d'hüser i schnee
schrybe schrybe
mit pinsel und sänkblei mit sex und logistik
mit däm wo isch gsi und däm wo no chunnt
avanti und schrybe
bärguuf und bachab
jahruus und fäld-y
was läbt und was schtirbt und trummlen und rose –
ds farbband verrouchnet
d'wörter verbrönne:
s'isch glych
s'isch glych und avanti –
d'wält isch no groß
und ds läbe meh als mer wüsse

suburbia

hier
zont es
grün
hier
parkt
verkehr:
der lärm
schwand hin
man ruht
sich sehr

hier
wohnts
auf schön
hier
sonnts

295

am hang:
komm
laß uns
gehn
ich
weil mich
lang

pitié pour les chefs

käuzchen schrie
viel zu früh

treibend
und getrieben
reibend
aufgerieben

jäh am markt
herzinfarkt

piffpaff

in keckem ritte sprengen sie
landauf landab nur frisch gewagt
— hell tönt ihr hallali —
zur hexenjagd

piffpaff wer anders denkt als sie
und nicht wie bern es wünscht der ist
— hell tönt ihr hallali -
ein kommunist

piffpaff und sprach ein kerl noch nie
das atomare credo der
— hell tönt das hallali —
ist saboteur

in keckem ritte sprengen sie
landauf landab nur frisch gewagt
— hell tönt das hallali —
zur hexenjagd

der dieb

markus 5,17:
sie baten ihn
daß er aus ihrer gegend zöge

heulend und nackt in den hügeln gerasas
setzte ein irrwisch aus eiter und wahn
über die gräben und bäche und jodelnd
barst seine seele entzwei entdrei

heulend und nackt in den hügeln gerasas
schwang er die brennende fackel
der wunden die er sich selber geschlagen
sang er den toten mit denen er schlief —

doch heute verstummte die hügelmusik
stille gellt lauter als jedes geschrei:
erschrocken laufen die bürger gerasas zusammen
und hören die hirten atemlos melden:

ein fremder ist da
und stahl uns das gute
das altgewohnte geheul

weihnacht

damals

als gott
im schrei der geburt
die gottesbilder zerschlug

und

zwischen marias schenkeln
runzelig rot
das kind lag

.

Ein neues Gesetz gebe ich euch: Keiner befiehlt!

Ludwig Derleth

Le vent se lève — il faut tenter de vivre.

Pariser Mauerinschrift Mai 1968

als sie mit zwanzig
ein kind erwartete
wurde ihr heirat
befohlen

als sie geheiratet hatte
wurde ihr verzicht
auf alle studienpläne
befohlen

als sie mit dreißig
noch unternehmungslust zeigte
wurde ihr dienst im hause
befohlen

als sie mit vierzig
noch einmal zu leben versuchte
wurde ihr anstand und tugend
befohlen

als sie mit fünfzig
verbraucht und enttäuscht war
zog ihr mann
zu einer jüngeren frau

liebe gemeinde
wir befehlen zu viel
wir gehorchen zu viel
wir leben zu wenig

.

wer kennt schon
die not eines überaus dicken mädchens?

man sagt:
nun ja — doch sie hatte ein gutes herz

stets braucht die gesellschaft
dicke mädchen mit guten herzen
in heimen spitälern kantinen
in fabriken geschäften büros

doch manchmal
möchten auch ihre herzen
verrückt und geliebt
statt immer nur gut sein

dann träumen sie liebe
in wetterleuchtenden farben
liebkosen den einsamen körper
abends im traurigen bett
mit den fühlsamen händen
des zärtlich erdachten freunds

später verschließen sie
solche träume tief in ihre enttäuschung
und versuchen so tapfer als möglich
gut und gütig zu bleiben
statt böse und bitter zu werden

doch wer kennt schon
die heimlichen kämpfe

der überaus dicken mädchen
die man zur rolle bestimmt hat
gut und selbstlos zu sein?

ach wäre ein gott
ach wäre ein gott
der fleisch wird im fleisch
eines überaus dicken mädchens

.

Das tätige Leben ist Fron der Ausgebeuteten geworden und unaufhörlicher
Umtrieb, den die Profitmacher sich selber machen.

Ernst Blo

Man kann die Natur der Entfremdung nicht voll und ganz einschätzen,
ohne . . . einen spezifischen Aspekt des modernen Lebens in Betracht zu ziehe
das Routinewesen und die Verdrängung des Innewerdens der Grundprobleme
der menschlichen Existenz . . . Der Mensch hat sein tägliches Brot zu verdiener
und das ist immer eine mehr oder weniger voll in Anspruch nehmende
Aufgabe.

Erich Fromm

"während 39 jahren
war sie uns
eine zuverlässige mitarbeiterin"
(schreibt die direktion des textilunternehmens)

während 39 jahren
tag um tag
am mechanischen webstuhl
die ohren voll lärm
die lunge voll staub
in holzpantinen auf naßkaltem boden

und dennoch
lebte sie fröhlich
war ohne bitterkeit
betreute ihre familie
und sang sopran
im gemischten chor

mich machte ein solches leben
nach einem monat schon
fertig

doch ihr
hatte selbst
der euphemismus
"MIT-arbeiterin"
niemals ein bitteres lachen
entlockt

mir ist das so unbegreiflich
wie brot vom himmel
wie wein aus wasser
wie leben aus tod

        .

das gute das wahre das schöne
bald bäuchlings bald rücklings bald seitlings:
BARBARELLA LÄSST GRÜSSEN

Mani Matter

Us emene lääre Gygechaschte

us emene lääre gygechaschte
ziet er sys inschtrumänt
und dr chaschte verschwindet

und er spilt ohni bogen
es lied ohni wort
und er treit e zilinder
doch drunder ke chopf
und ke hals und ke lyb
keni arme no bei
das het er alles verloren im chrieg

und so blybt no sys lied
nume das isch no da
denn ou e zilinder
het er nie kene gha

Ds Lied vo de Bahnhöf

das isch ds lied
vo de bahnhöf wo dr zug
geng scho abgfahren isch
oder no nid isch cho
und es stöh
lüt im rägemantel dert
und tüe warte

und ds gepäck
hei si abgstellt und zwöi chind
luegen am outomat
öb nid doch dert no meh

usechöm
als die caramel wo si
scho hei gässe

und dr bahn-
hofvorstand telephoniert
d'mütze hanget ar wand
und im wartsaal isch gheizt
sitzt e ma
won e stumpe roukt wo stinkt
und list ds amtsblatt

mängisch lüt-
tet e gloggen und en ar-
beiter mit schwarze händ
stellt e weiche me weis
nid für was
dänk für d'güeterwäge wo
vor em schopf stöh

und dr bahn-
hofvorstand leit d'mützen a
s'fahrt e schnällzug verby
und es luftet no gäng
wäretdäm
daß dr vorstand scho sy huet
wider abziet

das isch ds lied
vo de bahnhöf wo dr zug
geng scho abgfahren isch
oder no nid isch cho

Dr Eskimo

kennet dir das gschichtli scho
vo däm armen eskimo
wo in grönland einisch so
truurig isch um ds läbe cho

303

är het dank em radio
fröid ar musig übercho
und het tänkt das chan i o
so isch är i ds unglück cho

nämlech är het sech für zwo
fläsche läbertran es no
guet erhaltes cembalo
gchouft und hets i d'höli gno
doch won är fortissimo
gspilt het uf sym cembalo
isch en ysbär ynecho
het ne zwüsche d'chralle gno

kunscht isch geng es risiko
so isch är um ds läbe cho
und dir gseht d'moral dervo
choufet nie es cembalo
süsch geits öich grad äbeso
wi däm armen eskimo
wo in grönland einisch so
truurig isch um ds läbe chooooo

Si hei dr Wilhälm Täll ufgfüert

si hei dr wilhälm täll ufgfüert
        im löie z'nottiswyl
da bruuchts vil volk, gwüß ds halbe dorf
        het mitgmacht i däm spil
die andri helfti isch im saal gsy
        bimne große bier
als publikum het zuegluegt und
        isch gspannt gsy was passier

am afang isch es schön gsy da
        het als stouffacherin
d'frou pfarrer mit em schnyder gredt
        i wort vo tiefem sinn

und alls isch grüert gsy: si het dasmal
　　　nid gseit ds chleid syg z'tüür
und är het guet ufpaßt daß är
　　　dr fade nid verlüür

uf ds mal churz vor em öpfelschuß
　　　dr lehrer chunnt als täll
sy suhn dä fragt ne dis und äis
　　　da rüeft dert eine schnäll
wo undrem huet als wach isch gstande
　　　so daß's jede ghört:
wiso fragt dä so tumm het dä
　　　ir schuel de nüt rächts glehrt?

e fründ vom täll e ma us altorf
　　　zwickt im eis uf ds muul
und dise wo dr huet bewacht
　　　git ume gar nid fuul
und stoßt im mit syr helebarden
　　　eine zmitts i buuch
da chunnt scho ds volk vo uri z'springe
　　　tonner jitz geits ruuch

die einte die vo öschterrych
　　　die näh für d'wach partei
die andre die vo altdorf für
　　　e täll — ei schlegerei
mit helebarde cartonschwärt
　　　gulisse schlöh si dry
dr täll ligt undrem geßler scho
　　　da mischt dr saal sech y

jitz chöme gleser z'flüge jede
　　　stillt sy gheimi wuet
es chroose tisch u bänk u ds bier
　　　vermischt sech mit em bluet
dr wirt rouft sech sys haar d'frou schinet
　　　brochni glider y
zwo stund lang het das duuret du
　　　isch öschtrych gschlage gsy

305

si hei dr wilhälm täll ufgfüert
     im löie z'nottiswyl
und gwüß no nienen i natu-
     ralistischerem schtyl
d'versicherig hets zalt hingägen
     eis weis i sithär
si würde d'freiheit gwinne
     wenn si däwäg z'gwinne wär
si würde d'freiheit gwinne —
     wenn si däwäg z'gwinne wär

ballade

(lied zum film "dällebach kari")

s'isch einisch eine gsy, dä het
     vo früech a drunder glitte
daß ihn die andre geng usglachet hei
am afang het er grännet
     het sech mit den andre gstritte
s'nützt nüt, das isch ja nume was si wei

wenn's mänge truurig macht, wo d'lüt
     sech luschtig drüber mache
s'het sälten eine luschtig gmacht wi dä
är het sech gseit: nu guet
     wenn dir so gärn ab mir tüet lache
i will nech jitze grund zum lache gä

und är isch häreggangen und
     het afa witze ryße
daß d'lüt sech jitz hei d'büüch vor lache gha
het witze gmacht wo chutzele
     und witze gmacht wo byße
und het ke antwort ohni antwort gla

und i däm große glächter wo's het
     ggä ab syne witze
isch ihn uszlache keim i sinn meh cho

da het er all di lacher
        i däm glächter inn la sitze
und het sech himeltruurig ds läbe gno

ir ysebahn

ir ysebahn sitze die einten eso
daß si alles was chunnt scho zum vorus gseh cho
und dr rügge zuechehre dr richtig vo wo
        dr zug chunnt

die andre die sitzen im bank vis-à-vis
daß si lang no chöi gseh wo dr zug scho isch gsy
und dr rügge zuechehre dr richtig wohi
        dr zug fahrt

jitz stellet nech vor, jede bhouptet eifach
so win är's gseht, syg's richtig, und scho hei si krach
si gäben enander mit schirmen uf ds dach
        dr zug fahrt

und o wenn dr kondüktör jitze no chunnt
so geit er däm sachverhalt nid uf e grund
är seit nume, was für nen ortschaft jitz chunnt
        s'isch rorschach

Ernst Eggimann

Bärner Schriftsteuerverein

wo der sime gfeuer no
wo der sime gfeuer no
wo der bauzli no
wo der bauzli no
wo der gotthäuf no
wo der gotthäuf no
wo der liebgott no
wo der liebgott no
aber hütt
aber nütt

Venusode

henusode
es chunt wis mues
es chunt wis chunt
so sigs eso
henu
so heig di frou
henu
das chind
nu sigs de so
henu de so
henusode

.

o o o
e e e
e auso
o o o o
e e e e
daß das het müesse gsche
e e e e
o o o o
di armiarmi hutte
ee
aba
oo
eabero
eo
oe
oweh
gschetere rächt
.

.

we n e chue
i d sunne luegt
geit ds liecht
wit ine
de ischs i n ere chue
nümme so
schwarz
wi we d chue
t ouge zue
het
.

e rächte schwizzer

ischs äch rächt
säge n is äch rächt
we n i rächts säge
meine n i nid ganz rächts
natürlech nid
so ganz rächts
aber uf jede fau nid linggs
linggs isch doch schlächt
uf jede fau schlächt
säg
ischs äch lätz
we n i säge
i dänke mer rächts
so i der mitti
so oni richtig
ir mitti
isch das nid richtig

Ernst Burren

brings zu öppis

wenn mes
zu öppis
wott bringe
mues me haut
öppis leischte

die meischte
leischte
öppis
aber bringes haut
glich zu nüt

was hei ächt
de die
wo sech meh
chöi leischte
aus die meischte
gleischtet

sit dr scho abränntet

loset lüt
s füürhorn
es brönnt

loset lüt
es brönnt
dir söttet go lösche

loset lüt
dir söttet go lösche
süsch verbrönnt
s ganze huus

lüt loset
süsch verbrönnt
s ganze huus
wenn dir nid
göht go lösche

lüt lüpfet nech
oder sit dr scho
abränntet

Dieter Fringeli

Hürote

Är hett si
Un si hett
Ihn:

Jetz hei sis

Zuhause

Jedermann
Geht bei mir
Ein und aus

Nur ich
Weiß bei mir
Weder aus
Noch ein

Die Angst

Die Angst hat keine schwere Zunge
Sie legt sich dir zu
Mit leichter Stimme
Wacht in den Kissen
Auf denen du schläfst
Fällt deinem Pulsschlag
Ins Wort

Die Angst hinterläßt
Keine Spuren im Schnee
Auf dem Heimweg:
Du trägst sie mit in deinen Schritten
Während das Herz dir im Halse schlägt
Und Gelächter wird
An dem du dich verschluckst

morgenpost 11.7.74

die briefe belegen:
ich bin noch erreichbar

meine anschrift
sie ist über jeden zweifel
erhaben

mich gibt's

Franz Hohler

Grueß vom Horaz

Odi profanum volgus et arceo.
Favete linguis: carmina non prius
Audita Musarum sacerdos
Virginibus puerisque canto.

Carmina III, 1

D Lüt simer zwider und s Volk schißt mi a.
Sit rueig, jetz säg ech e Grueß vo eim,
wo scho lang nüt meh gseit het,
und zwar vom Horaz.

Zallererscht sell ech öppis verzelle vom Juppiter,
daß er der gröscht isch
und alles regiert mit em chlyne Finger,
dasch noni so schpannend.

Denn mues ech säge,
der eint heig meh Gäld als der ander,
es paar heige zimli vill Land
und eine sig schtolz uf sis Imitsch.

Das sig aber alles zäme n egal, wenns ums Schicksal gieng,
das miechi kei Unterschid zwüsche n Arme n und Ryche
und griffi sech d Mönsche n use
wie Lottozahle, seit der Horaz.

S git Lüt, die chönne vor Angscht nümm äs004se
und chönne n am Obe nid schlofe
und bschließe n am Tag no d Huustür,
so hei si Angscht.

Richtig pfuse, seit der Horaz, chönn me nur uf em Land,
weme n au nid meh will als me het,
und s Huus müeßi erscht no schitter sy,
dasch Bedingig.

Zwar darf me ke Buur sy,
süsch macht eim s Wätter närvös,
und d Hagelrageete dunke n eim
nume no halb so luschtig.

Weni im Uetiker Ligeschtuel under de Birke ligge,
denn dänki e chli a die arme Sieche
wo Bouunternähmer si oder süsch öppis Gruusigs
und zwee Site Todesazeige hei, wenn sie schtärbe.

Denn chömemer Wörter i Sinn wie Verwaltigsrotssitzig
und Härzinfarkt, und i nime mi Chlampf
und schpile n es Liedli für d Frau
wo s Zibelebeetli jättet.

S einzige, wo der Horaz noni gwüßt het, isch,
daß sones Idüll uf em Land hütt
mindeschtens 800 Franke n im Monet
choschtet.

Übersetzung der Ode "Odi profanum volgus . . . " von Fritz Ende

Gier und Genügsamkeit

Gemeinen Haufen haß ich und halt ihn fern.
Verstummt und schweigt mir! Lieder, noch nie gehört,
   die stimm ich jetzt, der Musen Priester,
      römischen Jünglingen an und Jungfraun.

Gewaltig halten Herrscher in Furcht ihr Volk;
gewaltig über Könige selbst ist Zeus,
   glorreich nach der Giganten Sturze
      regt er das All mit dem Wink der Braue.

Pflanz dieser seine Reben auf weiterm Grund
als jener, steig von edlerer Abkunft der
   ins Marsfeld nieder, Ämter suchend,
      besser ein andrer an Ruf und Sitten

und stärker jener durch der Klienten Schar:
Verhängnis zieht nach gleichem Gesetz das Los
    den Hohen und Geringen. Alle
        Namen umfaßt und gibt aus die Urne.

Dem Frevler, dem gezückt überm Hals das Schwert
schon hängt, dem wird kein sikulisch Königsmahl,
    wies auch den Gaumen reizt, mehr schmecken;
        Lautenklang und der Gesang der Vögel,

die bringen keinen Schlaf, der doch sanft sich naht
dem niedern Dach des Landmanns und nicht verschmäht
    ein schattenreiches Ufer, noch ein
        zephirumflüstertes Tal wie Tempe.

Wer mehr nicht wünscht als das, was genügt, ja den
erschreckt kein Lärm des Meers und kein wilder Sturm
    beim Niedergang des Arkturs noch beim
        Aufgang des herbstlichen Sternes Haedus,

kein Weinberg, den der Hagel gepeitscht, auch nicht
ein Grund, der viel versprach und nur wenig hielt,
    dieweil der Baum die Nässe anklagt,
        dörrenden Hundstern und Winters Unbill.

Schon wird dem Fisch im Wasser zu eng. Man trieb
ins hohe Meer die Bauten am Ufer vor,
    mit seiner Schar versenkt der Meister
        Steine um Steine daselbst. Des Festlands

ist satt der Bauherr. Drohung und Furcht jedoch
gehn mit dem Herrn, wohin er auch zieh, und nicht
    steigt ab vom ehrnen Schiff die schwarze
        Sorge, und hinter dem Reiter sitzt sie.

Wenn ihm sein Leid nicht phrygischer Marmelstein,
nicht Purpur lindert, schöner als Himmelslicht,
    Falerner nicht aus edler Rebe,
        noch achaemenischer Narde Duften,

was sollt ich mir erbaun, daß es Neid erreg,
nach neuem Brauche Säulen und hohen Saal?
    Warum mit dem Sabinertale
        mühvoller Reichtümer Lasten tauschen?

Die Alpen

(für Albrecht von Haller)
vorzutragen im Anschluß an Alphornklänge
oder verwandte Geräusche

Jedesmal bei diesen Weisen
Seh' ich im Geiste Adler kreisen.
Die Sennen sicheln ihre Triften,
Die Ochsen muhen in den Klüften,
Das Euter prall und aufgedunsen,
Lawinen krachen durch die Runsen,
Der Älpler reckt die Hand zur Stirn,
Ein alter Gamsbock äst im Firn,
Der Jäger naht im harten Zwilch
Und nährt sich von der Gletschermilch,
Der Käser sitzt bei kargem Mahle,
Dann rollt er seinen Käs' zu Tale.
Am Abend röten sich die Wolken,
Was melkbar ist, wird jetzt gemolken,
Der Bergler blickt mit stillem Glanz
Empor zum jähen Alpenkranz
Und tritt dann dankbar in die Hütte,
Wo schon in ihrer Kindlein Mitte
Die Senn'rin harrt. Der Hafer brodelt.
Die Wang' erglüht. Der Senne jodelt.
Dann labt man sich an Gottes Spende,
Und langsam geht der Tag zu Ende.
Der Senne schwingt noch rasch die Fahne
Und schlürft dann seinen Kübel Sahne,
Er hustet fromm ein rauh' Gebet,
Bevor auch er ins Stroh sich legt.
Dort schläft man froh die ganze Nacht,
Bis man in aller Früh' erwacht.

(Das denk' ich stets beim Alphornproben.
A propos — ich war nie dort oben
Und hab's auch ferner nicht im Sinn,
Denn sonst wär' meine Sehnsucht hin.)

Urgefühl

Ohne mich
kann ich nicht leben.

Ernst Born

Talfahrt

Vor 25 Johre
het mi Mamme mi gebore.
Und zwor so wyt i mi ka bsinne-
n-imme-n-alte-n-Auti inne.
Das Vehikel sei no groß gsi,
aber nimme-n-uff dr Schtrooß gsi.
Und so isch dä Risekare-
n-immer schnäller bärgab gfahre.

Ref.: Immer bärgab, immer bärgab,
immer wie schtailer
und schnäller bärgab.

Ich ha gfunde für das Gfäll
rase mir e bitzli zschnäll.
Me het mr gsait, das sei nit gförlig,
so-n-e Tämpo sei doch heerlig.
Däne, wo so Auti baue
döfftme zwyfellos vertraue.
Und si wurde mi befuege-
n-in däm Auti umezluege.

Das hani au gmacht und was hani denn gseh?

In däm Auti hets in rauhe
Mänge Männer, Kinder, Fraue,
wo sich hän lo ineschtelle-
n-ohni daß sis hätte welle,
und ich wetti no erwähne,
du bisch glaubi au bi däne,
wo mit mir in sällem Wage-
n-an däm Abhang abejage.
Ref.

Uffem Schtüürrad hoggd Regierig
und si maint, si haigi dFierig.
Jede rißt in sini Richtig,
sini Richtig isch die Richtig.
Sie halte Rede-n-oder schrybe-
n-und denn lehn sis widr blybe.
Schtüüre ka dRegierig nimme,
dSchwärkraft duet dr Lauf bestimme.
Ref.

Dasch dNatur, do kasch nit mache,
ghert me gwisse Herre lache
und si lehn sGetriebe schmiere,
daß dNatur ka profitiere.
Es sin die, wo sAuti baut hän
und uns alli dinn verschtaut hän.
Und die rise Mordsmaschine
ghört em liebe Gott und ihne.
Ref.

Uniformierti grieni Gschtalte
luege, daß mr dRichtig bhalte.
Wenn sie emme Widerschtand begägne,
duetne dKirche dWaffe sägne.
Das kunnt zwor langsam us dr Mode,
sgit jetz fineri Methode:
Die, wo schimpfe, loht me gälte,
Hünd, wo bälle, biße sälte.
Ref.

Aine duet verzwyflet horne:
Lueg! E Danne schtoht dert vorne!
Es isch e Sach vo zäh Sekunde-
n-und es schärbelet dert unde.
21, 22, 23, 24, 25, 26, 27, 28, 29, 30.
Doch mr schtraife numme dÄscht,
und so gits e Risefescht.
Das bewyst, verzellt me wichtig,
unser Auto goht scho richtig.
Ref.

Au die gaischtligi Behörde
wott dä Fall uff kai Fall gförde.
Und so loht si lo verkünde,
jede haigi aigni Sünde.
Es sötti, schtatt vom Auti zrede,
lieber zerscht emd e jede
in sich sälber sini Sünde-n-uusegrible,
denn so schtiendis in dr Bible.
Ref.

Shet Lyt, die zaige-n-e-n-enorme,
große-n-Yfer für Reforme.
Si findes absoluti Schpitze,
wemmer waicher derfe sitze.
Mit ihrem Autipolschterfligge
wän si ihri Lyt begligge.
In däm Auti sells aim gfalle,
slänggt au besser ab vom Falle.
Ref.

So hogge-n-alli waich und rase
zfriede-n-in die letschti Phase.
Me loht sich nimm vo däne schtöre,
wo das Auti wette kehre.
Ain vo däne schtuure Brieder
singt no ains vo sine Lieder.
Aber numme no die Schtrophe,
wil jo doch die maischte schlofe.

DBallade vom danggbare Fisch

E Fischli dummlet in de Wälle,
smaint me kennts nit besser ha.
E Flaischbitz duet em dFreud vergälle,
shet e Hoogge dra.
swird an dOberflächi zooge
n-und me gheits in hochem Booge
in das Schiffli uff dr See.
Shet kai Chance meh.

"Fischer, guete Maa, worum machsch du mi hi."

"Glaine Fisch, wehr di nit,
ich wott jo numme sBescht für di."

Unds Fischli isch jetz sälber gschpannt,
was Beschte für e Fisch isch.
Und me gheits vom Schiff uff sLand
und uffe lange Tisch.
Me legts uffs Ys und in e Kübel,
em Fischli wirds vor Kälti übel.
Bis an dFlosse schlotterets
und us dr Tonne schtotterets:

"Liebe Frau, dasch doch kalt. Do friert sogar e Fisch."

"Glaine Fisch, sisch sBescht für di,
so blibsch du länger frisch."
Noch zwai drei Däg in sällem Ys
gseht unser Fischli sälber i:

"Die Frau het rächt, mir isch zwor mys,
doch blyb i frisch drby."

Jetz kunnt die nöggschti Menschehand
und gheit dä Fisch uff sFörderband
und Kopf ab, Schwanz ab, Flosse wäg,
was het das für e Zwägg?

"Glaine Fisch, vertrau is nur, di Vortail isch uns hailig.
Di Vortail ohni Vordertail
ligt in dr Ruumvertailig."

SFischli gseht, swär wirgglig dumm
mit Kopf und Schwanz und Flosse.
In die glyche Büxe kemme drum
no andri Laidgenosse.
Ölig gschmierti Fischruine,
fettigi schmierigi Ölsardine
giengte sich in dr Konsärve,
wenn si z äng wär, nur uff dNärve.

"Brave Fisch, gsehsches jetz, so blybsch für Johre-n-unverdorbe.
Sisch di Glügg, bisch jetze do,
im Meer wärsch du scho längschtens gschtorbe."

SFischli isch total beglüggt,
sisch voller Dangg und voller Lob.
Mit dausig andre wirds verschiggt,
samt Ettigett und Prysagob

sWird ummegheit und liegegloh.
Unsre Fisch merggt nit drvo.
Wie gsait es isch bequem dert in
und sLäbe het e Sinn:

Was nützte-n-ihm die alte-n-Auge-n-im Dunggle kasch jo doch nit gseh
Und wos kai Platz zum Schwimme het
bruchts wirgglig kaini Flosse meh.

Me gseht, es wird an alles dänggt,
dKonsärve ligt im Gschtell.
Aine luegt, obs Münz no längt,
e-n-arme Fischergsell.
Er loht sich fünf Sardine schmegge-
n-und duet die letschti an Hoogge schtegge.
So hänggt sFischli an dem Herr,
an dr Angle-n-und im Meer.

"Pfui! Wie isch das Wasser naß, das isch doch nit für unserain.
Kemmet Fischli, bißet aa!
Sisch sBeschte für e ganz Verain."

E Fischli frißt das Schtiggli Flaisch,
wies wyter goht, das waisch.

Fritz Widmer

S geit niene so schön u luschtig

S geit niene so schön u luschtig
wi bi üs im Militär.
O wenn i doch nume scho wider
im nächschte Weka wär!
Die chärnige Sprüch vom Houpme,
die rassigi Uniform,
das Räble vo Maschinegwehr, i
wett, es wär scho morn!

Am Morge tüe mer eis jutze
u ässe Chäs u Brot.
De gange mer d Zäng ga putze
bis si blitzen im Morgerot.
Drufabe mit lüüchtigen Ouge
u schwäre gnaglete Schue
u mit eme luschtige Liedli
gö mir den Aupe zue.

Dert brüele mer, seckle u gumpe
über Züün u Gräben u Weid,
de schiesse mer scharpf, u s Härz
das zablet wi wiud vor Fröid
U wenn es zuefäuig eine
vo üsne o preiche tät, de
gä mer ihm afe chly Schnaps u
reiche de d Sanität!

Am Abe gö mer i d Beiz, u
trinken es Gleseli Wy
u brichten enang vo früecher
u s wird is gäng wöhler derby.
De singe mer rassigi Lieder

vo bluetige Schlachten u so
vo Blüemli u letschte Grüeßli
u eis das geit eso:

S geit niene so schön u luschtig
wie bi üs im Militär.
O wenn i doch nume scho wider
im nächschte Weka wär!
Die chärnige Sprüch vom Houpme,
die rassigi Uniform
das Räble vo Maschinegwehr, i
wett, es wär scho morn!

Vo de guete u de schlächte Zyte

Mir läben i're leide Zyt,
    's gheit aues abenang,
so säge d'Lüt hüt mängisch,
    es gruusi sen afang,
doch vilech isch's zu aune Zyte
    so gsi, weder äbe,
so nünedryßg bis füfevierzg,
    da het me möge läbe:
        Wie schön isch's dennzumale gsi,
          wo wott das mit dr Wäut hüt hi?
Denn isch's im Summer warm gsi,
    und im Winter chaut,
u für'ne Bächer Bier het me
    denn non es Zwänzgi zaut.

Denn het no niemer gredt vo Härz-
    infarkt u schlächte Zäng,
u d'Gielehaar sy churz gsi
    u d'Meitlizüpfe läng,
u mi het nid aus ggänggelet
    u gchouft grad was me gseht,
u aus furtgheit, was eim isch vürig
    gsi, wie's hüt so gscheht:
        Wo wott das mit dr Wäut hüt hi?
        Wie schön isch's dennzumale gsi!

Oh wär's doch wider so wie denn,
    es gluschteti eim bau.
Zwar teeu hei scho chli Päch gha, aber
    wäger lang nid au.

U di wo Päch hei gha, sy ja
    vüra nid Schwyzer gsi,
Mir Schwyzer hei scho gluegt, daß men
    üs het i Rue la sy,
Denn isch me no zum Militär
    u het sech nid scheniert,
u mi het no Reschpäkt gha
    u het nid reklamiert:
            Die Reklamiererei dürhar
            isch hüt e ganz e großi Gfahr,
u die verwöhnte Junge hütigs-
    tags, die Stürmihüng,
we's wider so wie denn chäm, ja,
    da stürmte si de nümm!

Mir läben i're leide Zyt,
    so säge d'Lüt, u drum,
wär's vilech guet, we's wider mau
    so chlepfti zringsetum:
            Teeu säge zwar, we's wider so
            chäm, preich's üs dasmau sicher o.
Doch mir sy ja so harmlos, gäbig,
    fridlech, brav u nätt,
u das wär afen uverschant,
    we's üs o preiche tät!

10

Erica Pedretti

Einmal

Einmal
lange ins Wasser schauen
sich weit vorbeugen

fallen

dann
sich schütteln
und lachend davonschlendern

Fisch

Auf zu
auf zu
schnappt ein Maul
Fischmaul auf
und zu und
auf und
zu klappt der zappelnde
Fisch
neben dem bunten
Frotteebadtuch
Maul und
Kiemen
zu auf
auf dem Strand

Fünf und
dreißig Centimeter
neben zwei Füßen

in Gummisandalen
schnappen Fisch-
maul und Kiemen
Luft

In der Luft
liegt ein Ball

Dreht sich
schlägt sich
paniert ein Fisch
sich mit Sand
schnappen
die Kiemen
Sand

Fliegt der Ball
faß

Laß
zappel nicht
schnapp nicht
kommt der Ball
faß oder
laß

So geht es
nicht

Das Continuo

Mal mir einen
Hund
mal mir Soldaten Tänzer
einen Hund
auf den Vorderläufen
einen Mann
auf allen Vieren farbig
in mein Kinderzimmer.

Ein Kinderzimmer-
Hund
und ein ans Haustor
gemalter
bellen gegen Einbrecher
gegen farbige Berge
irgendwo in Mähren
in den Pyrenäen.

Wenn du
in deinem Sessel
liegst
mit einem kleinen
Loch
in der Brust
bellt ein Hund
in Boulogne-Billancourt

Bellt
in Bagnères
bellt
bei mir
im Dunkeln
auch am Tag
seit 19 Jahren
und solang wir noch leben

In den Alpen
in Paris
oder den Pyrenäen
bellt
ein auf den Vorderpfoten
balancierender
Hund
das Continuo.

Laufen

Laufen
von etwas fort
vor etwas davon

schnell
ohne dich (nur einmal) umzusehn
schnell

lauf vor dir her
schnell
vor dir davon

laufen alle laufen
vorbei
Straßen voll   stehen
                              am Straßenrand stehn und
Leute laufen   zusehen
weg
hier überall   still
                                hinter Fensterscheiben
übereinanderstolpernd   stehen
sich stoßend
laufen zu Anderem

von dem wieder
weg
schnell vorbei

der Schnellste wird
vielleicht
irgendwo ankommen   der stehn bleibt
                               zusieht wie alles läuft wird
                               vielleicht heil davonkommen
von denen die stehen und denen die laufen
werden doch wenige
(   )

Die Römer

Wenn man wüßte   wenn man wüßte was geschieht in
wenn man wüßte was hinter den Stirnen geschieht
wenn man wüßte was hinter den Fenstern den Vorhängen   unter
    den Brücken
hinter den Gittern   was jeden Tag geschieht

Satt sitzen die Römer im Kreis auf den Fauteuils und schauen
was in der Arena passiert.

Wenn man weiß   wenn man weiß wie es ist   wie es einem ist
    wenn man
wenn man in ein Zimmer kommt und da   nein   wenn es sich
    auf einen stürzt   nein
wenn die Haare zu Berg stehn   bevor jemand gekreuzigt wird
    nein
Gott warum hast du

Und sie sehen und wissen genau was sie tun.

Wenn man dann wüßte   schon wüßte daß die Wiesen grün sind
im voraus wüßte   daß Kinder kommen   daß es anderes gibt
daß zwischen bösen Zeiten Zeit ist
eine zeitlang zu singen   zu lieben

Von fern sehen sie zu wie es jetzt anderen schlecht geht.

Werner Lutz

Das Glück hat nichts
von einem Vogel
und wenn ich grabe
finde ich den Stein
der mich traurig macht.

    .

Schritte zur Tür. Schritte zur Wand.
Ich suche die Knabenzeit in meinen Taschen
und finde keine Wildnis mehr.
Hölzerne Hände spielen nicht mehr Katze und Bär
und haben die Geschenke vergessen.
Kühler Schal, so lagen sich Tage um Gedanken
die winterlich sind, von Krähen durchflogen.
Letzten Frühling noch glich mein Herz
dem Zigeunerwagen und zog fort, in weiten Bogen
um Kirschbaum und Mädchen.
Jetzt ist meine Kraft ein Greis auf der Gartenbank
gestützt von hoher Lehne.
Eingesammelte Steine,
so ruhen Versprechen in mir – in rostendem Eimer.
Salbeischwerer Duft
ist die Erinnerung an meine Freunde.

Schritte zur Tür. Schritte zur Wand.
Mit Tisch und Bett gefangen im Spiegel.
Vom Hügel reißt Wind den Regen.
Nächte stehen vor mir, hohle Tonkrüge ohne Ruf.
Lied das ich ahne
hörte wohl ein alter Geigenbauer.

    .

Tage, die bewegen sich nicht.
Da wachsen die Treppen
um einige Stufen.
Da hört man den Fluß
durch den Hausflur fließen.
Da wagen die Schnecken
zu kommen
und was in den Wänden
das Licht scheut, erscheint.

Rolf Hörler

Muleta

Das weiße Blatt Papier,
das mich genauso reizt
wie das rote Tuch
den Stier in Pamplona,
ist meine Arena,
und ich habe
wie der Stier,
der sich zum Kampf stellt,
kaum eine andere Wahl.
Solang meine Augen
das Weiß zu erkennen vermögen,
das mir Angriffslust und Stoßkraft verleiht,
bin ich blind
für das Brüllen der Menge
und die Überlegenheit
eines imaginären Matadors.
Ungeachtet aller Verwundungen,
glaube ich an meine Unbesiegbarkeit,
vergesse die Spitze des Degens,
die auf mich gerichtet ist,
und empfange zuletzt
verwundert
den todbringenden Stoß.

Vita-Parcours

Die zehn Jahre im Altersheim
habe ich mir
in meinen besten Jahren
auf dem Vita-Parcours

eingehandelt.
Mit Armkreisen, Hangeln und Stemmen,
Rumpfschwingen und Klimmzügen,
Liegestütz und Treppensteigen
habe ich einen Herzinfarkt
beizeiten
gegen ein längeres Leben
eingetauscht.
Während meine Arterien
nun doch zunehmend verkalken,
überdenke ich
in der Verlängerung
den Kuhhandel noch einmal,
übe mich auf dem täglichen
Gedanken-Parcours
rund um das Altersheim
in Resignation
und finde mich ab
mit dem verspäteten Tod
auf der Kehrseite der Medaille.

Mißverständnis

Du verwechselst den Floh,
den ich mir
ins Ohr gesetzt habe,
mit der Mücke,
aus der du
einen Elefanten machst.

Verstochen sind wir beide.

Ich
kratze mich
hinter den Ohren,
während du
dich anderswo kratzt
und mir mit deinem Elefanten
auf der Seele herumtrampelst.

Unkraut

Der ins Kraut geschossene
Unsinn der Welt
ergibt
durch den Wolf gedreht
den Spinat
den die Kinder nicht mögen.

Wundere dich nicht,
wenn die Wahrheit
wie eine angeschossene Ente
in die Binsen geht!

Verlorengeglaubt,
wird sie dir
eines Tages
vielleicht
als ausgestopfte Binsenwahrheit
zurückgegeben.

Jörg Steiner

Auf dem Platz steht eine Maschine,
die Maschine ist eine schwarze Kapsel.
Ein Kind ahmt ihr Summen nach.

Achtung! steht unter Strom,
das ist eine Warnung.
Die Arbeiter haben den Ort verlassen.

Auf dem Platz steht ein Denkmal,
es ist eine schwarze Maschine.
Jemand hat die Gebrauchsanweisung verloren.

.

Sie singen in der Wirtschaft,
sie singen das Lied von den Bergen.
Sie sind jeder des andern Zeuge:
Von den Bergen kommt Hilfe.

Die Wirtschaft hat blinde Fenster,
es ist die Wirtschaft zur Brücke;
das Lied dringt über den Fluß
von den Bergen.

.

Die Mutter weiß Rat,
der Vater hat Ärger im Büro,
Herr Schaub hat gekündigt.

Der Vater weiß von Herrn Schaub zu erzählen,
daß er sich verändert,
er hat nie von Herrn Schaub erzählt.

Die Mutter trägt ab,
dem Vater ist wieder die Hand eingeschlafen.

Baskenlandschaft

Wer
die Leintücher festmacht wie Gurte,
mit offenen Augen lauscht,
die Lampe in Reichweite rückt —

Wer
das Wort Flaschenhals
nicht aussprechen kann,
ohne an seine Nächte zu denken —

Wer
auf die Liste gesetzt ist,
und wer wüßte nicht,
daß es Listen gibt —

In einer Neusiedlung

Menschen, die unterm Geheul der Sirenen
hastig ihr Brot kauen,
und die Toten lächeln dazu aus den Bildern.

Wie ich zu frieren beginne, wenn einer uns sagt:
Das ist so und so, genauso ist es,
und alle nicken ihm zu.

Was stimmt der falsche Gewährsmann da an?
Das alte Lied, in dem sich jeder erkennt —
nur die Toten lächeln dazu.

Hans Manz

In der Tagesschau gesehen:

In Honduras sind mehrere
tausend Menschen
in einem Wirbelsturm
umgekommen —
das ist schrecklich.
Aber zwei Wochen zuvor
ist ein Wirbelsturm
über Jamajika hinweggefegt,
und der hat weit mehr
Opfer gefordert —
das ist noch schrecklicher.
Abgesehen davon
ist heute ein Film
von der Überschwemmung
in Pakistan zu sehen,
der größten aller Zeiten.
Sie hat dem Wirbelsturm in Honduras
den Rang abgelaufen.
Und weil schon gestern
ausführlich vom Tornado
in Honduras berichtet wurde,
wird heute nur noch
ein kurzer Ergänzungsbericht gezeigt.
Ist also der honduranische Wirbelsturm
nur halb so schlimm gewesen?

Heinz Weder

Schlechte Aussichten für das nächste Wochenende

In der Ebene wolkig,
Hunde fressen Gras,
schlechte Aussichten
für das nächste Wochenende.

Freundlich und warm,
abends,
über der Ebene
die gleichmäßige Ruhe des Windes.

Stare sammeln sich,
Schwärme anderer Vögel
ziehen über das Haus.
Schließ das Fenster.

Wechselnd, meist stark bewölkt,
rasche Veränderungen möglich.

Verfolge den Wind auf der Karte,
er geht mit den Vögeln
und begünstigt ihren Flug.

Schließ auch die Läden.
Die Statue im Garten
ist unwesentlich geworden,
sie geht dich nichts mehr an.

Magdalena Vogel

Der Geächtete

Über Hintertreppen nur
steigt er —
immerhin mit einem Oberlicht.
Aber die andern sehen ihn nicht,
die er
immer drüben sieht im Flur.

Durchs Scheideglas Schemen nur,
Fieber,
steigen und fallen die Aufzüge.
Leben kann er nur mit der Lüge:
Lieber
sei ihm der eigene Flur.

Bemerkung

Im Laufe eines Nachmittags
wandeln sich die Schatten der Bäume
von Stunden- zu Minutenzeigern.
Mit Abend und Alter
gewinnt das Fliehen der Zeit
an Bedeutung.

Arthur Steiner

Rückenlage

Nachts
steigen Gesichter
über Treppen
glühen wortlos
in den Gängen.
Dir in deiner
Rückenlage
ermöglichen
sechs Beine
keine Flucht.

.

Auf dem Weg
zum Bach
ein überhängender Fels,
so schwer,
daß er spielend
unser Gespräch
erdrückt.

Elisabeth Meylan

Werbung

Papier,
in Schichten, verklebt,
fetzenweise fehlend,
Länder
mit plötzlichen Lücken.

Ein Lächeln, das sich
mit Schokolade überschneidet,
O Mary Long, ein Stück Irrtum,
resedagrün.

Dies
auf einer Backsteinmauer,
hinter der ein dünner
Rauch aufsteigt.

Licht, blindlings

Da, dort
beginnt sich Vergangenes zu sammeln,
in immer größeren Mengen.

Die Tage wollen länger werden.

Gewesenes Leben
sucht dich
mit dem Geschmack des Erschreckens.

Licht,
das sich auffängt,
auf Stein, Sand und Wasser,
Licht, blindlings,
das dich nicht verletzt,
das dich verletzt.

Hermann Burger

Eiszeit

Die Kälte nehm ich
als bittern Pelz um den Hals
und folge blind der Rentierspur,
die mich durch Eiszeiten führt,
durch Mindel und Riß über
Spalten bösen Gelächters hinweg.

Nebelgeweihe leuchten am Weg.

Noch funkelt der Goldfisch
in meiner Brust, noch
taucht und wendet er stumm.
Bald, denk ich, bald
wirst auch du erfroren sein, und
Licht trauert auf deinen Schuppen.
Licht, das sich tausendfach bricht
in den Kristallen,
die von meinem Mund fallen.

Dann, ihr rosa Flocken,
schneit mir das Gesicht zu
und die Herzmuschel auch.

Beim Betrachten einer ländlichen Idylle
aus den Münchener Bilderbogen

Die Sonne scheint, der Landmann pflügt,
das Kindlein weint, der Rabe fliegt,
der Bote geht, die Bäuerin lacht,
der Gockel kräht, der Hofhund wacht.

So zeigt das erste Bild die ländliche Idylle,
doch tauschen nun die Verben Platz in aller Stille:

Die Sonne pflügt, der Landmann scheint,
das Kindlein fliegt, der Rabe weint,
der Bote wacht, die Bäuerin geht,
der Gockel lacht, der Hofhund kräht.

Und weiter geht's im Text mit der Verwandlung.
Doch mich entzückt die optische Behandlung
einer Gestalt, der Sonne, durch die ganze Bildserie.
Nur im Vergleich, der Frage nach dem Wie,
wird offenbar des Grafikers Genie:

Die Sonne mit der Glatze, wie sie Zähne zeigt und kräht,
die Sonne eilend der Straße, und das Röcklein weht,
die Sonne, schlank, als Dame hinterm schweren Pflug,
die Bauersfrauensonne, lachend, pausbackig und klug,
die Sonne auf dem blassen Stroh, als wollte sie kujiehnen,
das arme Söhnchen, nimmer froh, weint bitter gelbe Tränen.

Gemessen am synoptischen Pläsier
verblaßt der Text zu Variante vier:

Die Sonne kräht, der Landmann weint,
das Kindlein geht, der Rabe scheint,
der Bote fliegt, die Bäuerin wacht,
der Gockel pflügt, der Hofhund lacht.

Die Verse, wenn auch surreal,
sind allzu hübsch manierlich
und im Vergleich zum Bild banal,
das bunt wirkt und possierlich:

Die Sonne steht im Hemdlein auf dem Hundehaus und kräht,
das nackte Kind auf staubiger Straße mit dem Eilbrief geht,
der Landmann sitzt, die Fäustchen in den Augen, da und weint,
der Rabe spreizt die schwarzen Flügel im Zenit und scheint,
der Bote mit dem blauen Mantel über Äcker fliegt,
der Gockel stellt den Kamm, treibt wild die Pferde an und pflügt,
die Bäuerin an der Kette kniet auf Stroh, den Hof bewacht,
dieweil der Hund die Pfoten in die Hüften stemmt und lacht.

An diesem Bild entzündet sich
die Kinderphantasie.
Was wäre, wenn, so frage ich
und aber, wo und wie:

Was wäre, wenn die kregle Sonne nun, die ohnehin vor Hitze brennt,
ihr rotes Hemd dem Botenkind ausleihen würde für den weiten Weg?
Der Landmann weint. Sieht er denn nicht, wie über ihm ein Vogel
        lustig scheint?
Wie geht ein Rabe auf? Wie schwarz wird er bei einer Sonnenfinsternis?
Wie kann der Bote mit den Armen fliegen und zugleich Pakete tragen?
Dem Gockel glaub' ich nicht, daß starke Pferde sich von ihm befehlen
        lassen.
Die feiste Bäuerin aber, wie nur, sagt, schlüpft sie durchs enge
        Hundeloch?
Mein stolzer Hund, wie lange noch stehst aufrecht du auf deinen
        Hinterbeinen?

So frag ich hin, so frag ich her,
die Bilder antworten nicht mehr.
Enttäuscht ist meine Phantasie
von dieser ländlichen Serie.
Die Wut kocht auf, man ist betrogen
und — ratsch — zerreißt den Bilderbogen:

Die halb zerfetzte Sonne scheint, das Bein des Landmanns pflügt,
der Schranz im Bauch des Kindes weint, die Rabenfeder fliegt,
der Bote auf zwei Stummeln geht, der Kopf der Bäuerin lacht,
und eh' der Gockel dreimal kräht, hat Ajax ausgewacht.

Hört die Moral von der Geschicht:
Man spiele mit Idyllen nicht!

Werner Bucher

So ein Morgen

Heute morgen, am 4. Januar 74,
in der Stadt gewesen,
es war sehr neblig,
die Leute hatten Weihnachten vergessen
und ich hustete intensiv vor dem Kaufmännischen Verein
wegen den Autoabgasen und dem Heizölrauch,
wollte Frank O'Haras L u n c h P o e m s kaufen
und kaufte sie auch.
Ich schriebe ähnlich wie der,
hat mir eine große Blonde gesagt, an der Sylvesterparty,
die so lange kein Ende nahm
(schon weil Gaby sich anderswo vergnügte),
mag sein, daß sie recht hat,
ich kann's nicht sagen,
hingegen stelle ich fest:
mit der Buchverkäuferin
von vorhin
würde ich gern mal unters selbe Federbett schlüpfen
und sei's nur drum,
weil Rosemarie gestern die Ansicht vertrat,
sie werde es nicht mehr tun,
ich wär halt zu wenig engagiert,
sie möchte offen sein für die große Liebe,
vergebens hab ich da Tucholsky zitiert,
hab ihr gesagt,
erwarte doch bitte nichts,
heute, nur heute, das ist dein Leben,
sie hörte nicht hin,
hatte ihre Liebe vor Augen
und sah sich unter Palmen liegen,
ich aber hörte vor zehn, zwölf Minuten,
als ich am Bellevue auf die Vier gewartet habe,

einen alten Mann, halb Clochard, halb Prinz von Wales,
er schrie mich an und fragte
mitten im Trampavillon:
He, sind Sie auch so einer,
der andre ausnützt und vertrampt?
Nein, hab ich gesagt,
bezweifle jedoch,
ob ich den Alten nicht belog,
jedenfalls
heute morgen in der Stadt gewesen,
und es hat mich gefreut,
daß die Buchverkäuferin von Brückelt & Co.
nicht wie der heilige Franz von Assisi aussah,
sondern wie ein Mädchen, das mir durchaus gefallen könnte.

Die Herren

Die Herren
dieser Erde
werden eines Tages
die Würmer
dieser Erde sein,
schreibt ein pfarrherrlicher Dichter aus Bern
(ohne Clichés natürlich,
einmalig und schön).

Ich erlaube mir aber, zu fragen:
Was nützt das mir,
was nützt's den Ausgenützten?

Die Herren dieser Erde
sind jetzt die Herren.

Avec le temps

    Nie
so viel Trauer, so viele Lieder
    Wie im gelben Bistro
                  hinter dem Hôtel de Ville,
vergessen ist alles,
    Ginsbergs überlautes Geheul, Ferrés verzweifelter Lärm
& meine eigene Müdigkeit,
oh, es war ein Sommer
    über der Rhône
        über Moudons zärtlicher Mauer
& jetzt das Glas, der Beton
             im Montparnasse
& die Angst, es
    sei vorbei, kein Frühling komme, kein Winterglück,
      & dann auf einmal: avec le temps —

Im Grase

(Anders dort gesessen als die Droste)

Du liebst das alles:
die muntre Grille,
den Geruch von Salbei und Pfefferminz,
die Hecken vor dir,
den Schatten des Birnbaums,
und auch die DC 9,
die eben zur Landung ansetzt,
beschwert dich nicht.
Einzig, du weißt
    seit Jahren
ist vieles abgehuscht,
Blumen im Knopfloch,
Katzen, die sich purzeln vor Freud,
Bäche, Libellen, Pappelnglück,
das alles zählt nicht mehr.

Drum sitze ich anders im Grase, sehr anders

Beat Brechbühl

Tschau Goethe

Er stand an einer merkwürdig
gelben Wegkreuzung und
flirtete intensiv mit dem Milch-
mädchen aus Frankfurt.

Ich fuhr mit dem Fahrrad vorbei,
klingelte, auf dem Gepäckträger
saß Arno Schmidt
und rief Tschau Goethe
dieser ging
schleunig nach Hause,
zog sich aus bis aufs geblümelte Nachthemd
und schrieb weiter an seiner Welt-
l i t e r a t u r .

Ehepaar beim Nachtessen

Sie schweigen sich an.
Sie essen das graue Zeug.

Dann fallen sie
tot von den Stühlen.

Die Ballade vom Sporttoto

Der alte Balthasar Wenger konnte es
nicht fassen,
daß der Nationaltorhüter, für diesmal

ein Hornochs, 10 Sekunden vor
Schluß den Ball zwischen den Beinen hindurch
ins Tor fallen ließ.

Sonst hätte ich den einzigen Dreizehner
gehabt, sagte der alte Wenger, 15 Jahre lang
habe ich nun getippt, mehr als 100 000 Franken
hätte ich gekriegt, und jetzt schlägt
das Glück
so nahe an der Nase vorbei.

Mehr als 100 000 Franken hätten sie mir
geben müssen, sagte der alte Wenger,
immerzu, 3 1/2 Stunden lang,
ich habe noch nie soviel Geld gesehn.

Das Leben besteht aus Nuancen,
sagte Herr Pfarrer,
am Donnerstag drauf, an der
Beerdigung des alten
Balthasar Wenger.

Zürichsee

Freitag abends beim Nachhausefahren.
Freitag abends beim Betrachten
dieses teuren Landes.
Sogar Herbstfeuer brennen.
Der Rauch riecht gut.

Die Luft ist ein zahnloses Tier.
Das Licht schläft ein in den Hügeln.
Der See ist flach wie ein
Mädchenbauch.

Ein Hausvermieter lacht

Wieder
365 Mieter ermordet.

Nun schwimmen sie still
und geruchlos
im Morgenkaffee
und zahlen.

Martin Steiner

Das Telephon oder Graham Bells Wunder

Auf dem Rücken des Wechselstromes, mikrophontailliert,
jag ich dir entgegen: 6stellig bezifferte Aphrodite. Die Welt
schrumpft zusammen. Ich fall aus den Wolken. Hörst du
mich?

Frank Geerk

In memoriam Olga K.

Dies ist das sechste Kneipenlied
zum Lachen und zum Weinen.
Der Witwe Knobloch zugedacht,
dem Bottich auf zwei Beinen.

Die Witwe Knobloch sang so gern,
besonders, wenn sie besoffen.
Wir haben sie so manches Mal
im schwarzen Schaf getroffen.

Sie sang das Lied vom Nagelschmied,
wer es nicht kennt, sei glücklich.
Wenn es aus ihrem Munde blüht,
tönt es nicht eben schicklich.

Der Nagelschmied war einst ihr Mann,
schon morgens zehn Uhr blau.
Um elf, um zwölf, um ein Uhr dann, —
sie weiß es noch genau.

Wie oft hat sie den armen Mann
gebeutelt und verdroschen!
Auf seinem Laubsack eines nachts
ist ihm der Durst erloschen.

Und statt dem guten Nagelschmied
trinkt Witwe Knobloch einen,
den zweiten, dritten, vierten dann,
ein Bottich auf zwei Beinen.

Sonett von den hochgeborenen Engeln
(mit schweren Rhythmusstörungen)

Da die Erde eine Kugel ist und voller Mief
lebt ihr Menschen darauf quer und schief
oder völlig entgegengesetzt zueinander.
Euer Stempel stempelt auch die Träumer.

Wir, die ordentlich über den Sternen schweben,
begreifen euer Leben, das im Ordner anfing
und im Ordner endet, gut. Für dieses Leben
hat sich der Herr verwendet, bevor er ging.

Nun weilt er endlich unter euch als Praktiker.
Er widmet sich der detaillierten Umgestaltung
eures Lebens und wird euch bei der Organisierung

der Apokalypse dienlich sein als Politiker.
Daß ihr keine Gnade beantragt ist sehr gut,
denn ihr seid ja nichts als Fleisch und Blut.

Nagasaki

Einst hab ich Ziegen gehütet,
Holunderflöten geschnitzt,
faul in der Sonne gebrütet,
da lachte die Sonne verschmitzt.

Hab dann Kartoffeln gebraten,
in rauchiger Flamme erhitzt,
sind schwarz in den Magen geraten,
da lachte die Sonne verschmitzt.

Und habe mir Ziegel geklaut,
drein hab ich Fratzen geritzt,
die schrien dann im Traume so laut,
da lachte die Sonne verschmitzt.

Und mich um ein Messer geprügelt,
weiß nicht, wers heute besitzt,
es hat meine Kampflust beflügelt,
da lachte die Sonne verschmitzt.

Und als dann der Himmel genickt hat
und gelb dann die Bombe geblitzt,
kein Bäumchen verschont, keine Stadt,
da lachte die Sonne verschmitzt.

Christoph Geiser

Die Suppe
Ist nicht versalzen
Die Uhren
Laufen genau
Kein Sand im Getriebe
Die Sintflut ist programmiert

auch atlantis

auch atlantis versank
das geschrei der ertrinkenden
verstummte

im zehnten jahr fiel troja
über die trümmer
trieb sand

das blut der hussiten
versickerte
zwischen den steinen

in den armenischen bergen
blieben
die winde

über die kalkgruben von auschwitz
wächst gras
und der mekong führt
hochwasser

Ich ging nicht hin

Als sie die Fahnen schwenkten
Und Transparente
Ging ich nicht hin
Ich bin kurzsichtig
Und farbenblind

Als sie Freiheit schrieen
Und Friede
Ging ich nicht hin
Ich bin schwerhörig
Und die Megaphone sind heiser

Als sie Autos umkippten
Und Bücher verbrannten
Ging ich nicht hin
Ich bin schwach
Und ungeschickt beim Anzünden der Feuer

Ich saß zu Hause
Und lernte
Das Konstruieren von Brillen
Die Technik der Megaphone
Und die Kunst des Löschens

ausgestopfte raubtiere

die still altern
oder vorzeitig
tot sind
nachmittags
kreuzworträtsel lösen
zwischen ausgestopften raubtieren
in museen
hocken
oder auf alleebänken
ohne grund
pünktlich sind

auf die keiner wartet
und grüßt
die zeitungsfrau und der briefträger
der nichts bringt
für die
kein platz ist
im bus
zu den stoßzeiten
im sechsuhrverkehr
zeit haben
die
dasitzen abends
zwischen den mächtigen
am nebentisch
mithören
und sehen
hell
wach nachts
lesen
nicht todesanzeigen sondern
den politischen teil und
wirtschaftsnachrichten
nicht briefmarken
sammeln die
leserbriefe schreiben
die keiner druckt
jede nacht
später erst schlafen gehen
und zeitig erwachen
nie
aus dem alptraum
mit allen wünschen
zum hundertsten geburtstag
gratuliert
ein bundesrat und
ein salutschuß

Adrian Naef


```
GOTT
HARD
MASSIV
WAHR
ZEICHEN
DER SCHWEIZ
    .
```


ich schneide keine zeichen
in blühende bäume
ich sage nicht

ich liebe dich

ich sage nichts
meine briefe sagen
das ist ein brief

das ist ein brief
für dich

Gertrud Leutenegger

faltenlos graut der Horizont,
die Gegend steht still
vom Geleise durchtuckert,
das schneller die Fahrt nun
heraufführt, straffer, rücklings
zwei Pfeilern entgegen, vibrierend
gerichtet am Rand, über
dir aber siehst du
strahlend verkürzt
sich die Sonne entflammen
in großlachender Gewalt,
du wirfst die Decken zum Flug,
dehnst dich ihr blank,
o scharfe Freude, entgegen,
jäh aber entsetzt dich
dein Hurragefühl, käuflich
wandern die Sonnen herauf,
der Zugwind ist kaum je
geflogen und dein Gesicht
zerrinnt, von schwarzen
Schablonen verschluckt

    Wenn es tagt,
    kommen die Schrecken zu dir

(Erstfassung)

Wenn es tagt, kommen die Schrecken zu dir

gern wärst du, auf der rasenden Fahrt der Geschichte,
ein friedlicher Randaleur, flögst mit strahlenden Propellern
der Revolution entgegen, bis das Entsetzen dich auf
die Erde wirft, daß die Mächtigen auch sie schon gekauft
haben, serienweise im Vertrieb begünstigen, als blosse
Illuminierung ihrer Solidität

(Zweitfassung)

Von Straßenbahnen

manchmal, schon in der Nacht, wenn uns die Straßenbahnen wie
erleuchtete Traumwagen entführen, fällt uns die Maske des stummen
Konformisten endlich vom Gesicht: wir drehen uns zu unserem
Gegenüber, fallen in das Lachen eines Betrunkenen, wir mischen uns
in Schlägereien, wir stehen auf und zeigen eine leidenschaftliche
Parteinahme, aber so bald wieder ist es Morgen, und wir lassen uns
reglos hinfahren zur Arbeit, trostlos mit den sich anstauenden Massen
an eine Reklamescheibe gedrückt, jetzt haben sich die Straßenbahnen
in ihre häßlichste Seite verkehrt, eine Stufe schon hinter dem Selbst-
mordland, wenn die Türen jetzt aufspringen und wir uns nicht mit
einem letzten Funken Geistesgegenwart hinausretten ins Leben,
fahren wir endlos weiter, längst schon in allem gestorben

Komm, wir gehn nach Ninive

manchmal ist uns, unser Dasein sei ein beschützter Schlaf gewesen,
bis uns ein verblutendes Gesicht ins Bewußtsein stürzt, das Gurgeln
eines Gewürgten uns durch alle Wände des Vergessenwollens nach-
schwimmt, die anschwellenden Schreie der bei jedem Herzschlag
Gequälten uns umstellen im leeren Haus, warum legen wir nicht den
Kopf zum Erschießen an die Mauer, sondern lernen noch einmal das
Atmen an einem kurzen, kristallblau auffliegenden Bild, das sich,
trügerisch verzückter Flaum, an unsere Ohnmacht hängt und mit dem
wir, wehrlos gewappnet, gehen ins grause Land Ninive

367

Daniel Walter

Die Kinder von Marx und Coca-Cola (Jean-Luc Godard)

Wannsee Berlin West
     reden
          eine Biografie
22. August 1974 21 Uhr 58

ja, sagen wir

für die Spaziergänger unter 30
mit den weinroten Cricket-Feuerzeugen
       vorbestraft und Raucher, filterlos

und wie das Licht der Vorstadtkinos ausgeht

SEID REALISTISCH, VERLANGT DAS UNMÖGLICHE

damals im Mai
        oder auch
DIE PHANTASIE AN DIE MACHT

aber die Zeit geht weiter

und nur in Fotobüchern und staatlichen Archiven
Tränen die schalen Geschmack bekommen
im Schnee der Frühlingsblüten

In der Nähe von Warhol der Neger
      wie er stirbt in Beckers Gedicht
im Sucher der Kamera

Türkische Panzer Modell Tiger in Famagusta/Zypern

      daß verborgene Zweifel und hergestotterte Schrecken

wie die erinnerten Ängste unserer Kindheit sind
     oder
Wir sind die deutschen Juden
im Mondschein von Dachau

ICH ZIEHE DIE FRAGEN VOR, DIE OHNE ANTWORT BLEIBEN
im Frieden der Abende
     unbeirrt
Schwüre fürs Leben in Stadtparks
     unter angeleuchteten Blutbuchen

Hans Sommer

man könnte auch
den ofen verbrennen
aber im sommer
denkt niemand
ans verzweifeln

Martin Hamburger

Begegnung

Für eine Sekunde
war ich nicht böse genug
Für eine Sekunde
ließ der Teufel
meinen kleinen Finger los
Für eine Sekunde
vergaß ich das Seil
unter meinen Füßen —

Noch falle ich
mit aufgerissenem Mund
ohne zu atmen
dem Netz zu
in dem sich
schon viele Verliebte
verstrickten

Der Trick vom Abschied

Ich werde
die Türe nicht zuschlagen
hinter dir
Ich werde schweigen
und dir in den Mantel helfen
dessen Ärmel
wir sorgfältig zugenäht haben

Martin Fromer

Ausblick

Dort, die Schieferfläche See
und eine Zeile Pappeln:
Ausrufezeichen
gegen Grau und Himmel gesetzt

Auf dem Weltmarkt
steigen die Holzpreise

Die Sprache
verschlägt uns der Wind

Anhang

Nachwort

Es ist nicht gut, daß der Mensch alleine sei,
und besonders nicht, daß er alleine arbeite;
vielmehr bedarf er der Teilnahme und Anregung,
wenn etwas gelingen soll.
Goethe zu Eckermann, 7. März 1830

Die Sammlung, die wir vorlegen, wurde im kritischen Umgang mit
einem vielfältigen, fast unabsehbaren Stoff erarbeitet – gewissenhaft.
Aus dieser Gewissenhaftigkeit ist die Erfahrung des Vorläufigen gewachsen: wir geben keinen "ewigen Vorrat". Was wir geben, kann verändert werden; es würde von uns selbst verändert werden nach den
wenigen Jahren schon, die seit dem Anfang unserer Arbeit vergangen
sind. Das hängt zusammen mit dem Erfahrungshorizont; es mag einen
an die Geschichtlichkeit der Entscheidungen auf dem Gebiet einer
Literaturwissenschaft erinnern, die sich als Literaturkritik versteht.
Solche Einsicht ist so wenig neu, daß man sagen könnte, sie sei banal.
Uns liegt daran, sie zu betonen: aus Respekt vor der wachsenden
Literatur, welche der Literaturwissenschaft und der Kritik immer
voraus ist.
Ich sage "wir" und "uns". Das ist keine rhetorische Floskel, ist kein
Plural der Feierlichkeit und meint auch kein fiktives Kollektiv. Es
weist auf eine wirkliche Arbeitsgemeinschaft hin. Über sie und über
das, was sie getan hat, bin ich Auskunft schuldig. Auskunft und Dank.

Im Sommer-Semester 1974 wurden in meinem Seminar Probleme der
literarischen Wertung besprochen. Danach, für das Winter-Semester
1975/76, schlug ich vor: Gruppenarbeit für eine Anthologie deutscher
Lyrik. Entscheidungen, die wir in unserem Begegnen mit Literatur
eher unbedacht treffen, sollten bedacht und im Bedenken auf Begriffe
gebracht werden, so, daß jene Entscheidungen in ihren literaturtheo-
retischen Voraussetzungen deutlich würden, aber auch so, daß diese
Voraussetzungen in ihrer prozeßhaften Beziehung zum jeweiligen
Gegenstand erkannt werden könnten. Das war der Vorsatz. Im

Umgang mit deutscher Lyrik wollten wir ihn einlösen. Mit deutscher Lyrik? Es wurde nötig, daß wir unser Vermögen einschätzten und danach einen Rahmen bestimmten (räumlich, zeitlich), der nicht nur als auf uns zugeschnitten, sondern auch als in der Sache begründet gelten kann. So fiel der Entscheid: Gedichte aus der deutschsprachigen Schweiz; Gedichte seit 1900. (Gedichte aus der viersprachigen Schweiz? Das hätte die Kompetenz unserer Arbeitsgemeinschaft überstiegen.) Damit war der Rahmen gegeben. Wir wandten uns der Sache zu, die er umschließt. In den ersten Gesprächen zeigte sich das Bedürfnis nach einem allgemein charakterisierenden Überblick über die Epoche. Ich gab ihn, ausgehend von meinen früheren Arbeiten, wie folgt:

Man hat sich daran gewöhnt, zu sagen, das Jahr 1914 stelle auch in der Dichtungsgeschichte der Schweiz eine Wende dar. Ein solcher Hinweis kann aber nur behelfsmäßig nützlich sein; denn die Wende vollzieht sich in der Spanne von 1900 bis 1920. Um die Veränderungen sehen zu können, muß man fragen, was vorher gewesen sei. Dem Frager fallen Namen ein, Merkpunkte im geschichtlichen Lauf: Pestalozzi, Gotthelf, Keller, Meyer. Man erinnert sich an Besonderes, an "Lienhard und Gertrud" zum Beispiel. Pestalozzi hat keinen Zweifel darüber offengelassen, wie er die Sache auffaßte und wie er sie vom Leser aufgefaßt haben wollte. In der "Vorrede" sagt er es: "Diese Bogen sind die historische Grundlage eines Versuchs, dem Volk einige ihm wichtige Wahrheiten auf eine Art zu sagen, die ihm in Kopf und ans Herz gehen sollte ... Ich habe keinen Teil an allem Streit der Menschen über ihre Meinungen; aber das, was sie fromm und brav und treu und bieder machen, was Liebe Gottes und Liebe des Nächsten in ihr Herz und was Glück und Segen in ihr Haus bringen kann, das, meine ich, sei, außer allem Streit, uns allen und für uns alle in unsere Herzen gelegt."
An ein Lehr-Buch ist gedacht. Am Beispiel einer Geschichte sollte dem Leser etwas deutlich gemacht, etwas beigebracht werden; Erziehungsakt im Buch, durch das Buch.
Noch im gleichen Jahrhundert erscheint dann das Werk, das eine Krise im erzieherischen Verhältnis zwischen Dichter und "Volk" erkennen läßt: Kellers "Martin Salander". Es wird bisweilen behauptet, der Roman belege die Altersschwäche des Dichters: "Martin Salander" – ein poesieloses Programmwerk. So einfach? Keller schrieb an Storm, er gehe mit einem Roman um, der sich "ganz logisch und modern" aufführen werde. Was heißt das? Keller hat Gewissensbücher geschrie-

ben. Man hatte seine Kunst als schön und vergnüglich genommen; des Kritisch-Erzieherischen konnte man sich entschlagen. Da setzte er noch einmal an, logisch und modern; das heißt: auf der Grenze zwischen aktuellem Vortrag und dauerndem Gleichnis wollte er die Zeitgenossen anreden, welche gleichnishaftem Reden nicht gewachsen gewesen waren. In solchem Zusammenhang bekommt die Auskunft, die er Adolf Frey mit Bezug auf den "Martin Salander" gegeben hat, eine tragische Dimension: "Was ich habe? Es ist nicht schön! Es ist nicht schön! Es ist zu wenig Poesie darin", sagte er. Er erschöpfte sich am Vorsatz, die Leute zu treffen, indem er ihnen entgegenkam — Kunst zu opfern und doch Kunst zu bewahren. Von den großen bis in die kleinsten Verhältnisse hinein ist der Zwiespalt nachzuweisen. Protokollarisches neben sprechender Gestalt; Schematisches neben Überraschend-Lebendem; und durch den Humor läuft jetzt der Riß der Enttäuschungen, in den sich der Sarkasmus einschleicht. Carl Spitteler berührte den Sachverhalt in einer Glosse zum Thema "Gottfried Kellers 'Salander' im Spiegel der deutschen Kritik": " . . . In diesem Roman tritt das Lokale und, sagen wir offen, das Außerpoetische (das Moralische, das Kernhafte, das Mannhafte und das Politisch-Patriotische) so sehr in den Vordergrund, daß sich die Frage nach dem Selbständigkeitswert dieser Legierung jedermann aufdrängte . . . "

Da denke ich an Goethes Aufsatz "Literarischer Sansculottismus", an die Frage dort: "Wann und wo entsteht ein klassischer Nationalautor?" Antwort: "Wenn er in der Geschichte seiner Nation große Begebenheiten und ihre Folgen in einer glücklichen und bedeutenden Einheit vorfindet; wenn er in den Gesinnungen seiner Landsleute Größe, in ihren Empfindungen Tiefe und ihren Handlungen Stärke und Konsequenz nicht vermißt . . . ; wenn er seine Nation auf einem hohen Grade der Kultur findet, so daß ihm seine eigene Bildung leicht wird . . . "

Von solchen Bedingungen war im Fall des alten Gottfried Keller keine erfüllt. Die Zeit, welcher die Themen des Romans "Martin Salander" entstammen, die Zeit von 1869 (Annahme der zürcherischen demokratischen Verfassung) bis in die ersten achtziger Jahre, zeigte die politische Reife der Bürger nicht in dem Maße entwickelt, wie die Volksrechte erweitert worden waren.

Vor diesem Hintergrund trat die Generation an, welche in der Spanne zwischen 1900 und 1920 die Wende künstlerisch sichtbar macht. Und wie immer in solchen Übergangszonen antworteten auch hier die

Betroffenen auf den Anspruch der Zeit einerseits theoretisch-kritisch, andererseits dichterisch-bildend.

1905 ist eine Erzählung erschienen, deren erste Sätze (über die befristete Gelegenheit hinaus) ein programmatisches Signal enthalten. Da steht unter dem Titel "Die Heimkehr des Richters": "'Warten mit dem Aussteigen! Warten denn, bis der Zug hält!' 'Dienstmann gefällig' Dienstmann?' So, das wäre jetzt also die Heimat, nach welcher man sich das Herz aus dem Leibe gesehnt hat! Dem Landjäger, der dort in der Halle lungert, würde mans auch nicht ansehen. Ich glaube gar, er gähnt. Heimat und Gähnen!" So beginnt die Erzählung "Imago" von Carl Spitteler. Heimat und Gähnen. – Ein knappes Jahr danach, am 14. Dezember 1914, hielt Spitteler in Zürich, im Saal des Zunfthauses zur Zimmerleuten, in einer Veranstaltung der Neuen Helvetischen Gesellschaft vor etwa zweihundert Hörern die Rede, welche dann, als ihr Wortlaut gedruckt zu haben war, Hunderttausende beschäftigte: "Unser Schweizer Standpunkt". Der Weltkrieg war da. Und wir? Wie auf den übrigen Gebieten, so habe auch im Gemüts- und Geistesleben der Schweizer "die Plötzlichkeit des Kriegsausbruches gleich einer Bombe eingeschlagen", sagte Spitteler; und er fügte hinzu (das Verhältnis des Schweizers zu den Nachbarvölkern bedenkend): "Das Distanzgewinnen ist für den Deutschschweizer ganz besonders schwierig. Noch enger als der Westschweizer mit Frankreich ist der Deutschschweizer mit Deutschland auf sämtlichen Kultur gebieten verbunden."

Nun waren die Heimat und die Verhältnisse des Bürgers dem energischen Nachdenken ausgesetzt. Der mehr oder weniger gleichgültige Privatmann war herausgeklopft in die Zeit. In Manifesten, in zeitgeschichtlichen Erörterungen, in Dichtungen fielen die Kennwörter der Epoche. 1915 ist Jakob Schaffners "Geschichte der Schweizerischen Eidgenossenschaft" erschienen. Darin wird abschließend gefordert, es solle ein Fortschritt des schweizerischen Staatswesens insgünftig mit dem Fortschritt des "Menschheitsgedankens" übereinstimmen; schwei zerische Angelegenheiten müßten universale Angelegenheiten werden – dann: "Nur so entgeht ein kleines Volk der Gefahr, mit kleinen Geschäften und kleinen Aussichten moralisch zu verzwergen." Der weitere Weg Jakob Schaffners bis in die Zone des Verrats beschäftigt mich in unserem Zusammenhang nicht; ich behalte aus dieser früheren Epoche das für die allgemeine Regung charakteristische Kennwort "Menschheitsgedanken".

Nach Schaffner, 1917, brauchte Leonhard Ragaz in seinem Buch "Die neue Schweiz. – Ein Programm für Schweizer und solche, die es werden wollen" das Kennwort "Weltbürgerrecht" — ein Weltbürgerrecht müsse sich bilden, übergeordnet jedem Bürgerrecht: "Wir gelangen also zu dem Satze: Wir können nicht international sein, ohne national zu sein. Er paßt gut zu dem andern: Wir können nicht national sein, ohne international zu sein. Jeder für sich allein bildet einen Irrtum, beide zusammen eine herrliche Wahrheit."

Der Anspruch wird deutlich: Aufmerksamkeit für die größeren Verhältnisse des Kontinents. Auch in der Literatur. "Die Schweizerliteratur, die nie zersetzenden Geistes war, schreibe auf die weiße Fläche der Zukunft ein schöpferisches Wort der Hoffnung und des Glaubens an eine Weltänderung." So schrieb Eduard Korrodi, 1918, in seinen "Schweizerischen Literaturbriefen".

Was so von Beobachtern der Zeit an Mißstand gerügt, an Besserung gefordert wurde, das bildeten, aus demselben Geist der Wende, die Dichter nach; unter ihnen Jakob Schaffner, Robert Walser, Felix Moeschlin, Albert Steffen. "Der Zustand der Welt war eine Prüfung des einzelnen", heißt es in Steffens Roman "Sibylla Mariana"; und ebenda, im vierzehnten Kapitel, fällt das Wort, das ein Geleitwort für die dichterische Erneuerung in dieser Zeit überhaupt sein könnte: "Was sonst nur Ärzten und Richtern bekannt ist, was nur in Irrenhäusern und Gerichtssälen vernommen wird, trat jetzt ans Tageslicht. Der Mensch bekam zu hören, was sonst verborgen in ihm liegt, und entsetzte sich. Würde er vorher das Kriminalarchiv in seiner Seele studiert haben, so hätte er gesagt: 'Ich bin ein Schuldiger. In mir muß die Sühnung beginnen' . . ."

Das hört sich auch an wie ein Prosageleit zu Gedichten dieser Epoche. Buchtitel können selber wie Kennworte genommen werden — von Max Pulver: "Selbstbegegnung", 1916; Robert Faesi: "Aus der Brandung", 1917; Konrad Bänninger: "Stille Soldaten", 1917. Dann von Karl Stamm: "Der Aufbruch des Herzens", 1919, und darin der Zyklus "Soldat vor dem Gekreuzigten", endend mit dem "Gebet des neuen Menschen".

Aufbruch des Herzens. Darum ging es. Und was hierin die Formen der Dichtung betrifft: die Schweizer haben im Zusammenhang mit künstlerischen Bewegungen größerer Kultur- und Sprachräume neue Gebärden der Sprache entwickelt. In der Zeit von 1905 bis 1915 erschienen die Werke Dostojewskis in deutscher Übertragung — Bericht über Dasein zwischen Heiligkeit und Verbrechen; Zolas "Les Rougon-Macquart" ("Histoire naturelle et sociale d'une famille sous le second Empire") erhöhten das Mitleidvermögen. Aus der deutschen Nachbarschaft tönte die Alarmsprache des Expressionismus herein. Die Stimme Ernst Stadlers wirkte (auf Karl Stamm besonders); vor allen andern aber Franz Werfel. Robert Faesi spricht nicht nur für sich selbst, wenn er in seinem Erinnerungsbuch "Erlebnisse — Ergebnisse" bekennt: "Unter den Neutönern fühlte ich mich am stärksten von Franz Werfel angezogen. Wie er mit hinreißender Wucht seine Gedichte herausschrie, das war für mich der Gipfel des Expressionismus." Internationales in Nationalem, skeptische Aufmerksamkeit nach außen, nach innen. Ich denke an den genauen, in Prüfung und Selbstprüfung gehärteten Betrachter Jakob Bosshart, an seinen "Rufer in der Wüste", an dieses Mahnwort für eine Gemeinschaft, die ihren inneren Halt in äußerlichem Erfolgsdenken aufbrauchte; das Werk ist 1921 erschienen, seine Sprache aber verrät die Zeit, in der es geschrieben wurde: 1916 bis 1919. Ich denke an kritische Köpfe, wie Jakob Bührer einer war, an landvertraute, unbestechliche Beobachter wie Meinrad Inglin, Traugott Vogel — der schrieb, 1924, in seinem Roman "Unsereiner": "Sie suchen die Seele des Lebens? Ich weiß, wo sie ist. Dem Leben fehlt die Seele, wenn ihm das i fehlt. Dann wird das Leben zu Lieben." Ich denke an einen der damals Jungen, an Albert Ehrismann, der für uns das "Lächeln auf dem Asphalt" entdeckte, Menschheitsgedanken, Menschheitsgefühle in den überschaubaren Raum der Stadt, der Schweizer Stadt hereingenommen. "Aufbruch des Herzens" sei das Kennwort für die Wende in unserer Dichtungsgeschichte, welche zwischen 1900 und 1920 vorbereitet und in den zwanziger Jahren durchgebildet wurde. In Zeitschriften wie der von Max Rychner geleiteten "Neuen Schweizer Rundschau" spiegelte sich dieses größere Fühlvermögen so gut wie die Geistesgegenwart; "Neue Schweizer Rundschau" hieß soviel wie Beobachtungsort Schweiz für Regungen und Ergebnisse von Rang in der Literatur aller Kulturlandschaften.

Da trat Eduard Korrodi, gute zehn Jahre nachdem er seine Literaturbriefe veröffentlicht hatte (diese "Fehdebriefe an das unheilige Herkommen", wie Josef Nadler sagte) — jetzt trat er mit einem Lob des Herkommens auf: 1929 mit dem Lesebuch "Geisteserbe der Schweiz". Er wagte das Wort, auch diejenigen, denen die Schweiz im größeren "globus intellectualis" vielleicht höchst unwirklich erscheine — auch sie könnten sich der Heimat nicht entledigen: "Nicht das Alphorn, aber eine irrationale Anhänglichkeit ruft sie immer wieder zum Ursprung zurück: entfremdete Bürger eines kleinen Staates, die kein anderes Zeugnis für ihre Liebe haben als die Tränen, die der heimirrende Odysseus unter dem Purpur seines Gewandes verbirgt." Was steht hinter solchen Botschaften, wie Korrodis "Geisteserbe" eine war? Ein Vorahnen der Katastrophe. 1933 kommt Hitler an die Macht. Dem "Aufbruch des Herzens" war eine Schranke gesetzt. Nach der Ära des Aufbruchs die Ära der Sammlung. Damit war für die Betroffenen ein Opfer verbunden, ein Opfer des schaffenden Geistes, der auf Freizügigkeit, auf Offenheit angewiesen bleibt.

Wie ein solches Opfer sich im Leben, in der Arbeit eines Dichters darstellt, das wäre beispielhaft bei Albin Zollinger zu sehen. Am 24. Januar 1895 wurde Zollinger in Zürich geboren; am 7. November 1941 ist er in Zürich gestorben; das heißt: das Zeitalter der Weltkriege war ihm nicht nur ein Gerücht, sondern wirklicher Lebensort. 1939, im Herbst, schrieb Albin Zollinger, Füsilier in einer Territorialkompagnie, an seinen Freund Traugott Vogel: " Der T a g (200 Jahre) gehört der Faust; der blaue Himmel der ewigen Ordnungen wölbt sich ü b e r dem Gewölk der Betriebsamen und Barbaren. Wir nehmen den Traum ins Grab; er wird sprossen und in die übernächsten Generationen hineinblühen . . . Es will mir, allem Anschein, allen Beweisen entgegen nicht in den Kopf, daß d a s die Welt beherrschen soll, und ich warte weiterhin auf das herumreißende Wunder. Welch schauerlichen Hintergrund hat das Gespenstische unserer privaten Verhältnisse bekommen, und welche Höllenleitern hinab und herauf rasen wir im Verlauf der Stunden. Die Kreise sind auseinandergeflogen von geisterhafter, lautloser Bombe . . . " Der Zusammenbruch eines solchen Lebens hat private Gründe; aber es wäre zu bequem, nur darauf abzustellen; es sind auch die Krankheiten des Zeitalters, welche hier einen Menschen zerstörten.

1945: Kriegsende. Das Wohlgefühl, es möchte nun ein ausgreifenderer Schritt im Denken und Formen wieder möglich sein. Aber zum Wohlgefühl kam die Ratlosigkeit. Es zeigte sich, wie schwer es hält, wieder ausgreifend zu denken und zu formen, nachdem Geist und Formkraft über mehr als ein Jahrzehnt hin in kleinen Schritten, ja manchmal am Ort hatten wirken müssen. Schweizer Dichter beobachteten, wie – vor allem in Deutschland – nach dem Krieg die Sprache gesucht wurde, die vor den Tatsachen des Zusammenbruchs glaubhaft, überhaupt noch verantwortbar wäre. Wolfgang Weyrauch gab 1949 eine "Sammlung neuer deutscher Geschichten" heraus, "Tausend Gramm" nannte er sie; unter den Worten, mit denen er diese Zeugnisse begleitete, steht da: "Kahlschlag". Der reiche Wuchs der Sprache sollte ausgeholzt werden. Es ging darum, die Sprache auf ihre einfachsten

Züge zurückzuführen, auf erste Bewegungen, welche übersichtlich,
bis in jeden Winkel offenbar blieben — Gewähr dafür, daß sich nicht
Lüge und Entstellung durch Wohlklang und verschlungene Rede
wieder einschleichen könnten — "die Kahlschlägler fangen in Sprache,
Substanz und Konzeption von vorn an", sagte er. Und Wolfgang
Borchert legte fest, alles, was wir tun könnten, sei addieren, Teil
neben Teil setzen — immer gehalten von höchster Vorsicht und Wach-
samkeit gegenüber dem Ausdruck; angestachelt von der Sorge, der
Ausdruck möchte selbsttätig zu wirken beginnen und am Ende wieder
mehr schöne Lüge statt Schönheit geben. Dann kamen die Dokumente
der nationalsozialistischen Barbarei an den Tag; im Umgang mit diesen
Zeugnissen des Grauens wurde der Schweizer Dichter zum Teilhaber
am Entsetzen — wobei wir wissen und es gegenwärtig haben wollen,
daß das Entsetzen aus Dokumenten nicht das Entsetzen aus der un-
mittelbaren Erfahrung sein kann. — Zu alledem kam die Erfahrung,
daß das Atom teilbar ist. In Max Frischs Stück "Die Chinesische
Mauer" (geschrieben in den Jahren 1945 und 1946) ist dieser Wort-
wechsel zu hören:
JUNGER MANN: Exzellenz . . .
NAPOLEON: Sprechen Sie schon!
JUNGER MANN: Exzellenz, das Atom ist teilbar.
NAPOLEON: Was heißt das?
JUNGER MANN: Das heißt: der nächste Krieg, der ausbricht, wird
der letzte sein. Das heißt: es kommt auf den Menschen an, ob es eine
Welt gibt, und nur auf den Menschen. Die Sintflut ist herstellbar . . .

Und dann erlebten wir, daß die Erde zum Objekt, genaugenommen:
zum Gegenüber werden kann; daß man von außen beobachten
kann, was sie tut — und daß man sie stören könnte in dem, was sie tut.
Das sind Erlebnisse, welche das Lebensgefühl nach dem Zweiten Weltkrieg nicht mehr in eben der Fassung ließen, die nach dem Ersten
Weltkrieg noch hatte gelten dürfen. Gegenüber dem Vertrauen von
damals herrschte nun das Mißtrauen. Und durch das Mißtrauen kam
die Angst herein und besetzte uns. Wolfdietrich Schnurre gibt dafür
(in der Chronik "Das Los unserer Stadt", 1959) ein Bild: "Ingenieure
haben bei Befestigungsarbeiten am Rande der Stadt eine furchtbare
Entdeckung gemacht. Sie sprengten eben einen die Zufahrtsstraße be-
drohenden Felsen vom Berg, als sich unterhalb der Gesteinswunde ein
ungeheures Auge auftat . . . Inzwischen ist die schlimmste aller Be-
fürchtungen Wahrheit geworden: Unsere Stadt wurde auf der Brust
eines schlafenden Riesen erbaut: nun haben ihm die Ingenieure eine

Braue gesprengt, und er beginnt zu erwachen. Es sind bereits zahlreiche Kommissionen ernannt worden, die den Auftrag erhielten, das Ohr des Riesen zu finden, um ihm den Wunsch vorzutragen, doch noch einige Zeit liegenzubleiben."

An dieser Angst — der Riese könnte aufstehen —, an der Art und Weise, wie darauf das Erlebnis- und das Formvermögen antworten, scheiden sich alt und jung — wobei das äußerliche, das amtlich bestätigte Lebensalter nicht gar wichtig scheint. Ich möchte, um der Deutlichkeit willen, verallgemeinern: "Alt" wurde durch jene Angst zur Besinnung getrieben; "Alt" kennt das Gepäck, mit dem das Geschlecht der Großväter und der Väter durch die Zeit heraufgekommen ist; "Alt" weiß nun, was damit im Leben der Gemeinschaft an Erfolg und an Katastrophe möglich geworden ist. Wie kam es? Das ist die Frage. Es ist die Frage, welche den Menschen auf die Geschichte lenkt. Frage an das gewachsene, an das wachsende Leben. Es ist ein Befragen dessen, was durchs Dasein heraufgetragen und von Gegenwart zu Gegenwart den Mitlebenden unterbreitet worden ist. Es ist die Frage an die Tradition. Und diejenigen, die so fragten, die "Alten", versuchten zu ermitteln, was als untauglich und verderbt aus dem Väter-Gepäck geworfen werden sollte; sie versuchten aber auch zu ermitteln, was als hilfreich und nützlich darin verbleiben müßte. Zu ihrer Denk- und Fühl-Arbeit gehört die Rehabilitation. Was die "Alten" unter den Schweizer Dichtern angeht, so haben sie dieses Befragen und Prüfen des gewachsenen und wachsenden Lebens im überschaubaren Felde vollzogen, in der Stadt, im Kanton — ich denke an die Chronik "Alles in allem" von Kurt Guggenheim. Da setzt einer beim Naheliegenden, beim Selbsterfahrenen an, um das Vertrauen gegenüber diesem Naheliegenden und Selbsterfahrenen wieder aufzubauen.

Anders die Jungen. Sie kannten das Gepäck kaum, welches von der Großväter- und Vätergeneration durch die Geschichte heraufgetragen worden war. Sie hatten aber vor Augen, was daraus möglich wurde. Sie sahen die Zerstörung des Kontinents. Das Befragen der Geschichte schien ihnen müßig, das Überprüfen der Tradition ein Zeitverlust. Nicht die Frage "Wie kam es?" brannte bei ihnen. Sie stellten fest: Es kam. Und reagierten darauf mit Zorn, mit Hohn. Sie begaben sich in Distanz zur öffentlichen Gemeinschaft.

Dieser selbe Prozeß, die Scheidung zwischen "alt" und "jung", ist sichtbar in den entsprechenden dichterischen Formen. Für "Alt" blieb die Form ein Gehäus, erschüttert wohl und in der Erschütterung um den einen oder andern Zierat gebracht, im ganzen jedoch verläßlich,

ja verläßlicher als vorher, denn nun war ein prüfender Sturm darüber-
gegangen. Für "Jung" dagegen war Form gleichviel wie: Durchgang;
Weg im Offenen. Auch hier in waren die Jungen nicht auf ihren eigenen
Rat, auf ihre Erfahrung allein angewiesen; sie schauten sich um und
fanden Beispiele, die jetzt besonders lesbar und verständlich wurden:
Eliot, Pound, Joyce, Brecht unter andern.
Und nun sehen wir auch, was die Vermutung: "alt" gleich "mindere
Qualität", "jung" gleich "bessere Qualität" – oder umgekehrt – auf
sich hat: nichts. "Alt" und "jung" sind in solch genereller Meinung
keine Qualitätszeichen. Es gibt keine generelle Qualität; es gibt nur die
Qualität des Einzelnen. Es ist nicht nur bequem, sondern brutal, nach
Qualität anders zu fragen, als indem man nach dem Einzelnen fragt.

Als Grundlage für solches Fragen nach dem Einzelnen legte ich der
Arbeitsgemeinschaft eine Namenliste vor, umfassend 138 Schweizer
Lyriker, nach Generationen geordnet. Ich charakterisierte die
Autoren. Unter Fragen und Rückfragen wurde die Liste überprüft
und dabei modifiziert. Jetzt gliederte sich unsere Arbeitsgemeinschaft
auf: die verschiedenen Gruppen wandten sich einzelnen Autoren zu.
Vorher war geklärt worden: Was wollen wir im gegebenen Rahmen?
Wie wollen wir es erreichen?
    1. Wir wollten bei Autoren unseres Jahrhunderts jene Stücke
aus ihrem Schaffen heranholen, in denen wir wichtige stofflich-forma-
le Signale für den seelisch-geistigen Wandel der öffentlichen Gemeinschaft im Zeitalter der Weltkriege erkannt zu haben meinen. Das
heißt andererseits: wir erstrebten keine repräsentativ charakterisierenden Hinweise auf einzelne Dichter. Beim Einzelnen vielmehr
suchten wir Zeichen für das Ganze.
    2. Die Frage nach den Wertklassen. Sie mußte im Horizont
jenes "Was wollen wir?" bedacht werden (Methode reflektiert einen
Weg von mir zur Sache, ein prozeßhaftes Begegnen). Es fiel der Entscheid, den ich mit einem Satz aus Manon Maren-Grisebachs Schrift
"Theorie und Praxis literarischer Wertung" deutlich machen will:
" . . . Die Isolation und Selbstherrlichkeit einer einzelnen Wertklasse
sollte als Konstrukt erkannt und dagegen die Verflechtung und wech-
selseitige Bezogenheit verschiedener Werte in je verschiedenen sozial-
historischen Konstellationen als Gegebenheit akzeptiert werden . . . "

Unter diesen Voraussetzungen arbeiteten die Gruppen. Sie fragten
im Korpus deutschschweizerischer Lyrik nach: "Belegen" – nicht

nach "Blüten". Die Anthologie, die Blütenlese, wurde zum Belegbuch. Der Begriff "Lyrik" konnte, mußte weit gefaßt werden. So stehn in unserem Buch Texte, die in Frankreich "petits poèmes en prose" heißen; auch Texte, die über die Grenze dieser Sorte hinausgehn. Ich arbeitete als Gesprächspartner in den Gruppen und als Verbindungsmann zwischen ihnen. Die Sichtung des gesamten Materials erfolgte danach im Plenum. Da wurde die Gliederung des Ganzen erörtert. Grenzfälle: chronologische Ordnung? Ordnung nach Stoffen, Motiven, sprachlichen Gesten? Chronologische Ordnung war zuverlässig nicht zu leisten (der Versuch scheiterte am Stand der Textüberlieferung; selbst Autoren konnten uns für einzelne Texte keine präzise Auskunft über Entstehungszeit oder Erstpublikation geben). Eine Gliederung nach Stoffen, Motiven, sprachlichen Gesten sodann schloß viel – wir sahen: zu viel – Interpretation unsererseits ein: weniger eine Hilfe für den Benützer, vielmehr eine Bevormundung. Für unser Vorhaben also und für den Stoff, mit dem es eingelöst worden war, bot sich eine unpedantische Gliederung an: in chronologischer Struktur sichtbar stoffliche, motivische, sprachgestische Nachbarschaften. Es ergaben sich auch, über weite Distanz hinweg, Oppositionspaare, die viel sagen (ein Beispiel: Hans Roelli, Fritz Widmer); was sie sagen, wird der Leser von Fall zu Fall aus seinem Erfahrungshorizont heraus benennen. Besonders schwierig wird es sein, den Ort zu überprüfen, den Adolf Wölfli in der Epoche einnimmt; die große Zahl der in unserem Buch erstmals publizierten Texte Wölflis bietet dazu eine Hilfe.

Winter-Semester 1975/76; Sommer-Semester 1978. In dieser Spanne ist an unserem Belegbuch gearbeitet worden. Ich will danke! sagen:
    den Mitgliedern des Seminars, die manche Mühe auf sich nahmen, in schwierigen Phasen durchhielten und Zeit, zum Teil viel Zeit für das Gelingen der gemeinsamen Sache einsetzten. Besonders danke ich dem Arbeitsausschuß, ohne dessen Aufmerksamkeit und Hingabe die Drucklegung kaum möglich geworden wäre: Angelika Maass, Doris Rüegg, Felix Hangartner, Hansjörg Diener und Dieter Schwarz;
    dem Sekretär des Schweizerischen Schriftsteller-Verbandes, Otto Böni. Es gab Zeiten, da sein Büro von Auskunft begehrenden "Anthologisten" überlaufen war. Er half bereitwillig, geduldig, mit Freundlichkeit und Wohlwollen;
    den Verlagen und den Autoren für das Verständnis und die Großzügigkeit, mit denen sie uns die Texte überließen;

dem Leiter des Artemis-Verlags, Dr. Bruno Mariacher, und seinen Mitarbeitern Dr. Martin Müller und Peter Rüfenacht. In Gesprächen mit dem Plenum und mit dem Arbeitsausschuß gaben sie den Beteiligten Einblick in die Entscheidungen — offen für Anregung und Kritik.

Die Erträgnisse aus dem Verkauf unseres Buches möchten wir dem Sekretariat des Schweizerischen Schriftsteller-Verbandes überlassen: zur freien Verwendung für Schweizer Autoren.

Werner Weber

Liste der Seminarteilnehmer

Urs Bader / Franziska Bolli-Zwahlen / Bettina Bosch / Christine Brand / Ruth Brändli / Ivar Breitenmoser / Roman Brotbeck / Philippe Bucheli / Hans Peter Bühler / Augusto Chollet / Christian Cunier / Beatrice Curiger / Hansjörg Diener / Gerhard Dillier / Jens Dittmar / Madeleine Dreyfus / Georg Albrecht Eckle / Thomas Ehrsam / Elisabeth Etter / Tatiana Ferrari / Gertrud Fischer / Mario Haldemann / Alfred Hämmerli / Felix Hangartner / Ursula Hasler / Dieter Hasse / Rudolf Häuptli / Stefan Höchli / Ruedi Homberger / Silvia Höner / Lilian Hornung / Thomas Huber / Ralph Hug / Hans Huonker / Franziska Jakob / Harry Joelson / Anna-Marie Kappeler / Walter Keller / Pierre Kocher / Adelgunde Kohler / Gerold Koller / Juliane Krämer / Ingrid Kunz / Robert Kuster / Michael Lang / Hugo Lingg / Hannah Liron / Raimonda Lobina / Angelika Maass / Marianne Malak / Richard Meisterhans / Alfred Messerli /Thomas Meyer-Marsilius / Eduard Müller / Petra Münch / Erika Oettli-Studer / Roger Perret / Madeleine Peter / Kathrin Pfister / Werner Pfister / Katka Räber-Schneider / Doris Rüegg / Hansjörg Schenker / Volkhard Scheunpflug / Ernst Schlumpf / Dorothee Schmid / Peter Schneider / Dieter Schwarz / Felix Schwegler / Regine Schweizer / Hugo Sennhauser / Margrith Sieber / Rolf Specht / Erich Stark / Susi Stehli / Barbara Stehli-Zollikofer / Robert Steiger / Ingrid Steiger-Schumann / Susanne Steiner / Balthasar Störi / Martin Strauß / Margrit Strohbach / Daniel Suter / Ingrid Textor / Giorgio Thoeni / René Uhlmann / Silvia Vicari / Alice Villon / Roland Wächter / Ruth Weibel / Heinrich Weidmann / Renata Wietlisbach / Jean-Claude Wolf

Für die nachfolgenden biographischen Hinweise sind Schriftstellerlexika, Literaturgeschichten, Monographien und biographische Anmerkungen in Werkausgaben und Anthologien zu Rate gezogen worden; im besondern:

Calgari, Guido: Die vier Literaturen der Schweiz. —
Olten: Walter 1966.
Ermatinger, Emil: Dichtung und Geistesleben der deutschen Schweiz. —
München: Beck 1933.
Gsteiger, Manfred (Hrsg.): Die zeitgenössischen Literaturen der
Schweiz. — München: Kindler 1974 (= Bd. Schweiz in der Reihe: Kindlers Literaturgeschichte der Gegenwart. Autoren, Werke, Themen, Tendenzen seit 1945).

Blöchlinger Max: La poésie lyrique contemporaine en Suisse allemande,
avec une bibliographie de la poésie lyrique de 1900 à 1944. — Lausanne:
Roth 1947.

Faesi, Robert (Hrsg.): Anthologia Helvetica. Deutsche, französische,
italienische, rätoromanische und lateinische Gedichte und Volkslieder. —
Leipzig: Insel 1921.
Fringeli, Dieter (Hrsg.): Gut zum Druck. Literatur der deutschen Schweiz
seit 1964. — Zürich: Artemis 1972.
Fringeli, Dieter (Hrsg.): Mach keini Schprüch. Schweizer Mundart-Lyrik
des 20. Jahrhunderts. — Zürich: Artemis 1972.
Fringeli, Dieter; Nizon, Paul; Pedretti, Erica (Hrsg.): Taschenbuch der
Gruppe Olten. — Zürich: Benziger 1974.
Jentzsch, Bernd (Hrsg.): Schweizer Lyrik des zwanzigsten Jahrhunderts.
Gedichte aus 4 Sprachregionen. — Zürich: Benziger 1977.
Mariacher, Bruno; Witz, Friedrich (Hrsg.): Bestand und Versuch.
Schweizer Schrifttum der Gegenwart, Lettres suisses d'aujourd'hui, Lettere
elvetiche d'oggi, Vuschs svizras da nos temp. — Zürich: Artemis 1964.
Scherer, Bruno Stephan (Hrsg.): Innerschweizer Schriftsteller. Texte und
Lexikon. — Luzern: Raeber 1977.
Thürer, Georg: Holderblüescht. Ein alemannisches Mundart-Lesebuch,
mit Beiträgen aus der deutschsprachigen Schweiz und ihrer alemannischen
Nachbarschaft: aus Baden, dem Elsaß, Vorarlberg, Liechtenstein und den Walsersiedlungen im Piemont. — München/Aarau: Langewiesche-Brandt/Sauerländer
1962.

Weitere Daten wurden ermittelt im Personalarchiv des Schweizerischen Schriftsteller-Verbandes und durch Rückfragen bei Amtsstellen und Autoren. — Die
Redaktion dieses bio-bibliographischen Teils und des Verzeichnisses der
Gedichte besorgte Angelika Maass.

Arp, Hans * 16.9.1887, Straßburg; † 7.6.1966, Basel. Lyrik, Prosa, Essay. —
1905—1907 Studium an der Kunstschule in Weimar; 1908 Académie Julian in
Paris; 1911 Anschluß an den "Blauen Reiter"; 1913 Mitarbeiter an Herwarth
Waldens "Der Sturm"; 1916 Mitbegründer von "Dada" in Zürich ("Cabaret Voltaire"); heiratet 1922 Sophie Taeuber; 1923 Zusammenarbeit mit Kurt Schwitters; 1926 Übersiedlung nach Meudon bei Paris; 1940—1941 in Südfrankreich
(Grasse), 1942 in der Schweiz; 1946 Rückkehr nach Meudon; Aufenthalte in

Locarno-Solduno und Basel; 1957 korrespondierendes Mitglied der Deutschen Akademie für Sprache und Dichtung, Darmstadt, 1958 der West-Berliner Akademie der Künste, 1960 Ritter der Ehrenlegion, 1962 korrespondierendes Mitglied der Hamburger Akademie der Künste, 1964 Kunstpreis des Landes Nordrhein-Westfalen, 1965 Hansischer Goethepreis.

S. 8: Tzara, Serner und ich . . . ; aus: Unsern täglichen Traum . . . Erinnerungen, Dichtungen und Betrachtungen aus den Jahren 1914—1954. — Zürich: Arche 1955.

S. 9: Die Hyperbel vom Krokodilcoiffeur und dem Spazierstock (zusammen mit Hugo Ball und Tristan Tzara); aus: Peter Schifferli (Hrsg.), Die Geburt des Dada. Dichtung und Chronik der Gründer. — Zürich: Arche 1957.

Ball, Hugo   * 22.2.1886, Pirmasens (Rheinpfalz); † 14.9.1927, Sant'Abbondio (Kt. Tessin). Lyrik, Prosa, Schauspiel, Essay. — Gymnasium in Zweibrücken; kaufmännische Lehre; 1906 Studium (Philosophie, Soziologie) in München, Heidelberg, Basel; Regieausbildung bei Max Reinhardt in Berlin; Dramaturg in Plauen und München (Kammerspiele); lernt 1912 in München seine spätere Frau Emmy Hennings kennen; 1915 Emigration in die Schweiz; 1916 Mitbegründer von "Dada" in Zürich ("Cabaret Voltaire"); 1917—1919 Redaktor der "Freien Zeitung", Bern; 1920 Rückkehr zum Katholizismus; 1921—1924 in Agnuzzo (Kt. Tessin); 1924—1926 Aufenthalt in Italien; 1926 bis zum Tod in Serengo und Agnuzzo.

S. 7: Manifest zum 1. Dada-Abend; Zürich, Zunfthaus zur Waag, 14. Juli 1916; aus: Paul Pörtner (Hrsg.), Literatur-Revolution 1910—1925. Dokumente, Manifeste. Programme. Bd. 11. Zur Begriffsbestimmung der Ismen. — Neuwied: Luchterhand 1961.

S. 8: Ich habe eine neue Gattung . . . ; aus: Die Flucht aus der Zeit. — München: Kösel & Pustet 1931.

S. 8: Karawane; aus: Gesammelte Gedichte, hrsg. v. Annemarie Schütt-Hennings. — Zürich: Arche 1963.

Bänninger, Konrad   * 15.9.1890, Zürich. Lyrik, Essay. — Primar- und Sekundarschule in Zürich; Lehrerseminar in Küsnacht; Lehrer in Uster; Sanskrit-Studien an der Universität Zürich; freier Schriftsteller in Zürich; 1933—1959 Lehrer in Bülach.

S. 21: Gesang (V); aus: Weltgarten. — Zürich: Rascher 1918.

Böckli, Carl   (Bö/dadasius lapidar)   * 23.9.1889, St. Gallen; † 4.12.1970, Heiden. Karikatur, kritische Glosse. — Primar- und Sekundarschule in Zürich-Wiedikon; 1906 Kunstgewerbeschule Zürich; 1906—1908 Kunstgewerbeabteilung am Technikum Winterthur; 1909—1919 Wanderjahre: als Graphiker in Mailand, Karlsruhe und Lissabon; Schalterbeamter bei der deutschen Reichspost; 1920 Rückkehr in die Schweiz, Zeichenlehrer am Institut Schmidt, bis 1928 an der Buchdrucker-Fachschule St. Gallen; seit 1922 regelmäßige Mitarbeit beim "Nebelspalter", 1927 Redaktor, 1962 Rücktritt als Redaktor.

S. 162: Zensur; aus: Abseits vom Heldentum. — Rorschach: Löpfe-Benz 1946.

S. 163: Der Popoburger; a.a.O.

S. 164: Euserein; aus: Euserein. — Rorschach: Löpfe-Benz 1955.

S. 165: So simmer!; aus: Figürli aus dem Nebelspalter. — Rorschach: Löpfe-Benz 1951.

S. 166: Entfindung!; aus: Ich und anderi Schwizer. — Rorschach: Löpfe-Benz 1957.

S. 167: Jetzt ist sie da, die Ferienzeit . . . ; aus: Seldwylereien. — Rorschach: Löpfe-Benz 1948.

S. 168: Von der einbildung der alten; aus: meine schreibe hat bleibe. — Rorschach: Nebelspalter-Verlag 1968.

S. 168: Heines lorelei überholt; a.a.O.

Boesch, Hans * 13.3.1926, Frümsen-Sennwald (Kt. St. Gallen). Lyrik, Prosa. — Technikum in Winterthur; 1946/47 Kuraufenthalt in Sanatorium: erste Verse; Arbeit als Bauführer, u.a. in elsäßischen Kaliminen; später Verkehrsplaner, wissenschaftlicher Mitarbeiter an der ETH Zürich; 1954 Conrad-Ferdinand-Meyer-Preis.

    S. 234: Ich bin nicht sicher, Freund . . . ; aus: Oleander, der Jüngling. — St. Gallen: Tschudy 1951 (= Der Bogen, H. 20).

    S. 234: Ach das Weinen nachts . . . ; a.a.O.

    S. 234: Und doch . . . ; a.a.O.

Bolliger, Max * 23.4.1929, Glarus. Lyrik, Prosa, Hörspiel, Drehbuch. — 1936—1946 Schulen in Schwanden, Braunwald, Lenzburg; 1946—1950 Lehrerseminar Wettingen; seit 1950 Lehrtätigkeit (u.a. in Adliswil/Zürich); 1958—1960 heilpädagogische und psychologische Studien am Heilpädagogischen Seminar der Universität Zürich, anschließend Arbeit als Heilpädagoge; regelmäßiger freier Mitarbeiter am Schweizer Fernsehen und am Radio DRS, seit 1969 freier Schriftsteller in Zürich; 1966 Deutscher Jugendbuchpreis für das beste Kinderbuch, 1973 Schweizerischer Jugendbuchpreis, 1974 Conrad-Ferdinand-Meyer-Preis.

    S. 235: Da wo ich wohne . . . ; aus: Schweigen, vermehrt um den Schnee. — Meilen-Zürich: Magica 1969.

    S. 235: Sei vorsichtig . . . ; a.a.O.

Born, Ernst * 11.12.1949, Zürich. Lieder. — Schule und Lehre als Reprophotograph in Basel; Aufenthalte in Mailand und Kopenhagen; seit 1967 Lieder.

    S. 320: Talfahrt; aus: DBallade vo der Münschterfähri (Schallplatte). — Therwil: Duraphon HD 228 1975.

    S. 322: DBallade vom danggbare Fisch; a.a.O.

Brambach, Rainer * 22.1.1917, Basel. Lyrik, Prosa. — Acht Jahre Volksschule in Basel; verschiedene handwerkliche Berufe (Flachmaler, Landarbeiter, Gartenbauarbeiter); seit 1959 freier Schriftsteller in Basel.

    S. 236: Rein persönlich; aus: Marco Polos Koffer. — Zürich: Diogenes 1968.

    S. 236: Alleinstehende Männer; aus: Ich fand keinen Namen dafür. — Zürich: Diogenes 1969.

    S. 237: Glückszeichen; a.a.O.

    S. 237: Leben; a.a.O.

Brechbühl, Beat * 28.7.1939, Oppligen (Kt. Bern). Lyrik, Prosa. — Schriftsetzerlehre in Bern; 1960 Akzidenzsetzer in Genf; 1961—1964 Redaktor einer Jugendzeitschrift, Verlags- und Druckerei-Mitarbeiter in Egnach (Kt. Thurgau); 1964—1965 Setzer in Berlin und Zürich; 1966—1971 Herstellungs- und Produktionsleiter in einem Zürcher Verlag; seit 1971 freier Schriftsteller und Bildermacher in Jona bei Rapperswil; 1975 Conrad-Ferdinand-Meyer-Preis.

    S. 355: Tschau Goethe; aus: Der geschlagene Hund pißt an die Säulen des Tempels. — Zürich: Diogenes 1972.

    S. 355: Ehepaar beim Nachtessen; aus: Die Litanei von den Bremsklötzen. — Bern: Lukianos 1969.

    S. 355: Die Ballade vom Sporttoto; aus: Der geschlagene Hund pißt an die Säulen des Tempels. — Zürich: Diogenes 1972.

    S. 356: Zürichsee; a.a.O.

    S. 357: Ein Hausvermieter lacht; a.a.O.

Bremer, Claus * 11.7.1924, Cormondrèche. Lyrik, Schauspiel, Hörspiel, Essay, Übersetzung. — Gymnasium in Hamburg und Freiburg/Brsg.; 1945—1949 Studium (Altphilologie, Philosophie, Literatur, Kunstgeschichte) in Freiburg/Brsg.; 1947—1949 Ausbildung zum Schauspieler; 1952—1961 Regieassistent,

Dramaturg in Darmstadt; Arbeit am Berner Stadttheater und am Ulmer Theater;
1962—1965 Dozent an der Ulmer Hochschule für Gestaltung; seit 1966 freier
Theatermann, Schriftsteller, Dozent, Cineast, Journalist (Arbeit in Kassel,
Düsseldorf, Zürich, Basel).
    S. 272: Sprich mir . . . ; aus: Claus Bremer, Anlaesse. Kommentierte
Poesie 1949 bis 1969. — Neuwied: Luchterhand 1970 (= Luchterhand Druck 7).
    S. 273: die rücksicht fällt . . . ; a.a.O.
    S. 273: mit brüsten und flügeln das pferd . . . ; a.a.O.
    S. 274: e/ei/ein . . . ; a.a.O
    S. 275: eeeee . . . ; a.a.O.
    S. 276: (Farbe bekennen); a.a.O.

Brenner, Paul Adolf * 29.1.1910, Zürich; † 20.9.1967, Zürich. Lyrik. — Nach
der Sekundarschule kaufmännische Ausbildung, 1936—1956 Führung des vom
Vater übernommenen Geschäfts; Reisen nach Dalmatien, Aufenthalte in Paris
und in der Provence; seit 1957 freier Schriftsteller; 1942 und 1952 Conrad-Ferdinand-Meyer-Preis.
    S. 177: Die Mutter des verlorenen Sohnes; aus: Das trostreiche Antlitz. —
Zürich: Oprecht 1941.
    S. 178: Ich führ dich nochmals an den dunklen Fluß . . . ; a.a.O.

Bucher, Werner * 19.8.1938. Lyrik, Prosa, Essay, Übersetzung. — Schulen in
Zürich und Ebikon (Kt. Luzern); Arbeit in verschiedenen Berufen, dann Journalist bei mehreren Zeitungen (Ressorts Sport, Kultur, Inland); während einiger
Zeit Herausgeber der 1971 gegründeten Zeitschrift "Die Bresche", Zürich; seit
1974 Herausgeber der Literaturzeitschrift "orte", gründet 1976 den "orte-Verlag"; Schriftsteller und Journalist in Zürich.
    S. 352: So ein Morgen; aus: Eigentlich wunderbar, das Leben . . . . —
Zürich: Classen 1976.
    S. 353: Die Herren; aus: Nicht solche Ängste, du . . . . — Darmstadt:
Bläschke 1974.
    S. 354: Avec le temps; aus: & jetzt das Glas, der Beton, in: Zeitzünder 1. —
Zürich: orte-Verlag 1976.
    S. 354: Im Grase; aus: Eigentlich wunderbar, das Leben . . . . — Zürich:
Classen 1976.

Bührer, Jakob * 8.11.1882, Zürich; † 22.11.1975, Verscio (Kt. Tessin). Lyrik,
Prosa, Schauspiel, Hörspiel, Essay, Übersetzung. — Jugend in Schaffhausen;
kaufmännische Lehre; Theaterkritiker, während vier Semestern freier Hörer an
der Universität Zürich; Redaktor ("Emmentaler Nachrichten", "Berner Intelligenzblatt"), Mitarbeiter der "National-Zeitung" und des "Volksrecht", freier
Schriftsteller; 1912 Mitbegründer des Schweizerischen Schriftsteller-Vereins;
seit 1935 im Tessin.
    S. 131: Die Botschaft vom ersten Mai; aus: Kommt dann nicht der
Tag? — Gerlafingen: Buchpresse 1962.
    S. 134: Vielleicht, daß es dennoch gelingt; a.a.O.
    S. 134: Warum mich Schulden quälen; aus: Neue Zürcher Zeitung,
7.11.1967, Nr. 4741.

Burger, Hermann * 10.7.1942, Menziken (Kt. Aargau). Lyrik, Prosa. — Vier
Semester Architekturstudium an der ETH Zürich, Studium der Germanistik an
der Universität Zürich, 1974 Promotion mit der Arbeit "Paul Celan. Auf der
Suche nach der verlorenen Sprache"; Redaktor an einer Tageszeitung und
Dozent für Literatur an der ETH.
    S. 349: Eiszeit; aus: Rauchsignale. — Zürich: Artemis 1967.
    S. 349: Beim Betrachten einer ländlichen Idylle aus den Münchener Bilderbogen; aus: Kindergedichte (in Vorbereitung).

Burkart, Erika * 8.2.1922, Aarau. Lyrik, Prosa. — 1938—1942 Lehrerinnenseminar Aarau; 1942—1952 Primarlehrerin; Reisen in Italien, Frankreich,
Spanien, Deutschland und Österreich; lebt als freie Schriftstellerin im "Kapf",
dem ehemaligen Äbtehaus des Klosters Muri in Althäusern bei Muri (Kt. Aargau);
1956 Meersburger Droste-Preis, 1961 Conrad-Ferdinand-Meyer-Preis, 1971 Ida-
Dehmel-Preis der Stadt Hannover, 1978 Johann-Peter-Hebel-Preis.
     S. 224: Zypresse vor Verona; aus: Die gerettete Erde. — St. Gallen:
Tschudy 1960.
     S. 224: Ich sehe; aus: Mit den Augen der Kore. — St. Gallen: Tschudy
1962.
     S. 225: Einer, der schreibt; aus: Ich lebe. — Zürich: Artemis 1964.
     S. 226: Vermerke; aus: Die weichenden Ufer. — Zürich: Artemis 1967.
     S. 226: Mit wenigen Bildern; aus: Die Transparenz der Scherben. —
Zürich: Benziger 1973.

Burkhalter, Gertrud * 9.1.1911, Biel. Lyrik, Schauspiel, Essay. — Aufgewachsen im Berner Seeland; Höhere Töchterschule in Zürich, ein Jahr Institut in der
französischen Schweiz; Tätigkeit als Journalistin; Englandaufenthalt, Bildungs-
reisen; seit 1946 Bibliothekarin bei der Pestalozzigesellschaft in Zürich.
     S. 289: Ds Meer; aus: Heligeland. — Elgg: Volksverlag 1957.
     S. 289: Füür; a.a.O.
     S. 290: San Lorenzo di Siponte zmitts i Asphodelematte; aus: Neue
Zürcher Zeitung, 27.2.1962, Nr. 762.
     S. 291: Montere; aus: Neue Zürcher Zeitung, 22.12.1963, Nr. 5346.
     S. 291: "Alles ist eitel"; aus: Neue Zürcher Zeitung, 5.12.1971, Nr. 567.

Burren, Ernst * 20.11.1944, Oberdorf (Kt. Solothurn). Lyrik, Prosa, Hörspiel. —
Nach Primar- und Bezirksschule Lehrerseminar in Solothurn, anschließend
Primarlehrer; Reisen in verschiedene Länder, längere Aufenthalte in Lausanne
und Boulogne; Lehrer in Bettlach.
     S. 311: brings zu öppis; aus: Scho wider Sunndig. — Bern: Zytglogge 1971.
     S. 311: sit dr scho abrännet; a.a.O.

Davi, Hans Leopold * 10.1.1928, Santa Cruz de Tenerife (Kanarische Inseln).
Lyrik, Prosa, Übersetzung. — Jugend in Spanien; seit 1947 in der Schweiz
(St. Gallen, Zürich); Buchhändlerlehre in Zürich; 1951/52 Aufenthalt in Paris;
seit 1953 Buchhändler in Luzern.
     S. 252: Penelope; aus: Stein und Wolke. — Zürich: Diogenes 1961.
     S. 252: Am Strand; a.a.O.
     S. 253: Böser Traum; aus: Aumenta el nivel de los ríos / Es steigt der
Wasserspiegel der Flüsse. — Madrid: Insula 1975.

Eggimann, Ernst * 23.4.1936, Bern. Lyrik, Prosa, Hörspiel, Schauspiel, Essay. —
Aufgewachsen in Bern; Kantonsschule Luzern, Städtisches Gymnasium in
Bern; Ausbildung zum Sekundarlehrer in Bern; Auslandaufenthalte (Berlin,
London, Provence), Reisen nach Indien und Nepal; Sekundarlehrer in Langnau
i.E.; nebenberuflich Kolumnist des "Bund"; 1967 Literaturpreis der Stadt
Bern, 1968 des Kantons Bern.
     S. 308: Bärner Schriftsteuerverein; aus: Henusode. — Zürich: Arche 1968.
     S. 308: Venusode; a.a.O.
     S. 309: ooo . . . ; a.a.O.
     S. 309: we n e chue . . . ; aus: Heikermänt. — Zürich: Arche 1971.
     S. 310: e rächte schwizzer; a.a.O.

Ehrismann, Albert * 20.9.1908, Zürich. Lyrik, Prosa. — Primar- und Sekundarschule in Zürich; kaufmännische Lehre; während kurzer Zeit Buchhalter; seit
1928 freier Schriftsteller, Auftragsgedichte für den "Tages-Anzeiger", später
feste Aufträge für die Schweizerische Verkehrszentrale, den "Nebelspalter"

u.a., Theaterkritiken für die "Weltwoche" und das "Volksrecht"; seit Oktober 1971 Gedichte am Radio ("Das Gedicht am Sonntagabend"); lebt in Zürich; 1940 Conrad-Ferdinand-Meyer-Preis.

S. 179: Vorspruch; aus: Lächeln auf dem Asphalt. − Zürich: Orell Füßli 1930.

S. 179: Die Rehlein; aus: Das Stundenglas. − Zürich: Fretz & Wasmuth 1948.

S. 180: Zärtliches Gespräch; aus: Sterne von unten. − Zürich: Oprecht 1939.

S. 180: Abend; aus: Morgenmond. Frühe Gedichte 1928. − Zürich: Johannespresse 1951.

S. 181: Ravenna; aus: Riesenrad der Sterne. − Zürich: Artemis 1960. (Str. 3, 7. Vers: Variante 1976).

S. 182: Der Schwämmeler; aus: Ein ganz gewöhnlicher Tag. − Zürich: Fretz & Wasmuth 1954.

S. 183: Die Wegelagerer; aus: Mich wundert, daß ich fröhlich bin. − Zürich: Classen 1973.

S. 184: Orangen; aus: Die Gedichte des Pessimisten und Moralisten Albert Ehrismann. − Rorschach: Nebelspalter-Verlag 1972.

S. 185: Einmal aus meinem Herzen keine Mördergrube gemacht; aus: Mich wundert, daß ich fröhlich bin. − Zürich: Classen 1973.

Enderlin, Fritz * 25.5.1883, Amriswil (Kt. Thurgau); † 29.11.1971, Zürich. Lyrik, Prosa, Schauspiel, Essay, Übersetzung. − Germanistikstudium in Zürich, 1911 Promotion mit der Arbeit "Die Mundart von Kesswil im Oberthurgau"; 1909−1911 Deutschlehrer an der Kantonalen Handelsschule Bellinzona; 1911−1949 Lehrer an der Töchterschule in Zürich, 1930−1949 Rektor der Abteilung I.

S. 316: Gier und Genügsamkeit; aus: Horaz. Oden in Auswahl. − St. Gallen: Tschudy 1960.

Faesi, Robert * 10.4.1883, Zürich; † 18.9.1972, Zollikon. Lyrik, Prosa, Schauspiel, literaturwissenschaftliche Monographie. − Schulen in Zürich; Studium: drei Semester Rechtswissenschaft in Lausanne, Zürich, dann Germanistik, Kunstgeschichte in Berlin, Zürich, 1907 Promotion bei Adolf Frey mit der Arbeit "Abraham Emanuel Fröhlich"; 1911 Privatdozent für neuere deutsche und schweizerische Literatur an der Universität Zürich (Habilitation mit der Arbeit "Paul Ernst und die neuklassischen Bestrebungen im Drama"); während des Ersten Weltkriegs Grenzdienst als Offizier; 1922 a.o., 1943 o. Professor, 1953 Honorarprofessor; 1943 Gottfried-Keller-Preis, 1945 Literaturpreis der Stadt Zürich.

S. 13: Prüfung; aus: Aus der Brandung. − Frauenfeld: Huber 1917.

S. 14: Trotz und Demut; aus: Der brennende Busch. − Zürich: Grethlein 1926.

Faßbind, Franz * 7.3.1919, Unteriberg (Kt. Schwyz). Lyrik, Prosa, Schauspiel, Hörspiel, Essay, Biographie. − Gymnasium in Einsiedeln und Feldkirch ("Stella Matutina"); Konservatorium in Zürich (Volkmar Andreae, Paul Müller); freier Schriftsteller, Komponist, Journalist (1945−1970 Radiokritiker der "Neuen Zürcher Zeitung"); 1955 Conrad-Ferdinand-Meyer-Preis.

S. 241: Er streckte die Hand aus . . . ; aus: Die Werke der Barmherzigkeit. − Schwyz: Buchdruckerei der Schwyzer Zeitung AG 1975.

S. 241: Zeichen im Sand . . . ; a.a.O.

S. 241: Absturz; aus: Stereotypien. − Zürich: Pendo 1977.

S. 242: Unterwegs; a.a.O.

Fringeli, Dieter *17.7.1942, Basel. Lyrik, Essay. − Aufgewachsen im solothurnischen Jura; Studium (Germanistik, Geschichte, Philosophie) in Basel und Fribourg, 1967 Promotion mit der Arbeit "Alexander Xaver Gwerder, Wesen

und Wirken''; zwei Jahre Lehrer am Basler Gymnasium; 1972—1974 Lehrauf-
trag für neuere deutsche Literatur an der ETH Zürich; 1973 Lehrauftrag an der
Universität Lausanne, Gastvorlesungen an der University of Southern California
(Los Angeles); Dozent für neuere deutsche Literatur an der Volkshochschule
Basel; Literaturredaktor der "Basler Zeitung''; Sekretär des deutschschweize-
rischen PEN-Clubs; freier Schriftsteller in Basel und Hamburg.

    S. 313: Hürote; aus: Das Wort reden. — Olten: Walter 1971.

    S. 313: Zuhause; a.a.O.

    S. 314: Die Angst (I); aus: Zwischen den Orten. — Breitenbach: Jeger-
Moll 1965.

    S. 314: morgenpost 11.7.74; aus: Durchaus. — Düsseldorf: Eremiten-
Presse 1975.

Fromer, Martin A. * 2.10.1949, Basel. Lyrik, Prosa, Essay. — Gymnasium in
Basel und Bern; Medizinstudium an der Universität Basel; Arzt in Basel.

    S. 372: Ausblick; aus: Kurzwaren. Schweizer Lyriker 2. — Bern: Zyt-
glogge 1976.

Geerk, Frank ‡ 17.1.1946, Kiel (BRD). Lyrik, Prosa, Schauspiel, Übersetzung. —
Aufgewachsen bei Basel; 1966—1974 Studium (Philosophie, Psychologie) in
Basel; seit 1972 Mitherausgeber der Literaturzeitschrift "Poesie''; freier Schrift-
steller in Basel.

    S. 359: In memoriam Olga K.; aus: Kneipenlieder (zusammen mit Rainer
Brambach). — Zürich: Diogenes 1974.

    S. 360: Sonett von den hochgeborenen Engeln; aus: Notwehr. — Köln:
Kiepenheuer & Witsch 1975.

    S. 361: Nagasaki; a.a.O.

Geiser, Christoph * 3.8.1949, Basel. Lyrik, Prosa, Schauspiel. — Schulen in
Basel, Matura am Humanistischen Gymnasium; Studium der Soziologie; wegen
Militärdienstverweigerung drei Monate Gefängnis; Mitherausgeber der Literatur-
zeitschrift "drehpunkt''; freier Journalist in Bern.

    S. 362: Die Suppe . . . ; aus: Bessere Zeiten. — Zürich: Regenbogen-Reihe
(12) 1968.

    S. 362: auch atlantis; aus: Mitteilung an Mitgefangene. — Basel: Lenos-
Presse 1971.

    S. 363: Ich ging nicht hin; aus: Bessere Zeiten. — Zürich: Regenbogen-
Reihe (12) 1968.

    S. 363: ausgestopfte raubtiere; aus: Warnung für Tiefflieger. — Basel:
Lenos-Presse 1974.

Gomringer, Eugen * 20.1.1925, Cachuela Esperanza (Bolivien). Lyrik, Essay,
Monographie. — 1946—1950 Studium (Nationalökonomie, Kunstgeschichte) in
Bern und Rom; Gründung der Zeitschrift "spirale'' mit Marcel Wyß und Dieter
Roth; 1954—1958 Sekretär von Max Bill an der Hochschule für Gestaltung,
Ulm; seit 1960 Herausgeber der Schriftenreihe "konkrete poesie poesia con-
creta'' ("eugen gomringer press'', Frauenfeld); 1962—1967 Geschäftsführer des
Schweizerischen Werkbundes in Zürich; seit 1967 Kulturbeauftragter der Rosen-
thal AG in Selb (Bayern); seit 1973 Archiv für konkrete poesie.

    S. 267: Bekenntnis; aus: Dieter Keßler, Untersuchungen zur Konkreten
Dichtung. Vorformen — Theorien — Texte. — Meisenheim am Glan: Hain 1976
(= Deutsche Studien Bd. 30).

    S. 267: worte sind schatten; aus: worte sind schatten. die konstellationen
1951—1968, hrsg. v. Helmut Heißenbüttel. — Reinbek bei Hamburg: Rowohlt
1969.

    S. 268: gleichmäßig gleich gleichmäßig ungleich ungleichmäßig . . . ;
a.a.O.

    S. 268: baum kind hund haus; a.a.O.

    S. 268: einanderzudrehen; a.a.O.

S. 269: das land; a.a.O.
S. 270: der einfache weg; a.a.O.
S. 271: chumm; a.a.O.
S. 271: schwiizer; a.a.O.

Graß, Paul * 12.2.1926, Pontresina. Lyrik. — Primar- und Sekundarschule in Pontresina; Besuch der vorbereitenden Klasse der Kunstgewerbeschule in Zürich; 1944—1946 Lehre beim Bildhauer Otto Müller in Zürich, Mitarbeiter in dessen Atelier; seit 1948 freischaffender Künstler; Stipendien von Stadt und Kanton Zürich; 1958 eigenes Bildhaueratelier in Zürich; seit 1973 Lehrer für Modellierunterricht an der Kunstgewerbeschule in Zürich.
S. 259: sich verstecken . . . ; aus: Kurzwaren. Schweizer Lyriker 3. — Bern: Zytglogge 1977.
S. 259: Ja; a.a.O.

Gretler, Gottfried * 11.7.1917, Wädenswil; † 18.10.1951, Lausanne. Lyrik. — Nach abgeschlossenem Theologiestudium Bundessekretär des Christlichen Vereins Junger Männer in Zürich; später Leiter des kirchlichen Ferienhauses Landegg (Kt. Appenzell), Pfarrer in Thayngen (Kt. Schaffhausen); Erkrankung an Tuberkulose, Kur in Montana und Lausanne.
S. 231: Der Teich; aus: Gedichte. — Zürich: Orell Füßli 1937.

Groß, Walter * 12.10.1924, Winterthur. Lyrik, Prosa. — Lehre als Buchbinder, Arbeit in verschiedenen Buchbindereien; Bibliotheksangestellter; Reisen und Aufenthalte in Italien, Frankreich und Deutschland; freier Schriftsteller in Winterthur; 1967 Conrad-Ferdinand-Meyer-Preis.
S. 247: An jenem Nachmittag; aus: Botschaften noch im Staub. — Hamburg: Ellermann 1957.
S. 248: An Cesare Pavese; aus: Antworten. — München: Piper 1964.
S. 249: Umzingelung; aus: Botschaften noch im Staub. — Hamburg: Ellermann 1957.

Gwerder, Alexander Xaver * 11.3.1923, Thalwil; † 14.9.1952, Arles (Provence). Lyrik, Prosa. — Volksschule in Wädenswil und Rüschlikon; Berufslehre wider Willen als Offset-Kopist in Zürich, Arbeit in diesem Beruf bis zum Tod; Rekrutenschule, der große Schock; Heirat und Wohnsitz in Riehen b. Basel; 1945 Übersiedlung nach Zürich; 1952 Angriff in der "Zürcher Woche" gegen ein von ihm publiziertes Gedicht, Schwierigkeiten im Zusammenhang mit der Militärpflicht, Bruch mit der Schweiz; nach schwerer Krankheit (Gelbsucht) Flucht nach Arles; 14.9.1952 Selbstmord in Arles.
S. 211: Valse Triste; aus: Blauer Eisenhut. — Zürich: Magnus 1951.
S. 211: Strom; aus: Dämmerklee, hrsg. v. Hans Rudolf Hilty. — Zürich: Arche 1955.
S. 212: Der Zigeuner; a.a.O.
S. 212: September-Bucht; a.a.O.
S. 212: Ich geh unter lauter Schatten; a.a.O.
S. 213: Erde und Himmel; a.a.O.
S. 214: Die letzte Stunde (Titel vom Hrsg. H.R. Hilty; bei Gwerder: Ohne Worte); a.a.O.
S. 214: Réveille; aus: Land über Dächer, hrsg. v. Hans Rudolf Hilty. — Zürich: Arche 1959.
S. 215: Die Weise vom Kriterium eines Heutigen; a.a.O.

Haller, Paul * 13.7.1882, Rain b. Brugg; † 10.3.1920, Brugg. Lyrik, Schauspiel. — Pfarrerssohn; Studium der Theologie in Basel, Marburg, Berlin, Zürich; 1906—1910 Pfarrer in Kirchberg (Kt. Aargau); Studium der Germanistik, Geschichte, Pädagogik; 1913—1916 Lehrer an der Evangelischen Lehranstalt in

Schiers; 1916–1920 Lehrer am Lehrerseminar in Wettingen; 10.3.1920 Selbst-
mord.
  S. 78: Dr alt Fötzel; aus: Gesammelte Werke (Hrsg. Erwin Haller). –
Aarau: Sauerländer 1956.
  S. 79: Z Nacht; a.a.O.

Hamburger, Martin * 23.10.1951, St. Gallen. Lyrik, Schauspiel (unveröffent-
licht). – 1958–1967 Primar- und Sekundarschule in St. Gallen; 1967–1970
Handelsschule mit Diplomabschluß; 1970–1972 Buchhändlerlehre in St. Gallen,
Aufenthalt in England; 1972–1973 Buchhändler in Zürich; 1974–1975 Besuch
der Schauspielakademie in Zürich, anschließend Mitarbeit bei verschiedenen
Theater- und Filmproduktionen; seit Sommer 1976 Regieassistent und Schau-
spieler am Stadttheater St. Gallen.
  S. 371: Begegnung; aus: Kurzwaren. Schweizer Lyriker 3. – Bern: Zyt-
glogge 1977.
  S. 371: Der Trick vom Abschied; a.a.O.

Hämmerli-Marti, Sophie *18.2.1868, Othmarsingen (Kt. Aargau); † 19.4.1942,
Zürich. Lyrik, Prosa. – Besuch des Lehrerseminars bis 1887; Hauslehrerin in
Paris, Lehrerin im Aargau; 1896 durch Jost Winterlers Buch "Über Volkslieder
und Mundart" zum Schreiben angeregt; Reisen in Europa; nach dem Tod ihres
Mannes (1931) in Zürich.
  S. 74: Morgestärn; aus: Rägeboge. – Aarau: Sauerländer 1941.

Häny, Arthur * 9.6.1924, Ennetbaden (Kt. Aargau). Lyrik, Prosa, Essay. –
Aufgewachsen in Ennetbaden, Rheinfelden, Turgi, Baden; 1943–1947 Studium
(Germanistik, Geschichte, alte Sprachen) in Zürich, 1948 Promotion mit der
Arbeit "Hölderlins Titanenmythos"; Gymnasiallehrer in Zürich; 1953 Conrad-
Ferdinand-Meyer-Preis.
  S. 232: Die geistigen Jahre; aus: Ein Strauß von Mohn. – Zürich: Rot-
apfel 1973.
  S. 233: In den Sand geschrieben; a.a.O.

Hiltbrunner, Hermann * 24.11.1893, Biel-Benken *Kt. Baselland); † 11.5.1961,
Uerikon (Kt. Zürich). Lyrik, Prosa, Essay. – Studium in Bern; Sekundarlehrer in
Bern; seit 1918 freier Schriftsteller; Reisen in Europa, besonders im Norden
(Begegnung mit Hamsun).
  S. 92: Was noch sich lohnt; aus: Spätherbst. – Zürich: Fretz &
Wasmuth 1958.
  S. 93: Erloschen?; a.a.O.
  S. 93: Abdankung; a.a.O.
  S. 94: Alle Wege sind gemessen . . . ; aus: Geistliche Lieder. – Zürich:
Scientia 1945.
  S. 95: Herr der Stunden, Herr der Tage . . . ; a.a.O.

Hilty, Hans Rudolf * 5.12.1925, St. Gallen. Lyrik, Prosa, Schauspiel, Essay,
Monographie. – Studium (deutsche Literatur, Geschichte) in Zürich, 1953 Promotion mit der Arbeit "Carl Hilty und das geistige Erbe der Goethezeit";
1951–1964 Herausgeber der Literaturzeitschrift "Hortulus", St. Gallen;
1965–1973 literarischer Redaktor des "Volksrecht" (seit 1970 "AZ"), Zürich;
freier Schriftsteller und Journalist, Zollikerberg bei Zürich.
  S. 250: Zu erfahren; aus: Zu erfahren. – Bern: Kandelaber 1969.

Hohler, Franz * 1.3.1943, Biel. Lyrik, Lieder, Prosa, Schauspiel, Hörspiel,
Übersetzung. – Aufgewachsen in Olten; Matura in Aarau; fünf Semester Ger-
manistik, Romanistik an der Universität Zürich, 1965 Abbruch des Studiums;
Schriftsteller, Kabarettist (Tourneen u.a. in Europa, Amerika); 1968 Conrad-
Ferdinand-Meyer-Preis.

S. 315: Grueß vom Horaz; aus: Gut zum Druck. 97 Schriftsteller der deutschen Schweiz. — Zürich: Artemis 1972.

S. 318: Die Alpen; aus: Trara! (Schallplatte). — Schweiz: CBS S 64644 1972.

S. 319: Urgefühl; aus: Kurzwaren. Schweizer Lyriker 2. — Bern: Zytglogge 1976.

Hörler, Rolf * 26.9.1933, Uster. Lyrik, Prosa, Hörspiel. — Aufgewachsen in St. Gallen; 1949—1953 Lehrerseminar Rorschach; seit 1953 Lehrer (in Burgau, Flawil, Zürich, heute in Richterswil); seit 1958 Herausgeber der Zeitschrift "reflexe"; 1976 Conrad-Ferdinand-Meyer-Preis.

S. 338: Muleta; aus: Wenn die Tröstungen ausbleiben, in: Zeitzünder 1. — Zürich: orte-Verlag 1976.

S. 338: Vita-Parcours; aus: Zwischenspurt für Lyriker. — Richterswil: Edition Herbst 1973.

S. 339: Mißverständnis; aus: orte, Nr. 9/10. — Zürich: orte-Verlag 1976.

S. 340: Unkraut; aus: Mein Kerbholz. — Darmstadt: Bläschke 1976.

Huelsenbeck, Karl Richard * 23.4.1892, Frankenau (Hessen). Lyrik, Prosa, Schauspiel, Essay. — Studium (Medizin, Germanistik, Kunstgeschichte, Philosophie) in Berlin, Promotion zum Dr. med.; 1916 Mitbegründer von "Dada" in Zürich ("Cabaret Voltaire"); 1917 in Berlin, deutsche Dada-Bewegung (mit George Grosz, Raoul Hausmann, John Heartfield, Walter Mehring u.a.); 1935 Emigration in die USA; Arzt (Psychiater) in New York unter dem Namen Charles R. Hulbeck.

S. 9: Chorus sanctus; aus: Phantastische Gebete. — Zürich: Arche 1960.

Huggenberger, Alfred * 26.12.1867 Bewangen (Kt. Zürich); † 14.2.1960, Gerlikon (Kt. Thurgau). Lyrik, Prosa, Schauspiel. — Aufgewachsen in Bewangen; Besuch der Primarschule, danach Mitarbeit auf dem elterlichen Bauerngut; Übernahme des Hofes mit der Wirtschaft "Zur Sommerau"; Kauf eines kleinen Hofes in Gerlikon, den er bis ins hohe Alter bewirtschaftet; Tätigkeit in den Behörden als Ortsvorsteher und Kantonsrat; 1937 Johann-Peter-Hebel-Preis.

S. 89: Wiese im Frühling; aus: Gedenkausgabe zum hundertsten Geburtstag, hrsg. v. Hans Brauchli, Bd. I. — Weinfelden: Mühlemann 1967.

S. 89: Der Mähder; a.a.O.

S. 91: Das Höflein; a.a.O.

Jaeckle, Erwin *12.8.1909, Zürich. Lyrik, Prosa, Essay, historisch-philosophische Monographie. — Gymnasium in Zürich; Evangelisches Lehrerseminar Unterstraß (Zürich); Studium der Philosophie und Germanistik an der Universität Zürich, 1936 Promotion mit der Arbeit "Rudolf Pannwitz. Eine Darstellung seines Weltbildes"; 1937—1939 Lehrer am Evangelischen Lehrerseminar Unterstraß und an der Sozialen Frauenschule (Zürich); 1939—1942 Lektor beim Atlantis-Verlag, Zürich; 1943—1971 Chefredaktor der Tageszeitung "Die Tat", Zürich, 1962—1977 Feuilletonredaktor; 1942—1950 Gemeinderat der Stadt Zürich, 1947—1962 Nationalrat; 1958 Conrad-Ferdinand-Meyer-Preis, 1974 Literaturpreis der Stadt Zürich, 1977 Bodenseepreis der Stadt Überlingen.

S. 205: Trommelwirbel; aus: Gedichte aus allen Winden. — Zürich: Atlantis 1956.

S. 206: Engadin; aus: Glück in Glas. — Zürich: Atlantis 1957.

S. 206: Die Schritte; aus: Der Ochsenritt. — Zürich: Atlantis 1967.

S. 207: da soll einer sonette schreiben . . . ; aus: im gitter der stunden. — St. Gallen: Tschudy 1963.

Keiser, César * 4.4.1925, Basel. Lyrik, Prosa, Kabarett-Text. — Primarschule und Realgymnasium in Basel; 1951 Lehrerdiplom als Fachlehrer für Zeichnen, Schreiben und Handarbeit; seit 1947 Mitarbeit im Studentencabaret "Kikeriki"; 1951—1959 Engagement im "Cabaret Fédéral"; seit 1962 Produktion mehrerer "Opera", seit "Opus 3" (1964) zusammen mit seiner Frau Margrit Läubli; Mitarbeiter beim "Nebelspalter"; lebt in Zürich.

    S. 171: Da gab's eine Dame in Grenchen . . . ; aus: Limericks. — Bern: Benteli 1964.

    S. 171: Da gab's in Neuhausen a. Rhf. . . . ; a.a.O.

Klee, Paul * 18.12.1879, Münchenbuchsee (Kt. Bern); † 29.6.1940, Muralto-Locarno. — 1886—1898 Primarschule und literarisches Gymnasium in Bern; 1898—1901 München, Kunstakademie F. von Stuck; 1911 Begegnung mit Kandinsky und Franz Marc; 1914 Reise nach Tunis und Kairouan mit Louis Moilliet und August Macke; 1916—1918 Dienst in der deutschen Armee (Fliegertruppen); 1920 große Kollektivausstellung in der Galerie Hans Goltz in München; 1921 Beginn der Lehrtätigkeit am Staatlichen Bauhaus in Weimar; 1924 erste Ausstellung in den USA, Gründung der "Blauen Vier" durch Emmy Galka Scheyer mit Klee, Kandinsky, Feininger und Jawlensky; 1925 Übersiedlung mit dem Bauhaus nach Dessau; 1931 Ende der Bauhaus-Tätigkeit, Berufung an die Düsseldorfer Kunstakademie, 1933 fristlos entlassen, danach Übersiedlung nach Bern; 1935 Beginn der Krankheit (Sklerodermie); Kollektivausstellungen (Bern, Basel, Luzern); 1937 über 100 Werke in Deutschland beschlagnahmt, in der Münchner Ausstellung "Entartete Kunst" mit 17 Werken vertreten; 1940 Ausstellung der Spätwerke im Kunsthaus Zürich.

Entscheide über Textgestalt und Textordnung sind im Falle Paul Klees schwierig zu treffen; die Divergenzen in den Ausgaben von Carola Giedion-Welcker und Felix Klee zeigen es. — Roger Perret nahm Einblick in die Manuskripte Paul Klees; er hat danach, in einzelnen Fällen, für den Druck anders entschieden als Carola Giedion-Welcker und Felix Klee. Diese Fälle sind unten in Klammern vermerkt.

    S. 62: Diesseitig bin ich gar nicht faßbar . . . ; aus: Gedichte, hrsg. v. Felix Klee. Frontispiz. — Zürich: Arche 1960.

    S. 62: Letztes; a.a.O.

    S. 62: Esel; aus: Carola Giedion-Welcker (Hrsg.), Poètes à l'Ecart / Anthologie der Abseitigen. — Bern: Benteli 1946. (Roger Perret).

    S. 63: Alle alle hatt ich gern . . . ; aus: Gedichte, hrsg. v. Felix Klee. — Zürich: Arche 1960. (Roger Perret).

    S. 64: Der Wolf spricht, am Menschen kauend . . . ; aus: Gedichte, hrsg. v. Felix Klee. Zürich: Arche 1960. (Roger Perret).

    S. 64: Traum: . . . ; a.a.O. Faksimile S. 91.

    S. 64: Die großen Tiere trauern am Tisch . . . ; aus: Tagebücher von Paul Klee 1898—1918, hrsg. v. Felix Klee. — Köln: DuMont Schauberg 1957.

    S. 64: Eine Art von Stille leuchtet zum Grund . . . ; a.a.O.

    S. 65: Weh mir unter dem Sturmwind ewig fliehender Zeit . . . ; aus: Paul Klee, Handzeichnungen I, Kindheit bis 1920, hrsg. v. Jürgen Glaesemer [auf Zeichnung Nr. 482, 1912 131 (A)]. — Bern: Paul-Klee-Stiftung 1973 (= Sammlungskataloge des Berner Kunstmuseums: Paul Klee, Bd. 2).

Kübler, Arnold * 2.8.1890, Wiesendangen (Kt. Zürich). Lyrik, Prosa, Schauspiel, Zeichnung. — Gymnasium in Winterthur; Studium der Geologie in Zürich und Rom, Bergakademie in Berlin, Technische Hochschule in Delft; Ausbildung zum Bildhauer; Schauspieler in Deutschland; Chefredaktor der "Zürcher Illustrierten"; gründet 1941 die Zeitschrift "Du", die er bis 1957 leitet; freier Schriftsteller und Zeichner in Zürich; 1963 Literaturpreis der Stadt Zürich.

    S. 151: De Räbehächler; aus: Sage und schreibe! — Zürich: Artemis 1969.

    S. 153: Vogelscheuche; a.a.O.

Lang, Siegfried * 25.3.1887, Basel; † 25.2.1970, Basel. Lyrik, Übersetzung. — Primarschule und Gymnasium in Basel; Studium (Literatur- und Kunstgeschichte) in Bern, 1912 Promotion mit der Arbeit "Ludwig Armandus Bauers komischer Roman 'Die Überschwänglichen'; eine Erhärtung seines zeitsatirischen

Gehalts"; 1911—1914 Assistant d'allemand à l'Ecole normale supérieure in Paris; 1914 Rückkehr in die Schweiz; Übersetzer, Journalist (Literaturkritik für die "Tat", Zürich), Privatlehrer, Bibliothekar-Assistent, freier Schriftsteller; dauernder Wohnsitz in Basel, unterbrochen durch Aufenthalte in St. Moritz, Zürich, Genf, Bern, Tessin, Mailand, Paris, London, Holland; 1939 Preis der Landesausstellung Zürich; Großer Kunstpreis der Stadt Basel.

S. 96: Aufforderung zur Reise; aus: Vom andern Ufer. — Zürich: Atlantis 1944.

S. 97: Tag und Morgen; a.a.O.

S. 99: Braunes Aug voller Hehl . . ; a.a.O.

S. 99: Alexandreia verlaß ich; a.a.O.

S. 100: Rheinstadt ; a.a.O.

S. 101: Magie; a.a.O.

Lauber, Maria * 25.8.1891, Prasten bei Frutigen (Kt. Bern); † 4.7.1973, Frutigen. Lyrik, Prosa. — Lehrerinnenseminar in Bern, Schülerin von Otto von Greyerz; Lehrerin in Oberried im Simmental und in Kien; Reisen in Europa.

S. 80: Schöeni Zit; aus: Gedichte (= Bd. I der Gesammelten Werke). — Bern: Francke 1965.

S. 81: Emitts; a.a.O.

Lehner, Peter * 23.11.1922, Thun. Lyrik, Prosa. — Studium (Germanistik, Romanistik) in Bern und Lausanne, Diplom für das höhere Lehramt; Sekundarlehrer in Bern-Bümpliz; Herausgeber der Literaturzeitschrift "apéro".

S. 245: Sage mir Muse . . . ; aus: ein bißchen miß im kredit. — Gießen: Anabas 1967.

S. 245: ich frage mich kind . . . ; aus: wehrmännchens abschied. — Basel: Lenos-Presse 1973.

S. 245: mangels angreifer . . . ; a.a.O.

S. 246: tara trara . . . ; aus: Lesebuch. — Basel: Lenos-Presse 1975.

Lenz, Max Werner (Pseudonym für Russenberger, Max) * 7.10.1887, Kreuzlingen (Kt. Thurgau); † 31.10.1973, Zürich. Lyrik, Prosa, Schauspiel, Hörspiel. — Realschule in Herisau; Ausbildung zum Stickereientwerfer; 1916—1931 Schauspieler und Regisseur (Zürich, München, Frankfurt a.M., Dessau, Deutsches Theater Rumänien); Rückkehr in die Schweiz, erste Erfolge als Komödiendichter; 1934—1945 Textdichter, Schauspieler, Conférencier beim Cabaret "Cornichon" in Zürich; seit 1945 Texter für Elsie Attenhofer; 1949 Gründung des "Cabaret Fédéral" zusammen mit Zarli Carigiet und Otto Weißert.

S. 155: Die Lorelei; aus: Cornichons. — Elgg: Volksverlag 1936.

S. 156: Abteilung Sprachliches; aus: Elsie Attenhofer, Cornichon. Erinnerungen an ein Cabaret. — Bern: Benteli 1975.

S. 157: Staubsauger-Lied; aus: Cornichons. — Elgg: Volksverlag 1936.

S. 157: Mensch ohne Paß; a.a.O.

S. 159: Der Nachtwandler; a.a.O.

S. 160: Ikarus; aus: Elsie Attenhofer, Cornichon. Erinnerungen an ein Cabaret. — Bern: Benteli 1975.

Lesch, Walter * 4.3.1898, Zürich; † 27.5.1958, Küsnacht. Lyrik, Prosa, Schauspiel, Essay. — Studium der Philosophie in Bern, Genf, Berlin und Zürich, 1922 Promotion in Berlin mit der Arbeit "Das Problem der Tragik bei Gerhart Hauptmann"; Arbeit als Kaufmann, Journalist, Hauslehrer, Filmautor, Direktionssekretär, Marmorverkäufer, Theaterregisseur, Dramaturg; 1932 Spielleiter bei der Praesens Film AG in Zürich; gründet 1934 in Zürich mit Otto Weißert die Kleinkunstbühne "Cornichon", leitet sie zeitweilig.

S. 149: Sokrates im Kerker; aus: Elsie Attenhofer, Cornichon. Erinnerungen an ein Cabaret. — Bern: Benteli 1975.

Leutenegger, Gertrud * 7.12.1948, Schwyz. Lyrik, Prosa. — Aufgewachsen in Schwyz; Kindergärtnerinnenseminar in Ingenbohl; 1969/70 Kindergärtnerin in Schwyz; Studienaufenthalte: 1970 in Florenz, 1970/71 an der Universität Zürich, 1971 in England, 1973/74 in Berlin; seit 1974 Kindergärtnerin in Uetikon am See (Kt. Zürich); Studium an der Schauspielakademie Zürich, seit 1977 in der Regieklasse; 1978 Preis der Klagenfurter Jury.

S. 366: faltenlos graut der Horizont . . . (Erstfassung); aus: Neue Zürcher Zeitung, 3.12.1972, Nr. 565.

S. 367: Wenn es tagt, kommen die Schrecken zu dir (Zweitfassung); aus: Manuskripte, Nr. 51/76. — Graz: Forum Stadtpark 1976.

S. 367: Von Straßenbahnen; a.a.O.

S. 367: Komm, wir gehn nach Ninive; a.a.O.

Lienert, Meinrad * 21.5.1865, Einsiedeln; † 26.12.1933, Küsnacht (Kt. Zürich). Lyrik, Prosa, Schauspiel, Essay. — 1878—1883 Gymnasium in Einsiedeln; 1884—1891 Studium der Rechte in Lausanne, Heidelberg, München, Zürich; 1891—1896 Notar des Bezirks Einsiedeln; 1893—1897 Redaktor am "Einsiedler Anzeiger"; 1899 Übersiedlung nach Zürich, während einem Jahr Redaktor der Tageszeitung "Die Limmat"; freier Schriftsteller; 1919—1920 Feuilletonredaktor der "Zürcher Volkszeitung"; 1923 Rückkehr nach Einsiedeln; seit 1929 in Küsnacht; 1919 Dr.phil.h.c., Universität Zürich.

S. 71: I dr Dimmrig; aus: 's Schwäbelpfyffli, Bd. III. — Aarau: Sauerländer 1920.

S. 71: Zwo Syte; a.a.O.

S. 72: 1. Augste 1818; a.a.O.

S. 73: Dr Dichter und sys Land; a.a.O.

Lienhard, Fredy * 10.1.1927, Erlenbach (Kt. Zürich). Kabarett-Text, Lieder. — 1933—1947 Primarschule, Sekundarschule und Seminar in Zürich; 1948—1975 Primarlehrer (Ellikon a.d. Thur, Adliswil, Zumikon, Niederhasli), seit 1975 in Oberglatt (Kt. Zürich); nebenberuflich Kabarettist.

S. 172: Anatole fraß; aus: Die heitere Note. — Oberglatt: Lienhard (Selbstverlag) 1974.

S. 173: Maikäfer flieg!; a.a.O.

Loosli, Carl Albert * 5.4.1877, Schüpfen (Kt. Bern); † 22.5.1959, Bern. Lyrik, Prosa. — Aufgewachsen bei Pflegemutter und in Erziehungsanstalten; Sekundarschule in Sumiswald (Emmental); 1899 Waisenhaus Grandchamp bei Neuenburg; Schüler am Gymnasium Neuenburg; verschiedene Berufslehren; Student der Naturwissenschaften an der Universität Neuenburg; Zwangserziehungsanstalt Trachselwald, Flucht nach Frankreich (fünfjähriger Aufenthalt, vorwiegend in Paris); erste schriftstellerische Arbeiten (Pseudonyme: Carl Trebla, Peter Schöps, Peter Lämmergeier); nach der Rückkehr in Rüegsauschachen (Emmental) als Schreiber, Setzer, Drucker und Administrator der selbstgegründeten "Weltchronik"; 1904 Redaktor des "Berner Boten" in Bümpliz bei Bern; 1907—1908 Redaktor an der "Berner Tagwacht"; freier Schriftsteller, Sekretär und Redaktor der Gesellschaft Schweizerischer Maler, Bildhauer und Architekten, bis 1912 Redaktor der Zeitschrift "Schweizer Kunst"; 1912 Mitbegründer des Schweizerischen Schriftsteller-Vereins, den er später wieder verläßt; Bemühungen um Strafvollzugsreform, für Freiheit und Humanität.

S. 77: Zuespruch; aus: Mys Aemmital. — Bern: Scherz 1957.

S. 77: Änderig; a.a.O.

Lutz, Werner * 25.10.1930, Wolfhalden (Kt. Appenzell A.R.). Lyrik. — 1937—1946 Primar- und Sekundarschule in Wolfhalden und Heiden; 1946—1948 Graphikerlehre und Kunstgewerbeschule in St. Gallen; seit 1948 Graphiker in Basel, seit 1958 selbständiger Graphiker.

S. 336: Das Glück hat nichts . . . ; aus: Poesie, Nr. 4, 2. Jg. – Basel 1974.

S. 336: Schritte zur Tür. Schritte zur Wand . . . ; aus: Akzente,
Nr. 4/1955. – München: Hanser 1955.

S. 337: Tage, die bewegen sich nicht . . . ; aus: Basler Texte Nr. 3. –
Basel: Pharos 1970.

Manz, Hans * 16.7.1931, Wila (Kt. Zürich). Lyrik, Prosa, Übersetzung. –
1947–1952 Lehramtsschule in Winterthur; 1952–1953 Studium am Ober-
seminar Zürich; seit 1953 Primarlehrer (in Mönchaltorf, Kollbrunn, heute in
Erlenbach/Zürich).

S. 343: In der Tagesschau gesehen: . . . ; aus: Zwischensaison. Textbuch I
der Gruppe Olten. – Basel: Lenos-Presse 1975.

Marti, Kurt * 31.1.1921, Bern. Lyrik, Prosa, Essay. – 1928–1940 Primarschule
und Gymnasium in Bern; 1940–1947 Studium (zwei Semester Rechtswissenschaft, dann evangelisch-reformierte Theologie, unterbrochen durch ein Jahr
Militärdienst) in Bern und Basel; 1947–1948 Mitarbeit in der Kriegsgefangenen-
betreuung des Ökumenischen Rates in Paris; 1949 Vikariat in Leimiswil
(Kt. Bern); Pfarrer in Niederlenz (Kt. Aargau), seit 1961 an der Nydeggkirche in
Bern; 1972 Großer Buchpreis des Kantons Bern und Johann-Peter-Hebel-Preis,
1977 Dr. theol.h.c., Universität Bern.

S. 293: rosa loui; aus: rosa loui. – Darmstadt: Luchterhand 1967.

S. 293: im aletschwald ; a.a.O.

S. 294: riederalp; aus: undereinisch. – Darmstadt: Luchterhand 1973.

S. 294: ämmetal; a.a.O.

S. 295: avanti und schrybe; aus: rosa loui. – Darmstadt: Luchterhand
1967.

S. 295: suburbia; aus: republikanische gedichte. – St. Gallen: Tschudy
1959.

S. 296: pitié pour les chefs; a.a.O.

S. 296: piffpaff; a.a.O.

S. 297: der dieb; aus: gedichte am rand. – Teufen/AR: Niggli 1963.

S. 297: weihnacht; a.a.O.

S. 298: als sie mit zwanzig . . . ; aus: leichenreden. – Darmstadt: Luchterhand 1969.

S. 299: wer kennt schon . . . ; a.a.O.

S. 300: "während 39 jahren . . . "; a.a.O.

S. 301: das gute das wahre das schöne . . . ; aus: Heil-Vetia. – Basel:
Lenos-Presse 1971.

Matter, Mani * 4.8.1936, Herzogenbuchsee; † 24.11.1972, bei einem Verkehrs-
unfall. Lieder. – 1955–1962 Studium der Jurisprudenz in Bern, Promotion zum
Dr.jur.; Fürsprecher, Rechtskonsulent des Gemeinderates der Stadt Bern; 1972
Lehrbeauftragter für öffentliches Recht an der Universität Bern.

S. 302: Us emene lääre Gygechaschte; aus: Us emene lääre Gygechaschte. –
Bern: Kandelaber 1969.

S. 302: Ds Lied vo de Bahnhöf; a.a.O.

S. 303: Dr Eskimo; a.a.O.

S. 304: Si hei dr Wilhälm Täll ufgfüert; a.a.O.

S. 306: ballade (lied zum film "dällebach kari"); a.a.O.

S. 307: ir ysebahn; aus: Warum syt dir so truurig? –
Zürich: Benziger 1973.

Meier, Gerhard * 20.6.1917, Niederbipp (Kt. Bern). Lyrik, Prosa. – Primar-
und Sekundarschule in Niederbipp; Volontariat bei einem Baugeschäft; abgebrochenes Architekturstudium am Technikum Burgdorf; bis 1971 als Arbeiter,
Designer und technischer Leiter in einer Lampenfabrik; 1959 Beginn der schriftstellerischen Tätigkeit (während einer Lungenkrankheit); seit 1971 freier
Schriftsteller in Niederbipp.

S. 228: Unruhiger Frühling; aus: Einige Häuser nebenan. — Bern: Zytglogge 1973.

S. 228: Das Gras grünt; a.a.O.

S. 229: In Nuancen; a.a.O.

S. 229: Dämmerung; aus: Papierrosen. — Bern: Zytglogge 1976.

S. 229: Wildkirschen; a.a.O.

S. 230: Kübelpalmen träumen von Oasen; a.a.O.

Meier, Herbert * 28.8.1928, Solothurn. Lyrik, Prosa, Schauspiel, Hörspiel, Übersetzung. — Aufgewachsen in Solothurn, Studium (Literaturwissenschaft, Kunstgeschichte, Philosophie) in Basel, Wien, Fribourg, 1954 Promotion mit der Arbeit "Die Dramen Barlachs. Darstellung und Deutung"; Lektor, Schauspieler, freier Schriftsteller und Übersetzer; 1955 Bremer Literaturpreis, 1964 Conrad-Ferdinand-Meyer-Preis, 1975 Solothurner Kunst-Preis.

S. 254: O die menschlichen Asyle; aus: Sequenzen. — Zürich: Benziger 1969.

S. 255: Anruf; aus: Siebengestirn. — Zürich: Arche 1956.

S. 255: Im drängenden Stadion; aus: Sequenzen. — Zürich: Benziger 1969.

Meyer, Traugott * 13.5.1895, Wenslingen (Kt. Baselland); † 16.4.1959, Basel. Lyrik, Prosa. — Lehrer in Muttenz; 1931 Berufung nach Basel an die Knaben-sekundarschule; Schriftsteller und Lehrer in Basel; Bemühungen um die Mundart; 1948 Johann-Peter-Hebel-Preis.

S. 82: I dene Zyte; aus: Im Läben inn. — Aarau: Sauerländer 1935.

Meylan, Elisabeth * 14.6.1937, Basel. Lyrik, Prosa. — Schulen in Basel, 1957 Matura; Studium (Deutsch, Französisch, Englisch) an der Universität Basel und der kunstgewerblichen Abteilung der Allgemeinen Gewerbeschule Basel, Studienaufenthalte in Lyon und London, 1968 Promotion mit der Arbeit "Cécile Ines Loos. Eine Einführung in ihre Werke"; Lehrerin, Verlagslektorin, Redaktorin einer Konsumentenzeitschrift; freie Schriftstellerin in Genf.

S. 347: Werbung; aus: Entwurf zu einer Ebene. — Zürich: Arche 1973.

S. 348: Licht, blindlings; a.a.O.

Morgenthaler, Hans (Hamo) * 4.6.1890, Burgdorf (Kt. Bern), † 16.3.1928, Bern. Lyrik, Prosa, naturwissenschaftliche Monographie. — Schulen in Burgdorf, 1909 Matura; Studium (Botanik, Zoologie) an der ETH Zürich, 1914 Promotion zum Dr.sc.nat.; 1916 Übersiedlung nach Bern; 1917 Reise in den siamesischen Dschungel, 1920 Rückkehr, an Malaria erkrankt; Kuraufenthalte in Graubünden und im Tessin; schriftstellerische Arbeit, in den letzten Monaten seines Lebens vor allem mit Zeichnen beschäftigt.

S. 58: Porträt; aus: Totenjodel. — Bern: Kandelaber 1970.

S. 58: Sommernachmittag; a.a.O.

S. 59: Ideale Liebe; a.a.O.

S. 60: Erlösung; a.a.O.

S. 61: Allmähliche Reifung; a.a.O.

S. 61: Kranker Trinker; a.a.O.

Mumenthaler, Max * 13.6.1910, Olten. Lyrik. — 1927—1931 Kantonsschule Aarau; Ausbildung zum Reklameberater in Zürich, seit 1936 selbständiger Reklameberater in Zürich; Mitarbeiter bei "Weltwoche" und "Nebelspalter".

S. 148: Kamerad, der Tod; aus: Kamerad an meiner Seite. — Zürich: Weltwoche-Verlag 1941/42.

Naef, Adrian * 10.1.1948, Wallisellen. Lyrik, Lieder. — Handelsschule, Matura; 1968—1973 Studium der Ökonomie; 1975 Sekundarlehrerpatent; 1976 Stipendium der Deutschen Akademie für Sprache und Dichtung, Darmstadt; Fachlehrer in Zürich.

401

S. 365: GOTT/HARD . . . ; aus: Lagebericht. — Frankfurt/M.: Suhrkamp 1975.

S. 365: ich schneide keine zeichen . . . ; a.a.O.

Oberlin, Urs * 30.3.1919, Bern. Lyrik, Prosa, Übersetzung. — Gymnasium in Bern; Studium der Rechte und der zahnärztlichen Medizin (unterbrochen durch Grenzdienst als Offizier im Zweiten Weltkrieg) in Fribourg, Bern, 1948 Staatsexamen; Assistent in Privatpraxen; längere Aufenthalte u.a. in Italien, Frankreich, Indien; seit 1952 eigene Praxis in Zürich.

S. 239: Kein Weg; aus: Gedichte. — Hamburg: Claassen 1961.

S. 239: Ebbe; aus: Alle sind niemand. — Zürich: Classen 1972.

S. 239: Mittag; aus: Gedichte. — Hamburg: Claassen 1961.

S. 240: Sicher; (demnächst in einem neuen Gedichtband).

S. 240: Tuschezeichnung; (demnächst in einem neuen Gedichtband).

Oppenheim, Meret * 6.10.1913, Berlin. Lyrik, Malerei. — 1914 mit der Mutter (Schweizerin) nach Delémont, 1918 ganze Familie in Steinen (bei Basel); vor der Matura Entschluß, Malerin zu werden; 1932 Paris; 1933 eigenes Atelier, Bekanntschaft mit Arp, Giacometti, Ernst, Man Ray u.a., Teilnahme an ihren Gruppenausstellungen; 1937 Basel, Besuch der Gewerbeschule; lebt von der Restauration von Gemälden; 1948 Bern; 1954 Atelier in Bern, Neubeginn der künstlerischen Arbeit: Bilder, Objekte, Skulpturen; 1955 an den Thunersee; lebt in Bern, Paris und Carona.

S. 66: Kacherache, panache . . . ; aus: Meret Oppenheim spricht Meret Oppenheim, Man könnte sagen etwas stimme nicht. Gedichte 1933—1969. — Hattingen: Edition S Press 1973 (= S Press Tonband Nr. 19).

S. 66: Verlassen, vergessen . . . ; a.a.O.

S. 66: Der Hund meiner Freundin; a.a.O.

S. 67: Ich muß die schwarzen Worte der Schwäne aufschreiben . . . ; aus: Meret Oppenheim (Ausstellungskatalog). — Solothurn, Winterthur, Duisburg: Museum der Stadt Solothurn, Kunstmuseum Winterthur, Wilhelm-Lehmbruck-Museum der Stadt Duisburg 1974—75.

Pedretti, Erica * 25.2.1930, Sternberg (CSSR). Lyrik, Prosa, Hörspiel, Zeichnung, Objekte. — Aufgewachsen in Hohenstadt/Zabreh, Sternberg, Berlin, Freudenthal; 1945 mit einem Rotkreuztransport in die Schweiz; 1946—1950 Kunstgewerbeschule Zürich (allgemeine Klasse und Metallklasse); 1950 in die USA, 1950—1952 Silberschmiedin in New York; 1952 Heirat mit dem Maler und Bildhauer Gian Pedretti; 1952—1974 in Celerina (Engadin), heute in La Neuveville.

S. 331: Einmal; aus: Neue Zürcher Zeitung, 13.5.1973, Nr. 218.

S. 331: Fisch; aus: Neue Zürcher Zeitung, 6.6.1971, Nr. 256.

S. 332: Das Continuo; aus: Neue Zürcher Zeitung, 15.10.1972, Nr. 481.

S. 334: Laufen; aus: Neue Zürcher Zeitung, 25.12.1970, Nr. 600.

S. 335: Die Römer; aus: Neue Zürcher Zeitung, 16.5.1971, Nr. 224.

Peyer, Rudolf * 2.3.1929, Olten. Lyrik, Prosa, Essay, Übersetzung. — 1949 Primarlehrerpatent in Solothurn; Studien an mehreren Universitäten, verschiedene Berufe auf ausgedehnten Reisen und während kürzerer oder längerer Aufenthalte in Westeuropa, Nordafrika, Nord- und Lateinamerika; 1971 Bezirkslehrerpatent des Kantons Solothurn; Reallehrer in Reinach (Kt. Baselland); 1976 Werkpreis des Kantons Solothurn.

S. 260: Flut und Stille; aus: Erdzeit. — Zürich: Artemis 1973.

S. 260: Wenn als Altsilber das Licht; a.a.O.

S. 261: Van Gogh; a.a.O.

S. 262: Michelangelo; aus: Schweizer Monatshefte, Nr. 7/1976. — Zürich: Leemann 1976.

S. 262: Nach der Verbrennung der Schiffe; aus: Erdzeit. — Zürich: Artemis 1973.

Pulver, Max * 6.12.1889, Bern; † 13.6.1952, Zürich. Lyrik, Prosa, Schauspiel, Essay, Übersetzung. — Primarschule und Gymnasium in Bern; 1908—1912 Studium (Philosophie, Geschichte, Literatur) in Straßburg, Leipzig, Freiburg i.Brsg., 1912 Promotion in Freiburg mit der Arbeit "Romantische Ironie und romantische Satire"; 1912—1914 Psychologiestudium in Paris; 1914—1924 freier Schriftsteller in München; seit 1924 Graphologe und Psychologe in Zürich, Lehrauftrag für Graphologie und Anthropologie an der Universität Zürich.
    S. 20: Aufruf (I); aus: Auffahrt. — Leipzig: Insel 1919.

Raeber, Kuno * 20.5.1922, Klingnau. Lyrik, Prosa, Essay. — Volksschule und Gymnasium in Luzern; abgebrochene Noviziatszeit bei den Jesuiten; 1943—1950 Studium (Germanistik, Philosophie, Geschichte) in Basel, Genf, Zürich, 1952 Promotion mit der Arbeit "Studien zur Geschichtsbibel Sebastian Francks"; 1951 Direktor der Schweizer Schule in Rom; 1952 Assistent am Leibniz-Kolleg in Tübingen, 1955 am Europa-Kolleg in Hamburg; Aufenthalt in New York; seit 1959 freier Schriftsteller in München.
    S. 243: Quasi morto; aus: Gedichte. — Hamburg: Claassen 1960.
    S. 244: Bienen; aus: Flußufer. — Hamburg: Claassen 1963.
    S. 244: Mise au Tombeau; a.a.O.

Rasser, Alfred * 29.5.1907, Basel; † 18.8.1977, Basel. Kabarett-Text, Drehbuch. — 1913—1922 Primar- und Realschule in Basel; 1922—1927 Lehrling und Angestellter bei einer Speditionsfirma; 1928—1930 Schauspielschule am Konservatorium in Basel; 1930—1935 Malergeschäft; 1935 erstes Auftreten im Cabaret "Reßlirytti"; seit 1935 Filmschauspieler, Regisseur und Drehbuchautor; 1937—1940 beim Cabaret "Cornichon"; 1943 Gründung des Cabarets "Kaktus" zusammen mit C.F. Vaucher; seit 1952 Ein-Mann-Programme; 1954 Chinareise, 1954—1955 als Folge der Chinareise Boykott Rassers; 1967—1975 Nationalrat.
    S. 187: Die allerneueste Hexe; aus: Franz Rueb, Alfred Rasser. Eine Monographie. — Zürich: Verlagsgenossenschaft 1975.

Reinhart, Josef * 1.9.1875, Rüttenen bei Solothurn; † 14.4.1957, Solothurn. Lyrik, Prosa. — Lehrerseminar in Solothurn; Lehrer in Erlinsbach und Schönenwerd; Begegnung mit Adolf Frey, Jost Winteler, Sophie Hämmerli-Marti und Otto von Greyerz, Freundschaft mit Simon Gfeller; 1908 Studienaufenthalt in Berlin; 1911 Studium (Sprache, Geschichte) an der Universität Bern, Promotion mit einer Arbeit über den Volksglauben bei Gotthelf; 1912—1945 Lehrer am Seminar in Solothurn; seit 1911 schweres Augenleiden; 1931 Dr.phil.h.c., Universität Bern.
    S. 75: Dä ließ ig y!; aus: Im grüene Chlee. — Aarau: Sauerländer 1948.
    S. 75: 's Fabriggemeitli; a.a.O.

Roelli, Hans * 7.9.1889, Willisau; † 5.6.1962, Zürich. Lyrik, Lieder, Prosa. — Primarschule und Gymnasium (nicht beendet) in Zürich; 1906 Beginn einer Banklehre; 1909 Bauernleben im oberen Toggenburg; 1911 Reise nach Frankreich; 1914—1918 Hilfsdienst in der Armee; 1918—1920 Kurdirektor, Pontresina; 1921—1930 Kurdirektor, Arosa; Gründung des "Röbu" (Roellibundes); seit 1939 freier Schriftsteller, seit 1952 in Scheuren-Forch bei Zürich.
    S. 142: Lobgesang der Sieger; aus: Gegenwartslieder und Zeitgedichte. — Zürich: Orell Füßli 1937.
    S. 142: Alle Rosen sie blühen am Wege rot; aus: 100 ausgewählte 2-stimmige Lieder. — Zürich: Fretz & Wasmuth 1951.
    S. 143: Der Arbeitslose; aus: Gegenwartslieder und Zeitgedichte. — Zürich: Orell Füßli 1937.

Roth, Dieter * 21.4.1930, Hannover. Lyrik, Prosa, Schauspiel, Essay, Übersetzung, Malerei, Graphik, Musik, Film, Video. — Vater Schweizer; 1943 in die Schweiz; Gymnasium in Zürich und St. Gallen; 1947 Graphikerlehre in Bern; 1951 Gründung der Zeitschrift "spirale" mit Eugen Gomringer und Marcel Wyß;

1956 als Textilgraphiker nach Kopenhagen; 1957 nach Reykjavík, Gründung des
Verlags "forlag ed"; 1959 Aufenthalte in den USA; Publikation mehrerer Bücher
in Reykjavík; 1964—1966 Kunstunterricht in Philadelphia und Providence;
1968 Professur an der Kunstakademie Düsseldorf, Teilhaber des Verlags "edition
hansjörg mayer" bis 1977; 1972 Beginn der retrospektiven Ausstellung "Bücher
und Grafik", die über 11 Stationen durch Europa und Nordamerika wandert;
Zusammenarbeit mit Oswald Wiener, Gerhard Rühm u.a. ("Dichter-Workshop
Berlin", "Selten gehörte Musik"), mit Arnulf Rainer ("Misch- und Trennkunst");
1975 Gründung der "Zeitschrift für alles" und von "Dieter Roth's Familien-
verlag"; 1976 Bilder und Texte mit Richard Hamilton ("Collaborations");
lebt in Reykjavík, Stuttgart, Hamburg, London, Braunschweig, Berlin, Zürich,
Wien, Zug, Hellnar.

S. 279: (Ideogramm); aus: bok 1956—59. — Reykjavík: 1959.

S. 281: weiter mit der zahl der zeilen . . . ; aus: Scheiße. — Providence:
o.V. 1966.

S. 281: Das Getöse; aus: Frische Scheiße. — Reykjavík: Verlag in
Reykjavík 1972.

S. 282—285: (Die Trauer ist am Abend wach / 6 Variationen).

S. 282: Die Trauer ist am Abend wach . . . ; aus: DIE GESAMTE
SCHEISSE. — Berlin: Rainer 1968.

S. 282: Die Trauer wird am Abend wach . . . ; aus: Die DIE GESAMTE
SCHEISSE. — Berlin/Stuttgart, London, Reykjavík: Rainer, edition hansjörg
mayer 1973.

S. 283: Die Trauer wird am Abend wach . . . ; aus: die Die Die GESAM-
TE SCHEISSE. — Berlin/Stuttgart, London, Reykjavík: Rainer, edition hansjörg mayer 1974.

S. 284: Die Trauer wird am Abend wach . . . ; aus: die Die DIE VER-
DAMMTE SCHEISSE. — Berlin/Stuttgart, London, Reykjavík: Rainer, edition
hansjörg meyer 1974.

S. 284: De Tauer wu Abene naen . . . ; aus: Die die Die DIE GESAMTE
VERDAMMTE SCHEISSE. — Stuttgart: Dr. Cantz'sche Druckerei, edition hansjörg mayer 1975.

S. 284: steh ! und sieh ! . . . ; a.a.O.

Rychner, Max * 8.4.1897, Lichtensteig (Kt. St. Gallen); † 10.6.1965, Zürich.
Lyrik, Prosa, Essay, Übersetzung. — 1916—1921 Studium (Literatur, Latein,
Geschichte, Kunstgeschichte) in Bern und Zürich, 1922 Promotion bei Emil
Ermatinger mit der Arbeit "Georg Gottfried Gervinus. Seine Vorläufer. Die Idee
der Persönlichkeit in seinem Werk"; 1922—1931 Leiter der "Neuen Schweizer
Rundschau"; 1932—1933 Redaktor des Kulturteils der "Kölnischen Zeitung",
Köln; 1937—1939 Feuilletonredaktor am "Bund", Bern; 1939—1962 litera-
rischer Redaktor der "Tat", Zürich; 1956 Gottfried-Keller-Preis, 1961 Literatur-
preis der Stadt Zürich.

S. 112: An eine Wespe; aus: Freundeswort. — Zürich: Atlantis 1941.

S. 112: Was kehrt wieder!; a.a.O.

S. 113: Welle; a.a.O.

S. 113: Abschied; a.a.O.

S. 114: Der Mann von der Straße; aus: Glut und Asche. — Zürich:
Manesse 1945.

Schumacher, Hans * 2.3.1910, Zürich. Lyrik, Prosa, Essay, Monographie. —
Primarschule und Gymnasium in Zürich; Studium der Germanistik in Zürich,
1941 Promotion bei Emil Ermatinger mit der Arbeit "Die Architektur von
Kellers 'Grünem Heinrich'"; freier Schriftsteller in Zürich, Mitarbeiter beim
Radio, Dozent der Volkshochschule, Redaktor; 1943 Conrad-Ferdinand-Meyer-
Preis.

S. 190: Verhängter Himmel; aus: Brunnen der Zeit. — Zürich:
Artemis 1941.

404

S. 190: Zugunsten der Trinker; aus: Der Horizont. — Zürich:
Fretz & Wasmuth 1940.
S. 191: Salamitaktik; aus: Nachtkurs. — Zürich: Artemis 1971.
S. 193: Lamento eines astronautischen Hinterwäldlers; a.a.O.
S. 195: Jenseits von heute; aus: Meridiane. — Zürich: Artemis 1959.

Serner, Walter * 15.3.1889, Karlsbad (Böhmen); Todesdatum unbekannt.
Lyrik, Prosa, Schauspiel. — Studium der Rechtswissenschaft in Prag; 1915—1916
Herausgeber der Zeitschrift "Sirius" in Zürich; 1919 zusammen mit Otto Flake
und Tristan Tzara Herausgeber der Zeitschrift "Der Zeltweg" in Zürich; legen-
däre Erscheinung im Zürcher Dada; seit Anfang der dreißiger Jahre verschollen
(wahrscheinlich in Rußland).
S. 9: Die Hyperbel vom Krokodilcoiffeur und dem Spazierstock (zusammen mit Hans Arp und Tristan Tzara); aus: Peter Schifferli (Hrsg.), Die Geburt
des Dada. Dichtung und Chronik der Gründer. — Zürich: Arche 1957.

Sommer, Hans * 10.12.1949, Biel. Lyrik. — Schulen in Biel, Matura; abgebro-
chenes Jusstudium; Primarlehrer in Biel.
S. 370: man könnte auch . . . ; aus: Kurzwaren. Schweizer Lyriker 3. —
Bern: Zytglogge 1977.

Staiger, Emil * 8.2.1908, Kreuzlingen. Essay, literaturwissenschaftliche Monographie, Übersetzung. — 1917—1926 Humanistisches Gymnasium Konstanz;
1926—1927 Studium der Theologie in Genf, Zürich; Ausbildung zum Berufs-
musiker (Dirigent, Pianist) erwogen; 1927—1932 Studium der Germanistik in
München, Zürich, 1932 Promotion bei Emil Ermatinger mit der Arbeit "Annette
von Droste-Hülshoff"; 1934 Habilitation in Zürich mit der Arbeit "Der Geist
der Liebe und das Schicksal. Schelling, Hegel und Hölderlin"; 1943—1976
ordentlicher Professor für neuere deutsche Literatur an der Universität Zürich,
seit 1976 Honorarprofessor; 1963 Gottfried-Keller-Preis, 1966 Literaturpreis
der Stadt Zürich, 1966 Sigmund-Freud-Preis für wissenschaftliche Prosa, 1967
Orden Pour le mérite für Wissenschaften und Künste.
S. 125: (Philodemus); aus: Griechische Lyrik. Deutsch von
Emil Staiger. — Zürich: Atlantis 1961.
S. 125: (Sappho); a.a.O.
S. 126: (Namenlos); a.a.O.
S. 126: (Kallinos); a.a.O.

Stamm, Karl * 29.3.1890, Wädenswil; † 21.3.1919, Zürich. Lyrik, Prosa. —
Primar- und Sekundarschule in Wädenswil; Lehrerseminar in Küsnacht, aus dem
er beinahe ausgeschlossen wird; 1910—1914 Lehrer in Lipperschwendi (Tößtal),
danach für kurze Zeit in Zürich; Reisen: 1908 Paris, 1909 Mailand, Venedig,
1914 Holland; 1914—1917 Grenzdienst, wegen Krankheit entlassen, Spital-
aufenthalt; 1919 Opfer der Grippeepidemie (zweiter Spitalaufenthalt).
S. 23: Tote Stunde; aus: Der Aufbruch des Herzens. — Zürich:
Rascher 1919.
S. 23: O all mein Sehnen nach Nacht ist lichtdurchzuckt . . . ; a.a.O.
S. 24: Soldat vor dem Gekreuzigten (IV); a.a.O.
S. 25: Soldat vor dem Gekreuzigten (V); a.a.O.
S. 27: Spital; a.a.O.

Steffen, Albert * 10.12.1884, Murgenthal a.d. Aare; † 13.7.1963, Dornach.
Lyrik, Prosa, Schauspiel, Essay. — 1891—1904 Primar-, Sekundarschule, Gymnasium (Wynau, Langenthal, Bern); 1904—1908 Studium (ein Semester Natur-
wissenschaft, anschließend Geschichte, Soziologie) in Lausanne, Zürich, Berlin;
1908 erster Kontakt mit Rudolf Steiner, dem Begründer der Anthroposophie;
1914—1920 in München; seit 1921 in Dornach (Redaktion von "Das Goethe-
anum", 1923 Leitung der Sektion für Schöne Wissenschaften, 1925 Vorsitzen-
der der Allgemeinen Anthroposophischen Gesellschaft).

S. 15: Wie lang geh ich . . . ; aus: Sibylla Mariana (Roman). — Berlin: Fischer 1917.

S. 16: Wie ich in einer Nacht in mich versank . . . ; aus: Der rechte Liebhaber des Schicksals (Roman). — Berlin: Fischer 1916.

S. 16: Finster, ferne, ohne Trost vorüber . . . ; aus: Wegzehrung. — Dornach: Verlag für Schöne Wissenschaften 1924 (= 2., verm. Aufl. von 1921).

Steinberg, Salomon David * 25.6.1889, Luzern; † 22.10.1965, Zürich. Lyrik, Prosa, Übersetzung. — 1908 Matura in Zürich; Studium (Geschichte, Literatur, Philosophie, Aesthetik) in Berlin und Zürich, 1914 Promotion bei Gerold Meyer von Knonau mit der Arbeit "Die Proselyten des Kantons Zürich"; journalistische Tätigkeit im Ullstein-Verlag, Berlin; im Ersten Weltkrieg Grenzdienst als Infanteriekorporal; 1915 Feuilletonredaktor an der "Zürcher Post"; 1922 freier Schriftsteller in Berlin; 1925—1965 Direktor des Instituts Minerva (private Mittelschule in Zürich).

S. 17: Der Untergang; aus: Untergang. — Zürich: Rascher 1917.

S. 19: Wende; aus: Klingendes Erleben. — Zürich: Orell Füßli 1927.

Steiner, Arthur * 21.9.1934, Uzwil (Kt. St. Gallen). Lyrik, Prosa. — Sekundarschule, kaufmännische Lehre; einige Jahre kaufmännischer Angestellter, gleichzeitig Vorbereitung auf die Matura; 1960—1966 Studium der Theologie in Basel und Zürich; lebt als Pfarrer in Stein (Kt. Appenzell A.R.).

S. 346: Rückenlage; aus: Krähen kreisen. — Bern: Kandelaber 1971.

S. 346: Auf dem Weg . . . ; (demnächst in einem neuen Gedichtband).

Steiner, Jörg * 26.10.1930, Biel. Lyrik, Prosa, Schauspiel. — Ausbildung zum Primarlehrer im Seminar Muristalden; Heimlehrer in Aarwangen; 1955—1960 Verlag der Vorstadt-Presse in Biel; 1961 Redaktor der Literaturseite des "Bieler Tagblattes"; 1970—1972 künstlerischer Berater am Stadttheater Basel; 1967 Charles-Veillon-Preis für den deutschsprachigen Roman, 1969 Großer Literaturpreis der Stadt Bern.

S. 341: Auf dem Platz steht eine Maschine . . . ; aus: Der schwarze Kasten. — Olten: Walter 1965.

S. 341: Sie singen in der Wirtschaft . . . ; a.a.O.

S. 341: Die Mutter weiß Rat . . . ; a.a.O.

S. 342: Baskenlandschaft; a.a.O.

S. 342: In einer Neusiedlung; a.a.O.

Steiner, Martin * 1.4.1939, Zürich. Lyrik, Prosa. — Primar- und Sekundarschule in Zürich; Lehre als Typograph an der Kunstgewerbeschule Zürich, 1960 Diplom; 1961 in Skandinavien; Arbeit als Typograph, Bademeister, Buchhandelsgehilfe; seit 1969 Deutschlehrer an der Kunstgewerbeschule Zürich.

S. 358: Das Telephon oder Graham Bells Wunder; aus: Neuschnee, wird das Radio melden, in: Zeitzünder 1. — Zürich: orte-Verlag 1976.

Strasser, Charlot * 11.5.1884, Freiburg/Brsg.; † 4.2.1950, Zürich. Lyrik, Prosa, Schauspiel, Essay. — Jugend in Bern, Sohn des Anatomen Hans Strasser; Medizinstudium in Leipzig, München, Berlin, Bern, Promotion zum Dr. med.; Weltreisen; seit 1911 Arzt in Zürich; Vorlesungen an der Volkshochschule Zürich, 1930 über "Arbeiterdichtung".

S. 135: Die braune Pest; Separatdruck hrsg. v. der Sozialdemokratischen Partei des Kt. Zürich. — Zürich: Genossenschaftsdruckerei 1934.

Streich, Albert * 26.5.1897, Brienz; † 7.12.1960, Brienz. Lyrik, Prosa. — Primar- und Sekundarschule in Brienz; Schriftsetzerlehre (wegen Krankheit abgebrochen); Arbeit als Schnitzer, Uhrensteinbohrer, Straßenwärter, Hilfskondukteur bei der Brienz—Rothorn-Bahn; zuletzt Angestellter in der Gemeindeverwaltung Brienz.

S. 83: Friejh im Friehlig; aus: Underwägs. — Interlaken: Schlaefli 1944.

S. 83: Feehnn; a.a.O.

S. 84: Ubergang; a.a.O.

S. 84: Im Herbscht; a.a.O.

S. 85: Wysig; aus: Sunnigs und Schattmigs. — Bern: Francke 1958.

S. 85: Pfyffholtren stirbt; a.a.O.

S. 86: Nachts am Pahndamm; a.a.O.

S. 86: Der Tootevogel; a.a.O.

Strub, Urs Martin * 20.4.1910, Olten. Lyrik, Prosa, Essay. — 1924—1931
Humanistisches Gymnasium (Stiftsschule Engelberg); Medizinstudium an verschiedenen Universitäten des In- und Auslandes, 1937 Staatsexamen in Zürich; 1938—1942 Assistent in Wien, Zürich zur psychiatrischen Ausbildung; 1943—1947 Oberarzt in der psychiatrischen Klinik Rheinau; 1947—1969 Chefarzt der psychiatrischen Privatklinik Kilchberg/Zürich; seit 1971 Inhaber einer Stahlfirma in Zürich; 1976 Kulturpreis des Kantons Solothurn.

S. 197: Gleichnis; aus: Lyrik. — Zürich: Atlantis 1946.

S. 197: Saturn; aus: Die Wandelsterne. — Köln: Kiepenheuer & Witsch 1955.

S. 200: Jupiter; a.a.O.

S. 202: Neptun; a.a.O.

Thomkins, André * 8.11.1930, Luzern. Texte, Malerei, Graphik. —
Gymnasium, 1947—1948 Kunstgewerbeschule Luzern; 1950 Académie de la Grande Chaumière, Paris; 1951 Übersiedlung nach Rheydt bei Mönchengladbach, 1954 nach Essen; Arbeit an Zeichnungen, Bildern, Texten (vor allem Palindrome); seit 1960 Ausstellungen in verschiedenen Galerien, später in Museen; 1966 Glasbilder für die protestantische Kirche in Sursee (Kt. Luzern); 1971—1973 Professur für Malerei an der Kunstakademie Düsseldorf.

S. 277: andréthomkins; aus: Zeichnungen und Objekte (Ausstellungskatalog André Thomkins). — Basel: Felix Handschin Galerie 1969.

S. 278: (qui est assez minutieux est heureux); aus: Zeichnungen. Aquarelle. Collagen (Ausstellungskatalog Andre Thomkins). — München: Galerie Dorothea Leonhart 1972.

Thürer, Georg * 26.7.1908, Tamins (Kt. Graubünden). Lyrik, Prosa, Schauspiel, Essay, kulturgeschichtliche Monographie. — 1915—1924 Primar- und Sekundarschule in Netstal (Kt. Glarus); 1924—1928 Lehrerseminar in Kreuzlingen (Kt. Thurgau); 1928—1932 Studium (Geschichte, Germanistik) in Zürich, Genf, Paris, 1932 Promotion bei Ernst Gagliardi mit der Arbeit "Kultur des alten Landes Glarus, Studie des Lebens einer eidgenössischen Demokratie im 16. Jahrhundert"; 1939 Sekretär der "Res publica" (Widerstandszentrum gegen totalitäre Einflüße); seit 1940 Professor für deutsche Sprache und Literatur und für Schweizergeschichte an der Handelshochschule St. Gallen; 1966 Kulturpreis der Stadt St. Gallen.

S. 144: Maarchelauf; aus: Vrinelisgärtli. — Glarus: Tschudi 1946.

S. 146: Schweizer Wache; aus: Mein blauer Kalender. — Zürich: Atlantis 1941.

S. 147: Gezeichnet; a.a.O.

Tschudi, Fridolin * 11.6.1912, Zürich; † 5.1.1966, Klosters. Lyrik, Hörspiel, Libretto. — Handelsschule, Matura in Zürich; Studium der Rechts- und Staatswissenschaften an der Universität Zürich; freier Schriftsteller und Journalist.

S. 169: Im Stammcafé; aus: Sie liebt mich, sie liebt mich nicht. — Zürich: Sanssouci 1955.

S. 169: Kennst du das Land . . .?; a.a.O.

Turel, Adrien * 5.6.1890, Petersburg; † 29.6.1957, Zürich. Lyrik, Prosa, Essay, kulturphilosophische Monographie. — Vater aus Ollon (Kt. Waadt), Mutter aus Molino (Ostpreußen); Turel durch Lähmungen behindert (Geburtsschädigung); 1891 Übersiedlung der Familie in die Schweiz, Chailly sur Lausanne; 1900—1934 meist in Berlin; zur französischen die deutsche Spracherfahrung, Leibniz-Gymnasium; Beschäftigung mit Nietzsche, Marx, Einstein, Freud; Schlüsselwort seines Denkens: "Querweltein", Vierdimensionalität; 1934 nach kurzem Aufenthalt in Paris Rückkehr in die Schweiz; wohnt in Zürich bis zu seinem Tod.

S. 28: Vorstadt im Nebel; aus: Vom Mantel der Welt. — Zürich: Stampfenbach 1947.

S. 29: Heimweh ins Mittelmaß; aus: Weltleidenschaft. — Zürich: Oprecht 1940.

S. 30: Gern wär ich menschenblind; a.a.O.

S. 31: Weltsaite Mensch; aus: Vom Mantel der Welt. — Zürich: Stampfenbach 1947.

Tzara, Tristan * 4.4.1896, Moinesti (Rumänien); † 25.12.1963, Paris. Lyrik, Schauspiel, Essay. — 1916 in der Gründergruppe von "Dada", "Cabaret Voltaire" in Zürich (mit Ball, Arp, Janco, Huelsenbeck); 1919 nach Paris, Gründung des Pariser "Dada" (mit Breton, Picabia, Aragon, Eluard u.a.); 1941—1944 im Untergrund (Toulouse, Saint-Tropez), Anschluß an die "poètes partisans".

S. 9: Die Hyperbel vom Krokodilcoiffeur und dem Spazierstock (zusammen mit Hans Arp und Walter Serner); aus: Peter Schifferli (Hrsg.), Die Geburt des Dada. Dichtung und Chronik der Gründer. — Zürich: Arche 1957.

Vogel, Magdalena * 6.4.1932, Zürich. Lyrik, Prosa, Übersetzung. — Schulen in Zürich; Primarlehrerpatent, Diplom als Fremdsprachensekretärin; Aufenthalte in England und Frankreich; Lektoratsassistentin in einem Münchner Buchverlag; arbeitet bei der Geschäftsstelle des Vereins "Jugend und Wirtschaft" in Zürich.

S. 345: Der Geächtete; aus: Kringel und Raster. — Zürich: Artemis 1966.

S. 345: Bemerkung; aus: Entwurf der Oase. — Liestal: Heinzelmann & Kunz 1971.

Vogt, Walter * 31.7.1927, Zürich. Lyrik, Prosa, Schauspiel, Hörspiel, Essay, Übersetzung. — Gymnasium in Bern; Studium (ein Semester Germanistik, dann Medizin) in Bern; leitender Arzt an einem Röntgeninstitut; Arbeit an der Psychiatrischen Poliklinik der Universität Bern; 1961 (nach längerer Krankheit) Beginn der schriftstellerischen Tätigkeit; 1972 eigene Praxis als Psychiater FMH in Muri bei Bern; freier Mitarbeiter an verschiedenen Zeitungen; 1973 Literaturpreis der Stadt Bern.

S. 257: das herz ist ein unpaarer hohlmuskel . . . ; aus: Klartext. — Zürich: Arche 1973.

S. 257: südblaues kaltes föhngetürm . . . ; a.a.O.

S. 257: solange du nicht meine ängste hast . . . ; a.a.O.

S. 258: Das Unservater; aus: Poeten beten. — Wuppertal: Jugenddienst 1969.

Walser, Robert * 15.4.1878, Biel; † 25.12.1956, Herisau. Lyrik, Prosa, Spiel. — 1884—1892 Volksschule und Progymnasium in Biel; 1892—1895 Banklehre in Biel; 1896—1905 mit Unterbrechungen in Zürich, häufiger Stellenwechsel (erste Veröffentlichung, Gedichte, 1898 im Berner "Bund"); 1905—1913 in Berlin, intensive Schaffensperiode (Anregungen im Kreis um Bruno Cassirer), Mitarbeit an verschiedenen Zeitschriften; 1913—1920 in Biel; 1920—1929 in Bern, während kurzer Zeit Archivangestellter, schwere Krisen, Selbstmordversuche; 1929—1933 Heil- und Pflegeanstalt Waldau/Bern (an Frieda Mermet, 1931: "Hie und da gelingt mir in meiner dichtenden und trachtenden Geringfügigkeit ein Gedichtelchen oder ein Prosastückli . . . "); 1933 Überführung nach Herisau in die Heil- und Pflegeanstalt des Kantons Appenzell-Außerrhoden, Verstummen als Dichter.

S. 48: Der Frühling; aus: Gedichte und Dramolette, hrsg. v. Robert Mächler (= Gesamtwerk Bd. XI). — Genf: Kossodo 1971.

S. 48: Das Karussell; a.a.O.

S. 49: Reisen; a.a.O.

S. 50: Lebensfreude; a.a.O.

S. 50: Der Briefschreiber; a.a.O.

S. 51: Goethe; a.a.O.

S. 52: Van Gogh; a.a.O.

S. 53: Glückliche Menschen; a.a.O.

S. 53: Die Reiterin; a.a.O.

S. 54: Das tägliche Leben; a.a.O.

S. 54: Abend (II); a.a.O.

S. 55: Schlaf; a.a.O.

S. 55: Das Dörfchen; a.a.O.

S. 56: Der Schnee; a.a.O.

S. 56: Spott macht Spaß; a.a.O.

S. 57: Das Sonett vom Zuchthaus; a.a.O.

S. 57: Das Leben; a.a.O.

Walter, Daniel * 6.9.1953, Olten. Lyrik, Prosa. — Primarschule in Rickenbach bei Olten; Mittelschule in Basel und Andernach (BRD); Lehre im Verlag S. Fischer, Frankfurt, Abschluß 1973; freier Publizist in Graz.

S. 368: Die Kinder von Marx und Coca-Cola (Jean-Luc Godard); aus: Manuskripte, Nr. 53/76. — Graz: Forum Stadtpark 1976.

Walter, Silja * 23.4.1919, Rickenbach (Kt. Solothurn). Lyrik, Prosa, geistliches Spiel. — 1933—1938 Lehrerinnenseminar Menzingen; Studium der Literatur an der Universität Fribourg; Arbeit in der katholischen Jugendbewegung der Schweiz (Kongregationszentrale Zürich); 1948 Eintritt ins Kloster Fahr, Unterengstringen bei Zürich (Sr. Maria Hedwig OSB); 1971 Kunstpreis des Kantons Solothurn.

S. 218: Auf der Bootsbrücke; aus: Gesammelte Gedichte. — Zürich: Arche 1972.

S. 218: Tänzerin; a.a.O.

S. 219—223: 9 Gedichte aus dem Gomer-Zyklus:

S. 219: Eines Nachmittags; aus: Der Tanz des Gehorsams oder die Strohmatte. — Zürich: Arche 1970.

S. 219: Sind die Deckfarben; a.a.O.

S. 220: Aufgefangen; a.a.O.

S. 220: Seiltänzerin; a.a.O.

S. 221: Schwarz-Weiß; a.a.O.

S. 221: Dir geschieht etwas; a.a.O.

S. 221: Amme der Welt; a.a.O.

S. 222: Hat die Sonne gegessen; a.a.O.

S. 222: Der Tag ist weg; a.a.O.

Weder, Heinz * 20.8.1934, Berneck (Kt. St. Gallen). Lyrik, Prosa, Essay. — Primar- und Sekundarschule in Berneck, Gymnasium in St. Gallen, 1953 Handelsmatura; 1953—1956 kaufmännische Volontariate; 1956—1958 Buchhändlerlehre bei Francke, Bern; seit 1960 im Verlag Hans Huber, Bern (Medizin, Psychologie), seit 1973 Verlagsleiter.

S. 344: Schlechte Aussichten für das nächste Wochenende; aus: Gegensätze. — Frankfurt/M.: Fischer 1970.

Werthmüller, Hans * 23.6.1912, Burgdorf. Lyrik, Essay. — Abgebrochene Lehren im Versicherungswesen und als Photograph, abgebrochenes Germanistikstudium; Tätigkeit als Journalist, Buchhändler in Bern; 1945 als Buchhändler nach Basel, 1952—1971 eigene Buchhandlung; seit 1971 freier Schriftsteller in Basel.

S. 208: Reflexion; aus: Erleuchtete Fensterzeile. — Zürich: Fretz & Wasmuth 1962 (Neufassung 1978).

S. 208: Tao; a.a.O.

Widmer, Fritz * 5.2.1938, Kirchberg (Kt. Bern). Lieder. — Gymnasium in Burgdorf; Studium (Anglistik, Germanistik) in Bern; 1965—1970 Sekundarlehrer in Fraubrunnen; heute Seminarlehrer für Englisch und Deutsch in Bern; nebenberuflich Liedermacher und Bänkelsänger (seit 1966 Auftritte mit den "Berner Troubadours", später mit Mani Matter, Jacob Stickelberger, jetzt meist allein).

S. 325: S geit niene so schön u luschtig; aus: CH-Liedermacher I. — Bern: Zytglogge 1976.

S. 326: Vo de guete u de schlächte Zyte; aus: Ds fromme Roß. Berndeutsche Chansons und Balladen. — Bern: Zytglogge 1974.

Wölfli, Adolf * 29.2.1864, Bowil (Kt. Bern); † 6.11.1930, Klinik Waldau bei Bern. Lyrik, Prosa, Zeichnung. — 1872 Familie armengenössig, abgeschoben in die Heimatgemeinde Schangnau, Wölfli wird Verdingbub; 1873 Tod der Mutter; 1875 Tod des Vaters (Steinhauer und Taglöhner); 1880 Arbeit als Knecht bei Bauern in den Kantonen Bern und Neuenburg; 1888 Bern, Scheitern einer geplanten Heirat; 1889 erster Spitalaufenthalt wegen "Nervenfieber"; 1890 wegen versuchter Notzucht an siebenjährigem Mädchen zu zwei Jahren Zuchthaus verurteilt; 1892 Entlassung; 1895 wegen versuchter Notzucht an dreieinhalbjährigem Mädchen in die Klinik Waldau eingewiesen, da vom Untersuchungsrichter für geisteskrank, unzurechnungsfähig und gemeingefährlich erklärt; beginnt 1899 zu zeichnen, 1908 zu schreiben, keine Beteiligung an der Anstaltsarbeit, da durch Zeichnen, Dichten und Komponieren gänzlich beansprucht.

Alle Texte Wölflis sind nur in handschriftlichen Fassungen in vom Autor selbst gebundenen Büchern überliefert. Zwischen den Texten finden sich oft Handzeichnungen, die in mehr oder weniger enger Beziehung zum Text stehen. Die ausgewählten "Gedichte" sind also immer in einem Textzusammenhang, sie sind nicht getrennt vom sie umgebenden Prosatext zu lesen. Es wurden daher nur solche "Gedichte" ausgewählt, die wenigstens durch einen eigenen Titel aus dem übrigen Text herausgehoben waren und die sich durch ihre metrische Bearbeitung vom übrigen Text abhoben.

Die Eigentümlichkeiten von Wölflis Handschrift erlaubten nicht immer völlige Sicherheit bei der Abschrift. Nur eine Faksimileausgabe oder eine Edition, die Textvarianten bieten könnte, würde dem Text vollständig gerecht. Es wurde hier mindestens versucht, durch Schriftvergleiche mögliche Fehler zu vermeiden.

Ein Problem ließ sich aber nicht lösen: Wölflis Ausrufezeichen sind oft nicht zu unterscheiden von Doppelpunkten. Um einer willkürlichen Interpretation von Fall zu Fall auszuweichen, wurden daher konsequent Ausrufezeichen gesetzt.

In den Handschriften folgt der Zeilenfall meist nicht der Gliederung in Verszeilen. Um der besseren Lesbarkeit willen haben wir uns erlaubt, sofern dies eindeutig ist, den Zeilenfall den Reimen anzupassen. Dieter Schwarz

S. 35: Allgebrah; aus: Adolf Wölfli, Heft 1 / Von der Wiege bis zum Graab, 1908, S. 28—29.

S. 36: Wiigen-Lied; aus: Adolf Wölfli, Heft 1 / Von der Wiege bis zum Graab, 1908, S. 49.

S. 36: Nonnen-Walzer. Von Adolf Wölfli. Patient; aus: Adolf Wölfli, Heft 2 / Von der Wiege bis zum Graab, 1908, S. 388.

S. 36: Der Jäger; aus: Adolf Wölfli, Heft 2 / Von der Wiege bis zum Graab, 1908, S. 573.

S. 37: Die Engel-Stimmen, im Eichen-Hain! Von Gott gesanntt, zum Oron-Rain. Halleluija. 1,867; aus: Adolf Wölfli, Heft 2 / Von der Wiege bis zum Graab, 1910, (S. LVI—LIX).

S. 39: Das Lied der Automatik; aus: Adolf Wölfli, Heft 3 / Von der Wiege bis zum Graab, 1909, S. 131—134b.

S. 41: Wanderlust; aus: Adolf Wölfli, Heft 5 / Von der Wiege bis zum Graab, 1911, S. (158—162).

S. 44: Und nochmals muß ich, reisen! Durch Gottes schöne, Wällt! ... ; aus: Adolf Wölfli, Heft 13 / Geographische Beschreibungen, 1916, (Bogen 75).

S. 44: Aeonen-Wende. Gedicht, zu Ehren des wunderschönen, Nord-Lichts. Skt. Adolf; aus: Adolf Wölfli, Heft 13 / Geographische Beschreibungen, 1916, (Bogen 92 [Rückseite] + Bogen 100 [Rückseite]).

S. 46: Bilder=Rähtsel, No. 79, Auflöhsung; aus: Adolf Wölfli, Bilder-Allbumm Nr. 3, 1925, Nr. 79.

S. 47: Ode an Gott; aus: Adolf Wölfli, Bilder-Allbumm Nr. 3, Stooss 91. Ring. 501. Schnee-Wittli, 91. Lehrerin, 529. Lang-grantt, 495. Tagwerk, 7. Bettell, 123. Frl. Wagner, 18. Lied; 1925.

S. 47: Skt. Adolf II., Allgebratohr und Musikdiräktohr, Bern. Seite, 2,832. Und, 590, Lied 171, Und 16 + 471, Und, Skt. Adolfina, 15. Tenohr; aus: Adolf Wölfli, Trauermarsch, 1929, S. 2832.

Zemp, Werner * 10.11.1906, Zürich; † 16.11.1959, Mendrisio. Lyrik, Essay, Übersetzung. — 1913—1926 Primarschule und Gymnasium in Zürich; 1926—1930 Studium (Germanistik, Altphilologie, Archäologie) in Zürich und München, 1937 Promotion bei Emil Ermatinger mit der Arbeit "Mörike, Elemente und Anfänge"; 1945—1953 Lehrer an der Töchterschule in Zürich (mit begrenzter Stundenzahl); Krankheit (seit 1942 häufige Bronchienreizungen), Verzicht auf das Lehramt; 1959 Übersiedlung ins Tessin.

S. 120: Vorösterliche Landschaft; aus: Das lyrische Werk. Aufsätze. Briefe, hrsg. v. Verena Haefeli. — Zürich: Atlantis 1967.

S. 121: Der tote Reiher; a.a.O.

S. 121: Eisenhut; a.a.O.

S. 122: Schnee; a.a.O.

S. 122: Abgewandt das Haupt vom Spiele ... ; a.a.O.

S. 123: Midas; a.a.O.

Zollinger, Albin * 24.1.1895, Rüti; † 7.11.1941, Zürich-Oerlikon. Lyrik, Prosa. — Sohn eines Mechanikers, 1903 Auswanderung der Familie nach Argentinien, 1907 Rückkehr; 1912—1916 Lehrerseminar Küsnacht (wollte ursprünglich Zeichenlehrer werden); 1914 Rekrutenschule, Grenzdienst; während sieben Jahren Hilfslehrer; 1923 Primarlehrer in Oerlikon, besucht Vorlesungen bei Wölfflin, Abendkurse (Physik, Chemie) an der Universität; 1927 Reise nach Griechenland, Heirat mit Heidi Senn; Geburt einer Tochter; längere Aufenthalte in Deutschland (Berlin) und Paris; 1935 Scheidung der Ehe; in der Folge ausgedehnte journalistische Tätigkeit in Literatur und Politik (u.a. Redaktor der Literaturzeitschrift "Die Zeit"; engagierter Befürworter einer geistigen Landesverteidigung; gleichzeitig Höhepunkt seines künstlerischen Schaffens; übersteigerte Aktivität in den letzten anderthalb Jahren seines Lebens: gründet eine Familie mit Bertha Fay, leistet Grenzdienst, schreibt vier Bücher (kritische Auseinandersetzung mit der Schweiz), unterrichtet wöchentlich über 30 Stunden; Tod infolge eines Herzkrampfs.

S. 102: Dasein des Dichters; aus: Gesammelte Werke (Bd. IV). — Zürich: Atlantis 1962.

S. 102: Sternfrühe; a.a.O.

S. 103: Wo aber fliegen die Abendvögel hin?; a.a.O.

S. 103: Sommertagsvesper; a.a.O.

S. 104: Auf ein Schneckenhaus; a.a.O.

S. 105: Die Bauernstadt; a.a.O.

S. 106: Ode an die Himmelsbläue; a.a.O.

S. 108: Breughel: Ikaros; a.a.O.

Verzeichnis der Gedichte

Bei Gedichten ohne Titel wurde der Gedichtanfang
ins Verzeichnis aufgenommen.

Inhaltsverzeichnis